사랑의 왕진가방

사랑의 왕진 가방

지은이 | 박세록
초판발행 | 2005. 9. 9
23쇄 발행 | 2019. 6. 25.
등록번호 | 제 3-203호
등록된 곳 | 서울시 용산구 서빙고동 95번지
발행처 | 사단법인 두란노서원
영업부 | 749-1059 FAX 080-749-3705
출판부 | 794-5100(#325)
인쇄처 | 제형인쇄

▋책값은 뒤표지에 있습니다.
ISBN 89-531-0574-9 03230

▋독자의 의견을 기다립니다.
tpress@tyrannus.co.kr http://www.Duranno.com

두란노서원은 바울 사도가 3차 전도 여행 때 에베소에서 성령 받은 제자들을 따로 세워 하나님의 말씀으로 양육하던 장소입니다. 사도행전19장 8-20절의 정신에 따라 첫째 목회자를 돕는 사역과 평신도를 훈련시키는 사역, 둘째 세계선교(TIM)와 문서선교(단행본·잡지)사역, 셋째 예수문화 및 경배와 찬양 사역, 그리고 가정·상담 사역 등을 감당하고 있습니다. 1980년 12월 22일에 창립된 두란노서원은 주님 오실 때까지 이 사역들을 계속할 것입니다.

오늘도 하나님의 사랑 싣고 왕진 갑니다

사랑의 왕진가방

| 박세록 지음 |

두란노

언제부터인가 새벽기도 제목이 달라졌다. 그전 같으면,

"단동(丹東)병원이 활성화되게 해 주세요. 의술로 복음으로 그들의 영혼을 구하게 해 주세요."

"평양제3병원 등 북한 내부 사역이 다시 활성화될 수 있게 해 주세요."

사역을 위한 구체적인 기도를 많이 했다. 하지만 지금은 아니다.

"하나님, 저에게 주님의 세미한 음성이 들리게 해 주세요."

"오늘도 하나님이 새 날을 주시고 생명을 연장시켜 주셨는데, 하나님 제가 무엇을 하기 원하시는지, 제게 음성을 들려주세요."

"많은 사람들이 나와 동역하는데 이분들이 모두 최소한 제가 받은 은혜만큼 다 받을 수 있도록 축복해 주세요. 이 일을 위해 쓰임받기에 부족함이 없도록 힘을 주세요."

이것이 요즘 나의 간절한 기도다. 사실 병원을 완성시키는 일이나 의약품을 보내는 일, 그리고 사람의 생명을 살리는 활동들은 보기에 따라서는 이차적인 문제다. 이 사역을 감당함으로써 우선 내가 하나님으로부터 풍성한 은혜를 받고, 동시에 이 사역에 동참하는 수많은 동역자들도 내가 받은 이상으로 하나님의 은혜를 받고 감사하며 살 수 있다면 이보다 귀중한 것은 없다고 생각한다.

온 세계가 경제 불황과 정치적인 혼돈 속에 있다. 특히 세상 살기 힘든 가운데서도 신앙을 지키며 늘 기도해 주시고, 헌금해 주시는 분들에게 난 뭐라 말할 수 없이 감사하다. 덕분에 우리는 압록강 두만강 가에서 진료실들을 운영하며 굶주린 자들에게 먹을 것을, 병든 자들에게 약을, 추위에 떠는 자들에게 따스한 의복을 입혀 주며 사랑을 나누어 줄 수 있다. 그들이 우리 손을 잡고 눈물을 흘릴 때 우리는 같이 울 수 있다.

좁은 사무실에서 땀을 흘리며 정신없이 봉사하는 우리 스태프들과 봉사자들, 영하 45도의 혹독한 추위에도 감사해하며 열심히 사역하는 장백(長白)·집안(輯安)·우수리스크의 우리 동역자들, 그들이 없었다면 나 역시 한순간도 사역할 수 없었음을 고백한다. 세상적인 것 다 뒤로 하고 외로운 영적 전쟁을 묵묵히 잘 감당하며 열심히 봉사하는 이분들이야말로 내가 세계가 좁다는 듯이 곳곳을 다니며 활동할 수 있게 하는 힘이다.

사랑하는 사역자들, 후원 이사님들, 8천 명의 기도 후원자들, 교회와 목사님들, 그리고 리더 팀들…, 이분들은 기도 속에 나와 늘 함께 있고 한시도 잊어 본 적이 없다.

무엇보다도 늘 동행하시면서, 주저앉으면 일으켜 주시고 괴로워하면 위로해 주시고 새 힘을 주시면서 기적을 일으켜 주시는 좋으신 주님께 감사와 찬송을 드린다.

돌이켜 보니 한 가지도 거저 된 일이 없다. 하나님은 미리 준비해 주셨다가 하나님 때에 이루어 주셨다. 강한 팔로 이끌어 주시는 하나님의 강력한 힘이 나를 감싸고 있음을 느낀다. 그것은 도저히 거역할 수 없는 강권적인 힘이다.

나는 그런 풍성한 축복을 받을 자격이 없다. 내가 나를 잘 안다. 나는 그럴 자격이 없다. 무조건 하나님의 은혜일 뿐이다. '내 모습 이대로 받아 주시는' 전능하신 하나님의 은혜일 뿐인 것이다.

2005년 가을, 강 건너에서 박세록

contents

SAM Spiritual ··· 너의 영혼을 끌어안고

1장 사랑, 시작   010
이제 평양 출입 금지라요_나는 이방인이었다_성실이_우리들끼리 알아서 하니까네 돌아가시라요_생명의 샘_압록강, 두만강 따라 삼천리 비전 트립 _우리의 환상

2장 사랑하기 전에 만나야 할 '나'   036
부흥회, 오 부흥회_교만의 끝_길손을 통해서도 말씀하시는 하나님_서원 기도_날라리 신자의 말씀 탐험기

3장 사랑할 때 필요한 준비물   052
조국을 느끼다_인도에서 너를 보았네_가난의 현장_다음에… 다음에… 다시 올게요_막대기만도 못한 인생_달려라 세록아_ 발신인 없는 편지

4장 사랑은 필요를 채워 주는 것   074
홀리데이 인, 베이징_도와주겠다고 약속이나 하디 말디_가르침보다 사랑이 우선이라_교회가 필요없지요, 수령님이 계시니_아직 평양에 못 들어갔단 말이에요?_하나님과 동역하는 의사들_우리의 소원은 통일, 꿈에도 소원은 통일_북한 교회에서 하나님 말씀을 전하다니_이 건물 내부를 채워 주시라요

SAM Awakening ··· 태산을 넘어 험곡에 가도

5장 사랑은 힘들어도 해야지요   102
햇볕 정책의 시작_밑 빠진 독에 물 붓기_힘들어도, 그런 일은 의사들이 해야지요_하나님 저를 왜 이곳에 불러 주셨나요_겁쟁이도 쓰시는 하나님_하나님이 살리셨다_예수님의 강력한 라이트 훅_내가 울고 있지 않느냐_유훈 병원_우리가 아니면 누가_산더미 같은 저 침대 5백 개_제3의 존재, 하나님이 세우신 평양제3병원_영생관에서의 주기도문

6장 희생 없는 사랑은 거짓이다   142
임무는 끝나지 않았다_내레 지하 교인입네다_아버지 보셨지요, 제가 이런 사람입니다_디트로이트여 안녕! _머리털 하나 상치 않게 하시니_처음 시술한 외국인 의사

7장 사랑 안에서 능치 못함이 없습니다 160

예수 대장되시니_성찬이_태산을 넘어 험곡에 가도_우리의 브니엘, 단동_깨어나라, 내 영혼아!_당신은 무엇을 하고 있습니까?_센 강은 알고 있다_출판 기념회 _이전에도 없었고 앞으로도 없을 기적_내가 죽지 않으려고 그랬어요_만만디, 엿장수 맘대로_단동병원, 그 애증의 강_주 안에서 내게 능치 못함이 없습니다

8장 두려움 없이 사랑하라 200

내겐 가나안_ 두려워 말라, 내가 함께하니_공안 당국의 호출을 받고_분명히 삼합으로 들었는데…_하나님의 마스터플랜 _복음의 나팔수_동상 걸린 발_단동병원의 십자가_요나의 뱃속 체험기

SAM Mission … 사랑만이 희망이다

9장 감사, 사랑의 또 다른 이름 232

전 여기 약 받으러 온 게 아니래요_원수를 사랑하기_추위에 감사하게 하시니 감사합니다_은혜로 된 것이라 _뜻밖의 크리스마스_운봉댐에서 식은땀 흘린 이야기

10장 축복의 통로, 사랑 248

일꾼의 축복_북한 비둘긴데 왜 그렇게 살이 쪘습니까?_ 하나가 되어야 하는 이유_ 현대의 사도행전을 쓰는 누가가 되십시오_좋은 것을 주고 싶은 것이 어미의 마음이거늘_뉴 타이어_엑스레이 기계는 축복을 통과시킨다_엑스레이 기계풍상을 겪다_남북 의사들이 함께 공부하는 병원

11장 사랑을 믿는 사람들 278

강가에서 만난 사람들_저도 그 예수님 믿겠습네다_혼자서 믿습네다_하늘을 믿는 사람들_북에서 자랑할 겁네다_역시 내 동포뿐이다_단동병원 진짜 문 열었소_25달러면 겨울을 납네다_복음서를 다 외웠어요_천국에 새 집 샀습네다_복음의 전진 기지, 심양사랑병원_우린 살 수 있습네다_항공모함 작전

12장 하나님의 사랑 싣고 왕진 갑니다 310

사랑의 왕진가방 보내기_007작전_리필, 당근이죠 _쓰나미에 떨어진 주님의 눈물_아이들아 희망으로 자라렴_비타민을 꼭 드셔야 합니다_아내의 기도_훌륭한 의사 vs 성공한 의사

SAM Spiritual

너의 영혼을
끌어안고

사랑, 시작

1장

:: 이제 평양 출입 금지라요

"평양 출입 금지 명령이라요. 이제 박세록이는 평양에 들어올 수 없습네다."

평양 제3병원이 설립된 지 2년, 수술도 할 수 있게 되고, 환자들을 직접 돌볼 수 있게 되었으니 이제부터 본격적으로 일을 한번 해 보자고 다짐할 무렵이었다.

"도대체 그게 무슨 말이요?"

'기독교 포교'와 '자기들의 체제 문란'이란 명목이었다.

'정말 이렇게 떨려 나고 마는구나.'

처음 북한 방문을 시작할 때 사람들이 내게 던졌던 질문도, 그때 내가 선을 악으로 갚는다 해도 도와주어야 한다고 말했던 나의 대답도 그때만큼 분명하게 떠오른 적이 없었다.

불과 얼마 전까지만 해도 이들의 태도는 이렇지 않았다.

"하도 여러 번에 걸쳐서 연락을 하니, 우리들도 아주 머리 아픕네다. 제발 이 사람들을 함께 묶어서 하나로 만들어 주시라요."

"그게 무슨 말씀이신지?"

그들의 말을 듣고 알았다. 내가 웨인주립대를 떠나 UC 데이비스로 온 뒤에, 내 덕분에 여러 번 북한을 방문하고 50년 만에 가족을 만난 사람들이 이제는 내 그늘을 벗어나 독자적으로 사역을 하기로 작정하고 평양에다 직접 연락하기 시작했다는 것을.

"의료 협조만은 반드시 박 선생님에게 전부 일임합네다."

며칠 전만 해도 그렇게 말했던 사람들이었다. 그런데 이제 들어오지 말라니….

내가 평양에서 쫓겨나게 된 것은 북한 내 권력 구도가 급작스럽게 개편되었기 때문이기도 할 것이다. 우리가 북한 내 의료 선교 활동을 하던 때인 1980년대 말에서 1990년대 중반까지는 북한 사회가 비교적 자유 경제와 개방 정책을 주장하던 관료들에 의해 움직이고 있었다. 물론 워낙 폐쇄적인 사회이다 보니 자유 경제니 개방 정책이니 하는 변화도 눈에 잘 띄지 않는 미미한 수준의 것이긴 했지만, 어쨌든 나처럼 미국 국적을 지닌 재미 의료인이 북한에 와서 활동(?)할 수 있었다.

그런데 1990년도 후반부터 이러한 분위기가 돌변했다. 자유 경제와 개방 정책을 주장하며 미미한 변화를 주도해 가던 행정 관료들이 강경파 군인들에게 철퇴를 맞고 물러난 것이었다. 경직된 군인들이 실권을 잡은 만큼, 잠시 훈풍이 도는 듯했던 북한 사회는 순식간에 군인들의 그 절도 있는 동작만큼이나 뻣뻣하게 경직되어 버렸다.

아니 어쩌면 그 어떤 것보다도 그들 앞에서 기도하고, 또 우리가 기독교 단체임을 항상 강조하는 나의 타협할 수 없는 신념이 나를 상대하는 관리들에게는 큰 부담이 되었을지도 모르겠다. 어쩌면 자기들이 문책을 당하고 엄청난 해가 되어 올가미가 되는지도 모른다는 두려움에 휩싸였을 수도 있었을 것이다.

나 이외에도 북한을 열심히 돕던 여러 사람이 하루아침에 억류되고 '간첩' '포교를 통한 체제 문란'의 죄목을 뒤집어썼다는 것도 알게 되었다.

이러한 사태가 예전에 내 덕분에 가족들을 만나고 북한을 드나들게 된 그 사람들의 모함으로 생긴 결과라는 것을 알게 되었을 때, 나는 담담한 심정으로 물러 나왔다. 미국 안에서 나의 사역을 시기하고 자기들의 위치를 자리매김하기 위해서, 내가 다닌 집회의 간증 테이프와 인쇄물들을 정기적으로 북한에다 직송해 주는 '복음 방해꾼'들이 생기면서 북한 관리들은 나를 제거하려고 결정했을 게 뻔했다. 북한과 한국 정부 그 중간에 끼어 피를 말리는 사투를 벌여서 가족을 만나게 해 준 은혜를 그들은 내게 배신으로 갚은 셈이었다.

뿌리 깊은 냉전 유산의 서슬이 시퍼렇게 남아 있는 그 어려운 시기에 생명을 살리겠다는 일념으로 10년을 넘게 다니며 온갖 역경을 겪은 나였다. 나 개인은 물론 가정과 직장과 재산과 모든 것을 희생했는데 이제 와서 그런 내게 감사는커녕 거짓과 조작으로 사실을 왜곡하다니….

하지만 오히려 고맙다는 생각까지 들었다. 이제는 더 이상 그들과, 또 현지 사정을 이해하지 못하고 자기들 주장만 하는 후원자들 사이에 끼어서 끌려 다니는 샌드위치 사역을 하지 않아도 되는 것에 대한 안도의 마음이 들었기 때문이다. 내 모든 것을 바친 평양제3병원이지만, 한번도 그것을 내 것이라 생각해 본 적이 없었다. 언제든지 하나님이 원하시면 손 놓고 나올 수 있다는 생각으로 처음부터 시작한 일이었기에, 아쉬운 것도 없었다. 나는 군소리 없이 조용히 물러났다.

그동안 최선을 다한 것만으로도 큰 축복이란 생각뿐이었다. 더 이상은 나도 북한에 가서 안절부절 눈치를 살피는 일을 하지 않아도 되니, 때가 되어 하나님이 이렇게 두 다리를 뻗고 잘 수 있게 해 주시는구나, 오히려 감사했다. 그동안 너무 힘들어서 그만했으면 좋겠다는 생각이 들 때가 많았는데 저절로 쫓겨났으니까 마음이 시원하고 후련했다. 아내는 그런 나를 물끄러미 바라보았다.

"여보, 나 당신을 정말 존경해요."

뜬금없는 말에 아내를 바라보았다.

"남들 같으면 자기 있는 재산, 없는 재산 다 털어서 그곳에 쏟아 부었는데, 아무 이유 없이 쫓겨났다면 가만있지 않겠지요. 당신은 재산뿐만 아니라, 우리 가정도, 당신 직업도, 시간도, 열정도 다 바쳐서 일했잖아요. 지난 10년 동안에 한번도 우리 가족끼리 모여 앉아서 예전처럼 오붓한 시간을 갖지 못했지요. 아무 보람 없이 평양 땅에 들어가지도 못하게 되었으면, 억울해 하고 원통해야 할 텐데, 이렇게 감사해하는 걸 보니, 정말 당신이 존경스러워요. 당신이 사람들을 기쁘게 하기 위해서가 아니라 하나님을 기쁘게 하기 위해서 일했다는 것을 이렇게 행동으로 보여 줘서 너무 기뻐요. 그리고 무엇보다 이렇게 건강하게 살아 주어서 얼마나 고마운지 몰라요."

"나야 하나님이 거둬 가시면 군말 없이 손 놓지. 내가 북한에 들어갈 때마다 며칠씩 금식 기도하면서 우리 사역을 위해 기도해 줘서 고마워요. 집회 때도 그렇고, 당신 기도가 아니었다면 나 그만큼 해내지 못했을 거야. 당신은 정말 내 영의 어미이고 내 동역자야."

그렇게 말하는 아내도, 나도 그때만큼은 울지 않을 수 없었다.

하나님만 아신다면, 우리가 정말 주님을 위해서 우리가 가진 모든 것을 가지고 일했다는 것을, 다시 오시는 그날에 주님만 기억해 주신다면, 아무것도 바랄 게 없었다. 누구를 미워할 필요도, 탓할 필요도 없다. 오히려 후련하고 고마웠다.

"이제부터는 시간을 가지고 여행도 하고 읽고 싶은 책도 실컷 읽고 또 그전처럼 골프도 치고 재미있게 살게 되었지 뭐."

하지만 나와는 상관없는 많은 사람들이 나의 사역은 끝났다고 수군거릴 때는 마음이 힘들었다. 나는 속으로 기도했다, 주님의 계획을 신뢰한다고.

시험은 여기서 끝나지 않았다. 내게 평양 출입 금지 명령이 떨어진 이후로, 나와 활동을 같이 해 오던 단체들이 차례로 나를 배척하기 시작했다. 어떻게 보면, 북한 측의 일방적인 통고를 받을 때보다 더 가슴 아픈 일이기도 했다. 주거지를 미시간 주에서 캘리포니아 주로 옮기면서 내가 창설했던 의료선교회에서 자기들 스스로 계속 사역을 하기로 결정한 것은 이미 북한 사람들을 통해 듣고 알고 있었다. 그런데 한민족복지재단에서도 한국 사람들끼리 하겠으니 외국인은 나가라는 식이었다.

내가 직접 창설하고 혼신의 정열을 다 쏟아 부으며 키워 놓은 두 기관이 동시에 나와 인연을 끊은 것이다. 그동안 여러 해를 한국 전역으로 다니며 집회하고 그래서 모은 교회와 개인들을 한민족복지재단의 후원자로 연결해 놓았는데, 그것이 하루아침에 남의 손에 넘어 간 것이다. 심지어 내 친한 친구들도 그쪽에 연결했으니 나는 그야말로 외톨박이 이방인이 되었다.

평양에서는 포교와 체제 문란 죄목을 뒤집어씌워서 출입 금지자가 되었고, 한국과 미국에서는 그동안의 수고와 헌신이 배신이 되어 내 뒤통수를 친 것이다.

그때 나를 동행하며 돕던 한 실무자가 말했다.

"평양도 출입 금지가 되었으니 아무래도 한민족복지재단을 떠나 따로 사역을 하시면 고맙겠습니다. 그동안 박사님께 개인적으로 헌금하신 분입니다."

그가 내 손에 쥐어 준 것은 돈 100여만 원이었다.

그 돈을 그대로 던져 버리고 싶은 충동을 간신히 참았다. 정성껏 주신 분의 성의가 고마웠고, 또 당신들과 같은 사람이 될 수는 없다는 생각으로 고맙게 받았다. 이것이 한민족복지재단과의 마지막 만남이었다.

그때 역시 나는 한국과는 인연이 없다는 생각을 했다. 내가 한국을 싫어하고 잊고 살았던 시절이 다시 생각났다. 서운하고 실망했다. 다시는 한국에 들어오고 싶지 않았다.

"우리가 알거니와 하나님을 사랑하는 자 곧 그 뜻대로 부르심을 입은 자들에게는 모든 것이 합력하여 선을 이루느니라"(로마서 8:28).

"내 형제들아 너희가 여러 가지 시험을 만나거든 온전히 기쁘게 여기라 이는 너희 믿음의 시련이 인내를 만들어 내는 줄 너희가 앎이라"(야고보서 1:2-3).

주님의 말씀이 유일한 위로였다.

:: 나는 이방인이었다

아무튼 북한을 잊고 조용히 살고 싶었다.

그런데 날이 갈수록 점점 더 바빠지기만 했다. 캘리포니아 전역은 말할 것도 없고 필라델피아, 휴스턴, 워싱턴 심지어는 작은 도시들에서까지 집회 요청이 들어와서 거의 매주 스케줄이 잡혔다. 그리고 주중에도 강의를 초청받았다. 신문과 방송의 칼럼을 통해 많은 사람들이 연락하고 감사하다는 말을 전하니 나도 모르게 이 지역에서 유명 인사가 되었다. 동부의 작은 한인 사회와는 그 분위기 자체가 달랐다.

어쩌다 아내와 같이 쇼핑센터를 가면 누군가는 꼭 알아보았다.

"박세록 장로님이시죠?"

"아, 예…."

"칼럼 잘 읽고 있습니다. 교회 집회에서 뵈었습니다."

이렇게 인사를 건네주는 사람이 많았다. 집으로 의학 상담 전화도 자주 걸려왔다.

아이들에 대한 문의 전화도 오고, 병원에서 치료를 포기하고 죽음을 앞둔 환자들이 기도를 부탁해서 심방을 다니기도 했다.

우리가 리치몬드 아파트에 살고 있을 때, 그 근처에 있는 리치몬드 침례교회에 주일 오후 예배 말씀을 부탁받고 갔다가 이것이 인연이 되어 그 교회를 본 교회로 삼고 등록 교인이 되었다.

그리고 이 교회를 중심으로 5-6명의 신실한 젊은 분들이 모여 매주 토요일이면 같이 기도하기 시작했다.

기도를 할수록 국가와 민족을 위해 다시 시작해야 한다는 새로운 도전을 받았다. 그들은 내가 겪은 지난 1-2년 동안의 쓰라린 경험에 대해 그 가운데서 하나님의 섭리를 찾아야 한다며 한마음이 되었다.

그렇게 내게 다시 북한 선교를 향해 기도할 수 있는 마음을 다잡아 준 신실한 동료들과 함께 1997년 11월 캘리포니아 지역을 중심으로 하는 CMWM(Christian Medical and Welfare Mission:기독의료복지재단)을 창설할 수 있었다. 창설 이후 사역을 논의할 때, 나는 그동안 북한 선교의 경험을 바탕으로 앞으로 나진·선봉 지구를 돕자고 이야기했다.

"의약품만 실어 나르는 것이 우리의 목적이 아닙니다. 통제나 감시를 받으면서는 우리 사역을 제대로 할 수 없습니다. 평양이 아닌 다른 지역을 찾아가 봅시다. 평양이 워낙 엄격한 통제 속에 있으니 비교적 외래인 출입이 자유스러운 북한의 경제특구로 지정한 나진·선봉에 가면 평양보다는 활동이 유리할 것 같습니다."

내가 이런 결정을 한 것은 평양에서 시작한 의료 봉사가 북한 전역으로 이어지지 못했다고 생각했기 때문이다. 평양에 이동 진료차까지 보낸 것은 의료 혜택을 받지 못하는 시골이나 오지에도 진료가 이뤄질 수 있도록 하자는 것이었는데, 결과적으로 이제까지의 의료 지원은 모두 평양, 그것도 한정된 지역으로만 제한되어 있었다.

또 국수 공장도 만들고 라면도 보냈으며 수해가 나면 수십 개의 의약품을 컨테이너로 실어 날랐지만, 한 번도 그 물품들이 어떻게 쓰이는지 확인하지는 못했다. 무엇보다 북한의 통제와 감시가 지나쳐서 환자를 직접 돌보지 못했으니, 이건 애당초 우리가 원하던 사역의 방향은 아니었다.

더구나 한국과 미국의 많은 선교 단체와 교회가 북한 여러 곳과 개별 접촉하며 갖가지 지원 약속을 하고 이를 책임 있게 지키지 못하는 경우가 많았다. 그러다 보니 중복 지원하거나 경쟁하는 듯한 낯 뜨거운 일도 많이 벌어졌다.

내 의견에 많은 동료들이 동조해서 그 첫 번째 사역으로 미주 한국일보의 후원을 받아 '사랑의 선물 보내기' 운동을 전개하기 시작했다. 모금 운동을 시작한 지 4개월 뒤, 그러니까 1998년 5월 나를 포함한 기독의료복지재단 회원 12명과 함께 '사랑의 선물 패키지'를 전달하기 위해서 나진·선봉을 직접 방문하기로 했다. 그곳에서 나진·선봉 병원을 직접 방문하고, 환자도 직접 돌보기로 북한 측과 합의를 보았다.(나진·선봉은 그때 경제개발위원회라는 특별 단체에서 특구로 관리하고 있었기 때문에 평양 출입국과는 별개의 것이었다.)

우리는 중국에서 육로를 통해 두만강을 건너 나진·선봉으로 들어가는 길을 택했다. 물론 내가 평양에 출입할 수 있는 입장이 아니어서 택한 차선책이었다. 하지만 나도 이제까지 이십여 차례 가깝게 북한을 드나들면서도 한번도 중국을 통해서는 가본 적이 없었기에 나름대로 기대가 되었다.

:: 성실이

나진·선봉 방문 직전에 현지의 우리 선교사 한 사람이 내게 이런 말을 했다.

"장로님, 북한에서 나온 사람들이 베이징에 30명이 모여 지하에 숨어 산다는 소문이 있어요. 저희가 마침 가니까 우리 의료팀이 가서 의료 봉사를 해 줬으면 좋겠어요."

"그게 무슨 소리예요? 정말입니까?"

"예, 그래도 한 핏줄이라고 그분들을 돕고 있는 조선족 분에게서 들은 말입니다. 추위에 떨면서 제대로 못 입고 못 먹은 탓에 몸 상태가 엉망이라는 말을 들었어요."

"생명을 살리는 일 하자고 우리가 이러고 다니는데, 그런 곳이 있다면 마땅히 가 봐야지요. 북한에서 나온 분들이라면 오죽하겠습니까, 일정을 잡으세요."

중국을 통해 북한으로 처음 들어가는 길이라 떠나기에 앞서 아내와 나는 그 어느 때보다 더 열심히 기도하고 있던 참인데, 또다시 그분에게서 전화가 왔다.

"탈북자들이 뿔뿔이 흩어졌답니다. 지하 골방에서 탈북자 수십 명이 모여 살다가 시비 끝에 살인 사건이 일어나서 중국 공안에 이들 존재가 노출되고 말았대요. 중국 공안원들이 덮쳐서 이들을 도와주던 조선족 사람은 경찰에 잡혀 가고, 한 사람은 도망가고 탈북자들은 모두 흩어지고 말았답니다."

안타까웠지만 어쩔 수 없었다. 우리는 며칠 뒤에 만나기로 하고 전화를 끊었다.

며칠 후 연변에서 만난 그 동역자는 나를 보자마자 말했다.

"지난번에 베이징에서 탈북자들끼리 살인 사건이 났다고 말씀드렸지 않습니까? 그때 죽임을 당한 사람에게 성실이라는 딸이 있었습니다. 열세 살 먹었고요. 그 일이 터지고 나서, 그 아이는 누군가의 손에 이끌리어 연변에서 도움을 받고 있었는데 이제 좋지 않은 곳으로 넘겨지기 직전이랍니다. 지금 당장 그 아이를 데려오지 않으면 큰일나게 생겼습니다. 어쩌지요?"

"그럼 일단 아이를 구하고 봐야지요. 어디에 가면 그 아이를 만날 수 있습니까? 수소문해서라도 찾아봅시다. 우리한테 데려다 주세요."

동료의 수소문 끝에 성실이의 거처를 알게 되었지만, 이미 성실이가 좋지 않은 곳으로 끌려갔다는 것을 알게 되었다. 그곳으로 끌려간 지 며칠 되지 않아서 성실이를 돈을 주고 빼내올 수 있었다는 것이 불행 중 다행이었다. 우리 12명이 그날 저녁 성실이를 처음 만났다.

굶주려서 목숨을 걸고 탈북했으며, 아버지의 죽음을 목격한 충격에서 벗어날 겨를도, 아버지의 죽음을 슬퍼할 새도 없이, 낯선 손에 이끌려 떠돌아다니는 동안 그 아이의 마음이 얼마나 상처투성이로 변했을지 보지 않아도 뻔했다.

아이의 마음이 느껴졌기 때문이다. 다들 침묵하면서도 속으로는 이미 울고 있었다. 성실이는 마치 성난 맹수와 같았다. 두려움에 질려 입은 굳게 다물고 있었고, 두 손을 꽉 쥔 채 긴장을 조금도 풀지 않았다. 열세 살이라는 것이 믿기지 않을 정도로 작았다. 고작해야 9~10세 어린아이로 밖에는 보이지 않았다. 성실이는 다른 사람의 손이 조금만 닿아도 소스라치게 놀랐다. 그 모습이 너무 안타까워서 우리는 울었다. 슬픔과 분노로 가득 찬 아이의 마음이 더 안쓰러워서 눈물을 멈출 수 없었다. 우리 12명은 그날 성실이를 안고 눈물의 기도를 드렸다.

잔뜩 겁에 질려 있는 성실이를 안고서야 나는 탈북자를 실감할 수 있었다. 어떻게든 성실이를 돕자, 탈북자들을 돕자, 기도하면서 몇 번이나 다짐했는지 모른다. 성령님이 아이의 몸과 마음의 아픔을 속히 치유해 주시도록, 이 아이의 영혼을 긍휼히 여겨 주시기를 얼마나 기도했는지 모른다.

한동안 우리의 기도 소리를 들으면서 너무나 당황하고 놀라 하던 성실이도 어느 순간부터인지 꺽꺽 소리를 내어 서럽게 울기 시작했다. 나는 성령님이 성실이를 더 만져 주셔서 마음속 상처들이 그 순간 다 치유될 수 있기를 기도했다.

기도를 마치고 나서 눈이 퉁퉁 부은 우리는 마치 약속이나 한 듯이 주머니를 털었다. 놀랍게도 그날 밤에 모은 돈이 4,500달러가 넘었다. 우리는 이야기 끝에 하얼빈에 있는 한 권사님에게 성실이를 양육해 줄 것을 부탁하기로 했다.

그 다음날로 하얼빈에 있는 권사님에게 성실이를 보냈다.

처음 두만강을 끼고 그 연안을 돌아 나진·선봉을 갈 때 내내 감정이 착잡했다. 그동안은 내부로만 다녀서 잘 알지 못했는데, 이 두만강가에서 기막힌 소식을 들었다. 북한 주민들이 식량을 찾아 두만강을 건너 중국으로 건너오고 있다는 것이었다. 중국에 친척이 있는 사람은 식량 거리를 마련해 돌아가기도 하지만, 대개는 탈북자가 되어 버리는 경우가 부지기수라고 했다. 한때는 밤만 되면 여인네들이 강을 건너 중국으로 향하는 대열이 이어졌다고도 했다. 몸을 팔아 그 대가로 식량을 얻어다가 굶주린 자식들을 먹여 살린다고 했다. 그런 현실을 통곡하면서 여인네들이 얼마나 많은 눈물을 뿌렸을까를 생각하면 심장이 졸아드는 아픔을 느끼지 않을 수 없다.

나진병원으로 들어가는 길에 두만강가에서 우리 동역자 12명이 둘러서서 예배를 드렸다.

우리 민족의 숱한 애환을 물 속 깊이 드리우고 말없이 굽이굽이 흐르는 두만강의 물결은 예나 지금이나 다름이 없었다. 수려한 산수를 주위에 두르고 끝없이 흘러가는 두만강의 표면은 평온해 보이지만, 민족의 한은 수심의 깊이만큼 드리워져 통한을 삭이듯 바위에 물결치고 있었다. 당나라, 원나라, 청나라로 끌려간 우리 선조들의 눈물과 나라를 빼앗긴 한을 품고 중국으로 건너간 독립 운동가들의 눈물이 뿌려진 곳, 그리고 지금은 살기 위해 사생결단으로 건너야 하는 곳. 불귀의 객이 된 북한 동포들의 시신을 떠내려 보내는 강이 된 것이다.

고난의 역사를 삼킨 채 묵묵히 흐르는 저 강을 평화롭게 바라볼 수 있는 날은 과연 언제인가. 참으로 가슴 아픈 일이다. 우리는 찬송을 부르며 목이 메어 눈물을 흘렸다.

:: 우리들끼리 알아서 하니까네 돌아가시라요

우리가 두만강을 들어갈 때 한 분이 비자를 늦게 신청하는 바람에 연변까지 와서 북한으로 들어가지 못하고 혼자 남아 있어야 했다. 그것이 마음에 걸려서인지, 아니면 성실이와 같은 탈북자의 이야기가 하도 기가 막혀서인지, 나진·선봉을 들어가는 내내 가슴이 답답했다.

450병동을 가졌다는 나진 병원을 둘러보니, 상황이 어렵기는 평양과 마찬가지였다. 모든 시설이 낙후되어 있었고, 기자재 하나 변변한 것이 없었다. 우리는 20만 달러 상당의 의료품을 나진병원에 전달했다. 앞으로 나진병원을 돕고, 그곳에서 직접 환자들을 치료하기로 합의도 보았다.

그곳에 도착해서 우리는 가지고 간 의료품 박스들을 내려놓았다. 많은 의약품들을 보자 모두 신기한 듯 감탄했다. 그들의 고마워하는 모습을 보니 나도 같이 흥분되었다.

그때 한국일보의 종교부장이 우리와 동행했다. 물론 기자라는 신분은 감추고 갔지만, 큰 카메라를 들고 사진을 찍으니 북한 사람들이 이상한 눈초리로 몇 번씩 물어보았다.

"저 사람은 뭐 하는 사람입네까?"

나는 그저 얼버무리며 불안한 상태로 마음을 졸이고 있었다. 이런 판국에 그들이 그렇게 고마워하는 모습에 흥분한 내가 소리를 질렀다.

"S기자 빨리 사진 찍어야지."

그만 그 사람의 신분이 백일하에 드러나고 말았다. 북한 관리가 내게 말했다.

"이미 다 알고 있었수다. 조용하게 있다가 나가시오."

무안하기도 하고 고맙기도 하지만, 또 겁도 났다.

나한테 수술을 받으려고 오랫동안 기다려 왔다는 두 여인의 수술 일정이 다음 날로 잡혀 있었다. 하지만 나진 병원 수술실을 둘러본 나는 그때부터 걱정이 되어 잠을 잘 수 없었다. 수술실이라기보다 무슨 오래된 창고 같은 그곳을 돌아보고 나니까, 큰일났구나 싶었다. 수술을 하는 데 필요한 기구들은 우리가 다 준비해 갔지만, 부수적인 여러 기자재들은 그곳에 당연히 있는 줄 알았던 것이다. 그런데 기자재들이 하나도 없었다. 그 흔한 마취 기계 하나 없었다.

이런 상황에서 응급시에 필요한 산소, 또는 혈액 등은 어떻게 공급한단 말인가? 잘못하다간 사람 살리려다가 더 어려운 지경을 만들지도 몰랐다. 수술을 앞두고 밤새도록 기도를 했지만 별 뾰족한 방법이 생기지 않았다.

'하나님, 이런 상황에서는 도저히 수술할 수 없는 것 아시지 않습니까?'

'혹시라도 잘못되어 사람을 살릴 수 없다면 그때는 우리 모두 끝장입니다.'

하나님이 어떻게 하시려는지 알지 못해 그저 답답하기만 했다.

아침에 일어나니 나진 호텔 전체가 전기가 나갔다. 호텔만 나간 줄 알았더니 나진시 전체가 정전이 된 것이었다. 관리들은 우리에게 미안해하며 어쩔 줄 몰라 했고 병원 당국자들도 동분서주하며 애를 썼지만, 결국 그날은 하루 종일 전기가 들어오지 않았다. 물론 수술도 할 수 없었다. 나는 드디어 한숨을 놓았다.

그제야 하나님이 내가 이 준비되지 못한 상태에서 수술을 하지 못하도록 막아 주신 것이구나 하는 것을 알았다. 하지만 환자들은 매달렸다.

"선생님, 살려 주세요. 이 고통을 더 이상 견딜 수 없습니다."

결국 청진도립병원으로 보내어 수술을 받게 해 주겠다는 원장 선생님의 말을 듣고서야 환자들은 입을 다물었다. 그러면서도 서운함을 감추지 못하고 나를 바라보며 연신 눈물만 글썽이던 그 여인의 모습이 아직도 기억난다. 비록 수술은 못 했지만, 부인과 환자들을 열심히 치료해 주었다.

우리가 나진·선봉을 방문해 있으면서 살펴본 결과, 예상과 달리, 나진·선봉 지역 또한 평양과 다를 바가 전혀 없었다. 이곳에도 감시와 통제는 지나쳤다. 갈수록 태산이라더니 나진·선봉은 평양의 허가를 한 번 더 받아야 했기에, 사역을 하기에는 역부족이었다. 게다가 나진·선봉은 경제특구라 이미 많은 사람들이 들어와 있었고, 다른 지역에 비하면 비교적 형편이 나은 곳이었다. 그러니 특별히 우리가 꼭 그 지역에서 힘쓸 이유도 없었다.

우리는 고민 중에 "나진도 우리의 사역지는 아니다" 하는 결론을 내렸다. 자타가 공인하는 북한 의료 선교의 선구자로서 아직도 열리지 않은 새로운 지역으로 들어가서 그곳이 열릴 수 있도록 기도하기로 결정했다. 그리고 그 지역이 원산이나 신의주가 될 것이라는 비전을 보기 시작했다.

우리가 나진·선봉을 다녀왔을 때, 연변에 홀로 남아 있던 분이 나를 반색하며 말했다. 눈에는 생기가 돌며 대단한 일을 보았다고 열을 올렸다.

"하도 아쉬운 마음이 들어 우리 동역자 한 분과 함께 탈북자들이 모여 산다는 백두산 자락의 절벽산을 방문하게 됐지 뭡니까. 우리가 9시간을 넘게 자동차를 타고 갔던 곳은 거의 45도로 경사가 져 사람이 제대로 서 있을 수도 없는 절벽이었어요. 그 절벽에 나무 그루터기를 의지하고 탈북한 식구들이 옹기종기 모여 살고 있는 겁니다. 밑에서 양식을 가져 왔다고 소리를 치니 젊은이들이 내려와 음식을 받아 올라가 허겁지겁 먹더군요."

그분의 말은 네게 너무나 충격적이었다.

'이들을 누가 도울 것인가.'

이러한 질문이 내 머릿속을 떠나지 않았다.

:: 생명의 샘

한국의 한 텔레비전 방송과 인터뷰를 한 적이 있는데 이런 질문을 받았다.

"기독의료복지재단은 의료인들만이 참가할 수 있습니까?"

"의료인이 아닌 사람들은 참가할 방법이 없습니까?"

그래서 나는 많은 분들이 우리 단체를 의사나 간호사나 약사 같은 의료인들만이 참여할 수 있는 단체로 오해한다는 걸 알았다.

우리는 의료인이 아니더라도 함께 후원하고 기도할 수 있는 단체가 되고 싶었다. 왜냐하면 의료는 하나의 방법과 수단이지 이것이 우리의 목적은 아니었기 때문이다. 무엇보다도 우리의 궁극적인 목적은 영혼 구원인데, 다른 사람의 영혼을 구원하기 위해서는 먼저 나의 영혼이 각성하고 준비되는 기도의 운동이 일어나야 되겠다는 생각을 하게 되었다. 내가 먼저 영적으로 각성하고 다른 사람의 영혼을 구원하는 선교 단체로 발전해 나가기로 결정한 것이다. 그래서 아예 이름도 바꾸기로 했다.

재단의 명칭을 놓고 여느 때처럼 새벽에 일어나 기도하면서 내가 평소에 좋아하는 찬송 316장을 불렀다.

목마른 자들아 다 이리 오라 이곳에 좋은 샘 흐르도다
힘쓰고 애씀이 없을지라도 이 샘에 오면 다 마시겠네
이 샘에 나는 물 강같이 흘러 온 천하 만국에 다 통하네
빈부나 귀천이 분별이 없이 다 와서 쉬고 또 마시겠네

갑자기 눈물이 핑 돌았다. '샘'이란 단어가 내 마음을 확 사로잡았다. 위에서부터 내려오는 지혜임을 알았다. 그래서 "영혼"과 "다시는 목마르지 않는 생명의 샘", 이 두 발음을 합쳐 'SAM'이란 단어를 만들었다.

다시는 목 마르지 않는 생명의 샘 저 수정 빛같이 늘 맑도다
어린 양 보좌가 근원이 되어 생명수 샘이 늘 그치지 않네

생각해 보면 나만큼 이렇게 그치지 않는 생명의 샘을 맛본 사람도 많지 않을 것이다. 이제 60대, 인생 말년에 내가 바라는 것이란 수정같이 맑은, 어린 양 보좌가

근원인 생명의 샘을 다시는 놓치지 않는 것이다.

"주님, 나의 영혼이 늘 깨어 있어 주님만을 바라보게 하옵소서."

고백이 절로 나왔다. 마침 차를 들고 아내가 서재로 들어섰다.

"왜 그래요?"

방금 전에 내가 받은 감동을 들려주었다.

둘이 함께 찬송을 불렀다. 아내도 울고 나도 울었다. 지금까지 살아오면서 참으로 많은 하나님의 사랑을 받았다. 때에 따라 필요한 것을 풍성하게 채워 주시고, 사랑으로 늘 감싸 주시고, 원수의 목전에서도 내게 상을 베푸시고… 이것이 끝없는 나의 고백이요, 우리의 찬송이었다.

생각해 보니 SAM이란 말은 미국에서 흔히 쓰이는 말이다. 사무엘의 줄인 이름이요, 미국 정부를 Uncle SAM 이라고도 하니 귀에 아주 익숙한 단어다. 또 우리말로는 '샘'이니까, 그야말로 뜻도 좋고 기억하기 쉽다. 다들 어디서 이렇게 좋은 이름을 찾았냐고 부러워했다.

"동족의 생명과 영혼 구원에 목 마른 자 누구나 다 오십시오."

우리 선교회 이름을 기독의료복지재단에서 SAM(Spiritual Awakening Mission · 영적 각성 선교 재단)으로 개명하고 우리는 신의주를 새로운 사역지로 개척하기로 했다.

언제나 무에서 유를 창조하는 '기도', 기도는 우리의 최대 무기일 수밖에 없었다. 규모나 필요한 의료 기자재 등을 생각하면 이 역시 워낙 큰 사업이기에 마음의 부담과 두려움이 밀려들었다. 그때마다 "하나님이 시키셨으니 하나님이 이루실 줄 믿습니다." 하고 고백했다. 신의주 의료원에 우리의 거점을 먼저 마련하고, 이어서 다시 중국 강변 지역에 새로운 거점을 마련하여 북한 내 사역과 탈북자들 사역을 쌍방향으로 진행시켜 보고자 하는 것이 우리의 막연한 계획이었다.

북한과의 오랜 협상 끝에 1998년 10월 25일, 우리는 신의주 관리들과 신의주에서 만나 신의주 도립병원, 결핵병원과 자매결연해서 신의주 동포들을 돕기 위한 최종 합의서에 서명을 하기로 했다. 내가 들어갈 수 있느냐 하는 것은 아직도 불투명했지만, 내가 못 들어가도 우리 동역자들이 들어갈 수만 있다면 성사될 수 있었다.

하지만 신의주 방문 계획은 떠나기 2주일 전에 갑자기 일정이 취소되었다. 북한과 우리 사이에서 연락을 해 주기 위해 들어간 조선족 사람을 북한 측이 5주 동안이나 감금하고 내보내지 않는 비상사태가 벌어진 것이다.

이유는 간단했다. 북한 내부의 사정이 갑자기 강경파 쪽으로 전환되면서 기독교 정신을 중요시하는 우리와 같은 선교 단체의 북한 내 입지가 줄어들었기 때문이었다. 또 재벌들이 많이 들어와서 돈을 퍼 주고 가니, 보따리 장사꾼처럼 보잘것없는 우리는 이제 쓸모없어진 것이다. 가뜩이나 "예배드리자", "환자 직접 보겠다" 골치만 아프지, 돈도 많이 주지 않는 것 같으니까, 아예 우리더러 들어오지 말라고 한 게 분명했다.

"회합을 일 년 연기하겠습네다."

"대체 무슨 일인데 기껏 잡아 놓은 계획을 연기한다는 것입니까?"

"자세한 사정은 나중에 따로 말씀드리디요. 지금은 회합이 일 년 연기되었다는 것 외엔 알려 드릴 게 없습네다."

의견 조율을 거칠 새도 없이 저쪽에서 일방적으로 통보를 해 왔다. 모든 일정이 갑자기 공중에 붕 떠 버렸다.

'전략을 바꿔야겠구나!'

매번 북한 사람들에게 끌려 다닐 수는 없었다. 북한 내부 사역의 한계를 깨닫고 뭔가 다른 대안을 찾아내야 했다.

이미 잡아 놓은 일정을 취소할 수 없게 되었을 때, 나는 지난번 나진·선봉을 방문하면서 처음 들었던 강변의 탈북자들에 대한 기억이 되살아났다. 그 보고를 들은 뒤로 사실은 탈북자에 대한 고민이 내 머릿속을 떠나지 않고 있었던 것이다.

그래서 신의주로 가려던 팀원들에게 말했다.

"우리, 방향을 바꾸어 두만강·압록강을 따라 삼천리 비전 트립을 떠나면 어떨까요?"

다행히, 동의를 해 주었다. 삼천리, 그 먼 여행길을 통해 우리는 보고 듣고 기도하기로 결단했다.

"여행을 하다 보면 하나님이 새로운 사역의 길을 주실 것입니다."

"하나님이 길을 인도하실 것입니다."

한 동역자와 이런 대화를 나누며 아쉬움을 달랬다.

:: 압록강, 두만강 따라 삼천리 비전 트립

1999년 7월 12명의 동역자들이 12일 동안의 일정으로 삼천리 비전 트립을 떠났다. 의사 4명, 치과 의사 2명, 간호사 2명, 그리고 봉사자 4명이었다.

의약품을 준비하고 계획과 일정표를 만들었다. 우리 선교사 한 분을 현지에 미리 파송해서 러시아, 훈춘, 장백 등 곳곳에서 우리를 안내하고 의료 봉사를 할 수 있도록 준비해 놓았다.

맨 처음 도착한 곳은 동남해 러시아의 유일한 부동항이라 아름다운 항구 블라디보스토크 근교인 우수리스크였다.

우리는 그곳에서 마리아라는 중년 여인을 만났다. 러시아 말은 물론이고 한국말도 그런 대로 유창하여 우리의 대변자 역할을 했다.

우리가 동족으로서 의료 봉사를 한다는 말에 감격한 그녀는 우리가 머물러 있는 동안 친형제처럼 헌신적으로 우리를 돌보아 주었다. 그녀가 말했다.

"옛날에 조선 사람들이 먹을 것을 찾아서 강을 건너왔지요. 그곳에 조선 사람들이 점점 많아지니까, 러시아에서는 조선 사람들을 시베리아 열차에 태워 중앙아시아 우즈베키스탄, 카자흐스탄 등으로 강제 이주를 시켰어요. 그때 기차에서 3분 1은 얼어 죽고, 3분의 1은 굶어 죽었대요. 그리고 아주 극소수만 살아남았대요. 러시아 사람들이 우리 민족을 살라고 보낸 게 아니라 죽으라고 보낸 거겠죠.

그런데 한국 사람들이 생활력이 있으니까, 거기서 자리를 잡고 3~4세대가 살고 있었던 거예요. 그 민족이 바로 카레이스키, 고려인이죠. 소련 연방이 붕괴되면서 이 나라들이 모두 독립해 종교전쟁, 내란 등을 겪으면서 소수 민족인 카레이스키는 밭도 논도 다 빼앗기고, 길가로 쫓겨났어요. 먹을 것이 없어서 많이들 굶어 죽고, 돈이 조금 생기면 이제는 다시 연해주로 돌아오고 있는 형편이에요."

그러면서 길바닥에 옹기종기 모여 앉아 담요 조각을 덮고 있는 사람들을 가리켰다.

"저 사람들이 카레이스키예요."

고려인은 주로 수용소에 모여서 살고 있었다. 군인 막사인 수용소의 지붕은 구멍이 여기저기 숭숭 뚫려 있었고, 팔뚝 만한 쥐가 들락거렸다. 우리가 무료로 쌀을 나눠 주니까, 노인들이 눈물을 뚝뚝 흘렸다.

통역을 해 주던 마리아는 우리에게 우수리스크의 끝없이 펼쳐져 있는 벌판을 가리키며 말했다.

"이 기차가 북한의 원산과 회령을 거쳐, 러시아 연해주 넓은 광야를 지나 시베리아 벌판을 질러 모스크바까지 갑니다. 이 벌판은 가도 가도 끝이 보이지 않는 버려진 황무지예요. 연해주만 해도 우리 나라 면적의 1.5배입니다. 여기 황무지를 헐값에 차관해서 농사를 짓는다면 우리 나라 식량 문제는 걱정할 게 없습니다. 이곳의 풍부한 지하자원을 미리 맡아 둔다면 두말할 것도 없지요. 우리 살 길이 바로 여기에 있다고 해도 좋습니다.

이미 이곳은 북한과 정기적인 철도로 연결되어 있지요. 그래서 이곳에는 북한 사람들이 자주 넘어 옵니다. 그뿐 아닙니다. 옛날에 강제로 기차에 실려 회교권인 중앙아시아로 갔던 고려인이 무려 50만 명에 이릅니다. 이들은 갈 곳이 없어서 길에서 헤매고 다닙니다. 이들은 대부분 러시아 말을 많이 하지만, 드물게는 한국말을 합니다. 이들에게 임시 거처를 제공하고 복음을 전하는 일이 무엇보다도 시급해요."

뱃길로 속초에서 불과 약 350마일 떨어져 있다는 곳, 이곳이 어쩐지 예사롭지 않게 생각되었다.

이동 진료차를 놓고, 무료 진료라는 현수막을 내걸고 나니 200-300명의 환자가 금방 몰려들었다. 환자들은 줄을 서서 진찰권을 받은 다음, 먼저 혈압과 체온을 쟀다. 의사들은 차례대로 진료해 주었고, 가벼운 증상은 간호사들이 치료해 주었다. 누구보다도 더 많이 수고한 사람은 바로 비의료인 봉사자들이었다. 환자들이 차례를 기다릴 수 있도록 장내를 정리하고 각각 필요한 의료진들에게 안내하고 그리고 약을 타도록 도와주었다.

그들은 치료를 받고 약을 받아 가며 우리 손을 잡고 눈물을 흘리며 고맙다고 인사를 했다. 우리는 이들에게 고맙다는 말 대신 "알렐루야" "아민" 하라고 했다. 목사님이 나가는 환자마다 얼싸 안고 기도해 주면 감격하여 눈물을 흘렸다. 자기들을 위해 멀리 미국에서 와서 기도해 준다는 그 한 가지로도 이들은 감격해 했다.

진료를 하다 보니 대부분 북한에서 넘어온 사람들이거나 고려인이었다.

"저요? 벌목공으로 일한 지 좀 됐디요. 여기 그런 사람 많디요. 좀 형편이 나을까 하고 왔는데, 여기도 똑같습네다. 사람 사는 일이 참 그렇디요."

그의 손마디는 굵었다. 상처가 아물지 않은 곳에 상처가 다시 나고 해서 그런지, 손등이 상처 자국으로 온통 얼룩얼룩했다. 자세히 이야기하지 않아도, 그가 얼마나 힘겨운 생활을 했는지 손이 대신 말해 주고 있었다.

진료를 하면서 나는 많은 북한 사람들이 그곳에 넘어와서 힘들게 생활하고 있다는 사실을 알게 되었다. 북한에서 넘어온 사람들은 대개 그곳에서 벌목공 생활을 하고 있다고 했다. 북한 사람들은 벌목공 생활을 하면 많은 돈을 벌 수 있다는 희망으로 이곳에 넘어왔지만, 실제 그들의 생활은 비참하기 그지없었다.

이들이 북한에서부터 이곳에 도착하는 데 3일이 걸린다고 했다. 기차가 늦어지면 5~6일이 걸린다고 했다. 기껏 주먹밥 몇 개씩 싸서 집을 나서니, 오다가 그 주먹밥이 상하고 해서 모두 설사병을 앓다가 반죽음이 되어 온 사람이 많았다.

신고 다닐 변변한 양말과 신발이 없어서 본격적인 추위가 오기도 전에 벌써 동상에 걸린 사람들이 태반이었고, 대부분의 사람들이 먹을 것을 제대로 못 먹어 심한 영양실조로 인한 여러 가지 질병들을 앓고 있었다. 아주 간단한 질병인데도, 약 한 알이 없어서 큰 고통을 당하고 있는 이들이 많았다.

공산 국가여서 감시가 워낙 심한 탓에 그 사람들에게 직접 복음을 전할 수는 없었다. 고려인 의사들을 통해 약과 식량을 전해 주고, 조선족을 통해 하얀 쌀밥과 된장국을 한 그릇씩 안겨 주는 것이 고작이었다. 하지만 이들은 그것을 눈물을 뚝뚝 흘리며 받았다. 그나마 마음대로 줄 수도 없는 것이 안타까웠다.

첫날 우리는 학교 강당을 얻어 집회를 열었다. 금세 1천 명이 모였다. 나는 한국말로 설교하고 마리아는 러시아어로 통역을 했다. 사람들이 손을 들고 찬양하며 뜨거운 은혜가 넘쳤다.

"알렐루야!"

"아멘!"

눈물을 흘리며 감격하고 서로 뺨을 부볐다. 우리도 같이 울었던 것은 말할 필요도 없다. 복음의 황무지, 연해주 땅은 지금 복음에 갈급해 목말라 하는데, 우리더러 어디 갔다 이제야 왔느냐고 그들이 우리에게 질책하는 것 같았다.

나는 그곳의 복음을 받은 사람들이 두 손 들고 찬양하며 기도하는 모습이나, 미국에서 가져 온 약이라 하여 귀중하게 가슴에 안고 돌아가던 그들의 모습에서 새로운 비전을 보았다. 이들이 그리스도인의 제자가 되면 러시아 선교뿐 아니라 중앙아시아 모슬렘 선교까지 감당할 수 있을 것이다. 그 지역의 언어, 지리, 문화를 너무도 잘 아는 이들이야말로 그 지역 선교를 위해 하나님이 준비해 두신 사역자임을 분명히 알 수 있었다.

북한을 넘어, 중국과 러시아로 그리고 멀리 중앙아시아의 모슬렘까지 복음의 말이 달리는 환상! 그 순간 나는 너무나 분명하게 하나님의 계획이 깨달아졌다.

'이것이 우리 민족을 향한 하나님의 뜻이었구나!'

상한 갈대도 꺾지 않으시고, 우리의 작은 신음 소리도 들으시는 하나님이 우리 한민족이 이토록 고통당하는 것을 모르셨을 리 없다. 모르셨던 것이 아니라, 우리 민족을 쓰시기 위해 준비하셨던 것이다. 우리 민족을 중앙아시아 전역으로 흩어서 그들에게 마리아의 표현대로 "황무지 같은 삶"을 살게 하신 분명한 목적이 있으셨던 것이다. 모두 우리 동포인 고려인과 조선족과 북한 사람들을 보며 나는 북한 선교, 남북통일, 그리고 세계 선교는 가야 할 방향이 너무나 정확하게 하나로 연결돼 있다는 것을 부인할 수 없었다.

열강에 둘러싸인 동북아시아의 조그만 반도 국가요, 전 세계 유일의 분단국가

이며, 또한 기독교 탄압 국가들인 북한과 중국에 인접해 있는 대한민국에게 주시는 하나님의 섭리가 생생하게 살아 있었다.

"이 비밀이 크도다!"

:: 우리의 환상

이렇게 하루를 마치고 나면 모두 피곤해서 녹초가 되었지만, 아무도 불평하는 사람이 없었다. 그러면서도 새벽 6시에는 어김없이 큐티하고 기도함으로 하루를 시작했다.

지난 세월이 황무지 같은 그들의 삶과 세월을 촉촉이 적실 수 있는 것은 오직 동족애뿐이라는 것을 절실히 체득한 것은 우리가 헤어질 때였다. 마리아는 우리와 헤어지는 것이 너무나 섭섭했던지, 하루 종일 광야를 달려와 러시아와 중국의 국경 지역까지 우리를 배웅해 주었다. 나중에는 더 이상 넘어올 수 없는 곳까지 따라와서 애타게 손을 흔들며 작별을 아쉬워했다.

"안녕히 가세요. 꼭 다시 오세요."

그 모습을 보면서 나는 다짐했다.

'아, 그래, 바로 여기가 우리가 와야 할 곳이구나! 여기에 진료실을 내고 선교사들이 상주하면서 이들을 돕고 복음을 전하자!'

결심이 섰다.

그들과 헤어져 두만강을 따라 내려가는 중이었다. 나는 순간 내 눈을 의심했다. 물에 빠져 죽은 시체가 강변의 바윗돌에 걸려 둥둥 떠 있었던 것이다. 온통 물에 불어 형체를 알 수 없었지만, 유난히 눈만은 크게 뜨고 있는 모습…. 물결이 치는 방향에 따라 그 눈동자가 나를 보는 것 같아 가슴이 무너졌다.

저 시체는 왜 저기 누워 있는 것일까, 왜 저 생명은 살지 못하고 죽을 수밖에 없었을까. 살기 위해 목숨을 내놓아야 하는 이 엄청난 현실 앞에서 할 말을 잃었다. 십 년 가까이 생명을 살리고자 북한을 드나들었지만, 혹시 그 일이 전연 쓸데없는 일은 아니었을까. 아무 보탬이 되지 않았던 것은 아닐까. 어쩌면 저 시체는 우리 사역의 한계를 적나라하게 보여 주고 있는 것인지도 몰랐다.

얼마 전 겪었던 일이 생각났다. 한국에 있는 목사님 한 분에게서 연락이 왔다. 목사님의 교회에서 북한에다 약품 한 컨테이너를 보내기 원한다고 하셨다.

"목사님, 약품을 보내는 것은 어렵지 않지만, 그 약이 어디로 가는지 어떻게 쓰이는지는 아무도 모릅니다."

"그래도 보내 주세요. 어린아이들이 장질부사, 이질 등의 전염병으로 생명을 잃고 있다니 보내야 되지 않겠습니까?"

"알았습니다. 그러면 어린아이들이 먹도록 소아용 약을 만들어 보겠습니다."

"컨테이너 하나면 대개 그 가치가 얼마나 됩니까?"

"그 내용물에 따라 다르지만 보통은 시가로 50만 달러에서 1백만 달러 상당이 됩니다."

소아용 약을 특별히 부탁해서 컨테이너 하나를 만들었는데, 제약 회사에서 시가로 69만 달러를 붙여 나왔다. 물론 그대로 북한에 보냈다.

"왜 백만 달러어치를 보낸다고 하고 69만 달러어치만 보냈소?"

북한에서 온 연락이었다.

"잉여 의약품을 보낸 것이 아니고 소아용으로 특별히 장만해서 보냈기 때문에 원가가 보통보다 훨씬 많이 들었습니다. 그래도 그 양이 엄청 많으니 제대로 쓰기만 하면 수천 명의 어린 생명을 살릴 수 있습니다."

"무조건 100만 달러어치를 보내시오."

하도 어이가 없어서 대답하기조차 싫었다.

"왜 기독교인들이 거짓말을 하는 것이오?"

또 연락이 왔다. 더 이상 설명해 봐야 소용없다는 생각이 들어 잉여 의약품으로 대형 컨테이너 한 개를 더 해서 보냈다.

CNN 뉴스에 북한이 약품은 러시아에 팔아 기름으로 바꾸어 오고, 식량은 일본에다 사료로 팔아 외화 벌이를 한다는 보도를 듣고 마음에 걱정이 되었다. 앞으로는 직접 분배가 되지 않으면 더 이상 대형 콘테이너는 보내지 않기로 작정했다.

북한 사역을 처음 시작할 때는 생명을 살리기 위해 무조건 사랑을 베풀면 그들의 마음이 열릴 것이라 기대하고 최선을 다했다. 하지만 이런 일을 겪다 보니 오히려 우리의 사랑이 백성들을 더 오랫동안 괴롭히는 결과가 되면 어떻게 하나, 하는 우려가 깊어지던 무렵이었다.

그러던 차에 저 시체와 마주친 것이었다.

'그래 여기가 나의 사역지다.'

그 순간 나는 외쳤다.

"밤에 환상이 바울에게 보이니 마게도냐 사람 하나가 서서 그에게 청하여 가로되 마게도냐로 건너와서 우리를 도우라 하거늘"(사도행전 16:9). 나는 바울의 환상에 보인 마게도냐 사람처럼 우리를 도우라고 외치는 강변의 사람들을 보았다. 그 자리에서 깨달았다.

'이것이 하나님이 나를 북한에서 몰아내시고 강변으로 인도하신 이유구나! 지금으로서는 북한에 들어가 컨테이너로 물건을 실어 나르는 일도 의미 없다. 그렇지만 북한 사람들이 중국으로 나와 우리에게 직접 도움을 요청할 수는 있다. 그렇게 주님의 사랑을 경험한 사람들이, 다시 북한 현지에 가서 주의 제자로 살아갈 수 있도록 세우는 그 일은 우리가 할 수 있지 않겠는가. 그렇다면 우리가 그 일을 하자.'

사랑하기 전에 만나야 할 '나'

2장

:: 부흥회, 오 부흥회

아내가 본색을 드러냈다. 곱게 단장하고 밥상도 잘 차려 놓았던 것이다.

"얼른 잡수세요, 시간 늦어요."

하루 종일 병원에서 일하다가 피곤에 지쳐 들어오면 대개 아내는 내 비위를 얼마나 잘 맞추어 주는지 모른다. 하지만 오늘처럼 앞에 앉아서 빨리 식사를 하라고 재촉하는 날은 뭔가 수상한 날이다. 이런 날은 바로 옆 동네 다른 교회에서 부흥회가 있는 날인 게 뻔했다.

"나 안 먹어, 나 못 가."

"왜 못 가요, 가서 좋은 말씀 듣고 은혜받으라는데."

오늘 오실 목사님은 요즘 한국에서 이름 날리는 전직 깡패 목사님이라고 했다.

"당신이나 가려면 가요. 아예 그곳에 가서 살아요. 다시는 오지도 말고."

우리 부부는 살면서 크게 다투어 본 적이 없었다. 하지만 교회 문제로는 이렇게 갈등을 겪었다.

연애 시절, 처음부터 아내에게 참으로 고마웠던 것은 "교회 가자." 소리를 하지 않았다는 것이다. 그 전에 내가 알던 여자들은 왜 그렇게 모두가 예수 골수분자들인지, 틈만 나면 나를 교회로 끌고 가려는 탓에 그만 정이 뚝 떨어지고는 했다. 여자들을 사귈 때마다 심하면 온 집안이, 특히 그 어머니들(주로 권사님들)이 나서서 나를 교회로 데리고 가려는 노력에 기가 질려 있던 나로서는, 그녀의 태도가 더 없이 편하고 고마웠다.

"나는 결혼할 처지가 못 됩니다. 그리고 곧 미국으로 갈 사람입니다. 하지만 괜찮다면 우리 결혼합시다."

"모든 것 다 이해하니 원하는 대로 하세요."

아내는 정작 교회에서 반주자로 봉사를 하고 있었는데, 무슨 예배가 그렇게도 많은지 온통 교회에 매달려 있었다. 주일은 말할 것도 없고 수요일 저녁 예배와 금요일 철야 예배와 토요일 청년 예배까지…. 교회에 그렇게도 많은 예배가 있는지 나는 몰랐다. 주말에는 영화관에도 가고 음악실에도 가고… 그러고 싶은데 도통 시간이 나질 않았다. 나는 거의 매일 교회 맨 뒤에 앉아 어서 예배가 끝나기만을 애타게 기다리곤 했다.

그래도 참을 수 있었던 것은 늘 최선을 다해 내가 하자는 대로 따르려고 애쓰는 그녀의 모습이 고마웠기 때문이다. 그리고 내 나름대로 곧 미국으로 가기만 하면 그때는 '교회 반주 끝'이라는 속셈이 있었기 때문이다.

막상 결혼을 하고 나니 아내는 매일 새벽 4시만 되면 일어나 바로 옆방에서 기도를 했다. 내가 싫어하는 기색을 나타냈지만, 아내는 이것만은 양보가 없었다. 하루는 기도 소리가 나기에 몰래 가만히 들어 보았더니, 계속해서 "남편" 소리와 "갈급한 신앙" 소리가 들렸다.

"우리 남편이 말씀에 갈급해서 순종하는 신앙생활을 하게 해 달라"는 기도인 모양이었다.

'아무리 그래 봐야 어림없지.'

나에 대해서 확신했기에 아내의 기도 행각을 참을 수 있었다.

미국에 오면 "교회는 이제 끝"이라고 생각했던 것은 나의 오산이었다.

처음 볼티모어에 정착할 때 우리 집에서 다섯 가정이 모여 개척 예배를 드릴 정도였다. 주일에는 무슨 일이 있어도 교회는 가야 한다는 불문율이 우리 집에 이미 뿌리를 내렸고, 나는 투정을 하면서도 따라다녔다. 목사님이 자주 심방 오시고 구역 예배가 우리 집에서 자주 열렸으니, 나 혼자 모른 척하고 등 돌리고 있을 수도 없었다. 이민 생활이 외롭고 힘드니 교회 다니는 것도 이해가 되었던 것이다.

주일 예배를 참석하는 것은 그런 대로 괜찮았다. 우리 교회에서 하는 부흥회에 참석하는 것까지도 그럭저럭 견딜 만했다. 문제는 바로 오늘처럼 이웃 교회 부흥회까지 나를 데려가지 못해 안달할 때였다. 그것만은 정말 싫었다. 우리 교회에서 열리는 부흥회만 해도 아내에게 크게 인심(?)쓰는 것처럼 출석하는 형편이었으니…. 하지만 아내는 완강했다.

이날도 아내는 그 큰 눈에서 눈물까지 뚝뚝 떨어뜨리며 물러나지 않았다. 우리 부부는 결국 차를 타고 쇼핑센터 주차장으로 갔다. 아이들 보는 데서 싸울 수 없어서 우리 부부가 선택한 차선책이었다. 차를 타고 가면서도 속으로 계속 중얼거렸다.

'어쩌다 이런 지독한 예수쟁이를 만났는지. 군의관 시절 생활비가 부족해서 아르바이트 자리를 찾지만 않았어도, 아니 누군가 웨슬레 아동 자선병원 원장님한테 가면 자리를 구할 수 있을 거라고 소개만 안 해 줬어도, 아니 장인어른 되실 분이 나를 반갑게 대해 주지 않았어도, 그랬다면 아내를 만나지 않았을 텐데….'

황 원장님이 하루는 교회에 가자고 했다. 사실 속으로는 좀 꺼렸지만 '일자리를 구해 주었으니' 하는 마음으로 할 수 없이 교회를 따라갔다. 그 전에도 몇 번 친구를 따라 교회에 가 보았던 적은 있었지만, 정식으로 교회를 간 것은 그때가 처음이었다. 그 다음부터 주일만 되면 나는 서울로 올라간다는 핑계를 댔다. 교회를 못 간다는 양해 편지도 드렸다. 그런데 이 편지가 오히려 확신을 심어 드렸던 모양이었다.

"꼼꼼하게 쓴 글씨와 그 내용이 참으로 진실하니 틀림없는 사람이야."

그래서 저녁 식사 초대를 해 주셨는데, 그 자리에서 원장님의 맏따님을 만났다. 그 딸을 보는 순간 나는 흔한 말로 필이 꽂히고 말았다. 사랑에 빠진 것이다. 이상하게도 이전에 내가 알던 여자들과 뭔가가 달랐다.

아내와 이렇게 만났다는 게 기적만 같다가도 이날처럼 아내가 본색을 드러내는 날이면 나는 짜증이 치밀어 살 수 없었다. 쇼핑센터 주차장에 차를 세우자마자 나는 소리를 고래고래 질렀다.

"나, 못 간다고 하지 않았어."

아무리 아우성을 쳐 보아도 소용이 없었다.

결국 눈물범벅이 된 아내를 태우고 나는 끌려가듯이 부흥회를 가야 했다.

"그래 이번만이야. 그리고 목사님을 우리 집에 모시는 건 국물도 없어."

이날은 단단히 쐐기를 박았다.

다른 교회 부흥회에 참석하기보다 나를 더 난감하게 만드는 것은 이 지방을 다녀가는 부흥사와 유명한 목사님을 으레 우리 집에서 모시고 식사 대접을 하는 문제였다.

"여보, 목사님들 제발 좀 모시지 말자. 너무 부담이 돼."

"당신, 훌륭하신 목사님 만나서 은혜받고 좀 깨지세요."

아내의 입장은 언제나 단호했다. 한 치의 물러남도 없었다. 이렇게 해서 날라리 신자인 나는 본의 아니게 디트로이트를 다녀가신 수많은 목사님들과 안면을 트게 되었다.

나는 그날 잔뜩 성난 마음으로 넌더리를 치며, 아내를 따라 이웃 교회 부흥회에 언제나처럼 앉아 있었다. 울화가 치밀었다. 아내에게 등 떠밀려 부흥회에 가긴 했지만, 은혜를 사모해서 간 게 아니다 보니 정신은 늘 딴 데 팔려 있기 마련이었다.

'무슨 틀린 소리를 하나? 뭘 빌미 삼아 다시는 부흥회 가자는 말을 못하게 하나?'

나는 교회 한쪽 구석에 앉아 호시탐탐 기회를 노렸다.

간신히 마음을 진정하고 말씀을 듣고 있는데, 갑자기 그렇게도 못나고 추한 나의 모습이 눈앞에 보이기 시작했다.

'못난 녀석, 기껏해야 아내와 싸움이나 하고 소리 지르고…'

나도 모르게 가슴이 뜨거워졌다. 강팍한 내 마음이 스르르 녹으며 눈물이 흘러내렸다.

'무엇이 그렇게도 잘났는가. 교만한 자여, 그대는 가장 어리석은 자!'

:: 교만의 끝

나는 점점 환자에 지쳐만 갔다. 불나듯 울리는 전화벨 소리에 진저리를 쳤다. 저 전화기를 부수지 않으면 내가 죽을 것만 같았다. 남들은 속도 모르고 여자들 속에 파묻혀 사니 좋다고 하지만, 그게 그렇지 않았다.

하루 종일 여자들 속에 파묻혀 살다가 밤 9시, 10시가 넘어서 집에 돌아오면 아내가 말 붙이는 것도 싫었다. 여자한테 간신히 도망쳐 나왔는데, 또 여자가 나와서 "어서 오세요." 하니 내 심정이 얼마나 기가 막히겠는가.

"나 '여' 자 붙은 사람하고는 얘기할 기분이 아니야."

나는 아내에게 퉁명스럽게 굴었다. 속으로 마음의 병이 타들어 가니 밤낮 없이 몸이 아프기 시작했다. 다리가 아프지 않으면 허리가 아프고, 허리가 아프지 않으면 머리가 아파서 살 수 없었다. 명색이 의사이니 몸이 아프다고 떠들고 다닐 수도 없어서, 날마다 아내가 아프다고 하고 약을 타서 내가 먹었다.

"아니, 원장님 사모님은 왜 그렇게 몸이 약해요? 완전 종합병원이야."

주변 사람들은 모두 이렇게 알았다.

또 아내에게 쓸데없이 화를 낼 때가 많았다. 집사람은 무국을 잘 끓여 줬는데, 그걸 맛있게 잘 먹으면서도 늘 시비를 걸었다.

"왜 이렇게 짜!"

"왜 이렇게 싱거워!"

집사람도 아이들도 내가 조용히 있는 게 도와주는 거라고 말할 정도였으니까, 내가 얼마나 가족들을 들들 볶았는지 짐작할 수 있을 것이다.

밤늦게 돌아올 때, 아내는 가끔 길가에 나와서 나를 기다리고 있기도 했다. 이 제나저제나 오길 기다리는 아내의 모습이 저만치 보이면 미안하고 고마운 마음은 있는데, 괜히 부아부터 치밀었다.

"왜, 이제 오셔요? 밥을 여러 번 덥혔는데⋯."

"누가 여기까지 나와서 기다리래? 방 안에서 기다리지 않고!"

그러면 아내는 눈물이 글썽해서 들어가곤 했다. 내가 왜 착한 아내한테 이렇게 함부로 할까, 미안한 마음이 들기도 했다. 하지만 우선 내가 살기 힘드니까, 옆에 있는 아내의 기분 따위를 생각할 여유조차 없었던 것이다. 나는 너무 바빴고, 정신이 없었다. 이렇게 버티고 있는 것이 용하다고 스스로를 대견하게 여겨 왔다.

하지만 그것은 핑계일 뿐, 내가 몸처럼 마음도 깊이 병들었다는 걸 그날에야 알았다.

내 머릿속에 문득 이런 생각이 스쳐 지나갔다. 처음부터 '오늘의 나 됨'이 내가 한 것이 아니고 오직 그분의 은혜였던 것인데⋯, 왜 갑자기 그런 생각이 들었는지는 나도 모를 일이었다.

'맞다, 나 하나님한테 서원 기도를 했었지.'

:: 길손을 통해서도 말씀하시는 하나님

초등학교 5학년 때였다. 피난 시절, 부모님들은 부산 국제 시장에서 건어물 상점을 하고 계셨다. 나는 오후만 되면 가게에 나가서 어머니를 도왔다. 당시 젖먹이였던 넷째 아우를 등에 업고 어머니한테 가서 젖을 먹이고 어스름한 저녁이 되어서야 어머니와 나는 가게 문을 닫고 집으로 돌아오곤 했다.

그날도 가게 일을 돕고 있는데 웬 중년 신사 한 분이 가게 앞을 지나다가 나를 유심히 보았다. 보고 또 보고를 한참 하시더니 내게 말을 걸었다.

"너 몇 살이냐?"

"예, 12살입니다."

"아버님은 어디 계시냐?"

이 말씀에 나는 저만치 계신 아버님을 손으로 가리켜 드렸다. 그러자 이 신사 분은 아버지 앞에 다가가 인사를 나누신 다음 이렇게 말씀하셨다.

"귀한 아드님을 두신 것을 축하드립니다. 앞으로 훌륭한 의사가 되어 명예와 재물을 함께 누릴 귀한 관상입니다. 잘 키우시면 나중에 좋은 결과를 보실 겁니다."

그러고는 총총 걸음으로 우리 곁을 떠났다. 무척 좋아하시던 아버님의 얼굴이 지금도 기억난다. 아버님은 물론 어린 나도 그 말이 듣기 싫지는 않았다. 아마 그 때부터였을까. 나는 나중에 커서 '훌륭한 의사'가 되어야 한다는 마음의 부담을 가졌다.

:: 서원 기도

'그래 내 창문을 찾아와 크리스마스 캐럴을 불러 준 이름도 없고 빛도 없는 성가대 대원이 있었다! 아, 그것이 정말 우연이었을까?'

부산에서 고등학교를 졸업하고 대학 진학을 포기한 채 우리 가족은 서울로 올라왔다. 가게가 망했기 때문이었다. 빚 갚을 길이 없어 그곳을 피하는 것밖에 다른 방법이 없었다. 마침 아는 분이 미군 부대에서 일하고 있었는데, 부대 안에 있는 세탁소에서 빨래를 짜서 말리는 일을 할 사람을 찾고 있다는 소식을 들려주었다. 나는 그분의 말만 믿고 무작정 부대 정문에 가서 날마다 기다렸다. 혹시라도 그분이 나와서 나를 취직시켜 주면 나도 먹고살고, 어머니도 동생들도 벌어 먹여 살려야겠다는 생각뿐이었다.

　새벽부터 논두렁길을 걸어서 영등포 역까지 갔다. 전차를 타고 내려 다시 걸어서 미군 부대 앞에 도착했다. 당장 그분이 나와서 나를 부대 안으로 데리고 갈 것 같은 기대 때문에 점심도 굶고 하루 종일 기다렸다. 오후가 되면서 팔다리에 힘이 쭉 빠지는 것은 말할 것도 없고, 초라한 내 꼴이 측은해서 눈물이 났다.

　날이 저물어 집으로 돌아오는 논두렁길에서 하늘을 바라보며 울었다. 가슴이 울컥 치밀어 소리내어 엉엉 울기도 했다. 내가 할 수 있는 일이란 정말이지 아무것도 없었다.

　이렇게 미군 부대 취직을 위해서 정처 없이 다닌 지 한 달이 넘어가자, 이제는 취직뿐 아니라 인생 자체를 포기하는 것 이외에는 다른 방법이 없다는 생각까지 들었다. 사는 게 끔찍했다. 이렇게 아무짝에도 쓸모없는 인생이라니, 의사는커녕 세탁부로 취직조차 못하는 한심한 인생이라니.

　'이 세상 넓은 천지에 나 하나 몸 둘 곳이 없구나.'

　'그 어느 곳에도 나 밥 한 끼 먹을 데가 없구나.'

　이런 생각들이 나를 온통 뒤덮었다. 깜깜한 암흑 천지에 혼자 떨어진 것만 같았다. 외로움과 두려움이 계속 나를 약하게 만들었다. 나는 나도 모르게 점점 수렁으로 깊이 빠져만 갔다.

　'죽음 이외에 다른 방법이 없다.'

　'차라리 일찍 포기하자.'

　이런 생각이 점점 나를 옭아매기 시작했다.

　그러다가 크리스마스이브가 되었다. 그날도 이런 생각들을 하며 허기진 배를 움켜쥐고 이불을 뒤집어쓰고 잠이 들었다. 얼마나 잤을까. 언뜻 무슨 소리에 잠이 깼다.

고요한 밤 거룩한 밤 어둠에 묻힌 밤

주의 부모 앉아서 감사 기도드릴 때

아기 잘도 잔다 아기 잘도 잔다…

깜깜한 지하 방 창문 앞에 서서 누군가 찬송을 부르는 거였다. 나도 모르게 눈물이 주루룩 흘러내렸다.

'저 사람들은 얼마나 축복받은 사람들일까?'

'난, 이 꼴이 뭔가!'

나는 더 절망에 사로잡혔다. 어쩌다가 이렇게 폐인이 되어 오갈 데 없는 처지가 되었는지, 생각할수록 억울하고 분했다. 그런 생각을 하면서 누워 있는데 이상하게도 찬양대가 내 방문 앞을 떠나지 않고 두 번째 찬송을 불렀다.

그 맑고 환한 밤중에 뭇 천사 내려와

그 손에 비파 들고서 다 찬송하기를

평강의 왕이 오시니 다 평안하여라

그 소란하던 세상이 다 고요하도다

두 번째 찬송이 들려올 때 나는 벌떡 일어나 앉았다.

'도저히 이렇게 죽을 수는 없다. 이렇게 주저앉아 있을 수 없다. 나도 저 사람들처럼 크리스마스에 새벽 찬양을 돌며, 교회도 가고 보람 있게 살아야겠다.'

나는 주먹을 쥐고 다짐했다.

일어나 앉아서 지금 내가 가장 잘할 수 있는 일이 무엇인지 곰곰이 생각해 보았다. 아무리 생각해도 공부밖에는 없었다.

'그래, 내가 제일 잘할 수 있는 것은 미군 부대에 취직을 하는 것이 아니라 공부를 하는 것이다. 좋다, 내일부터 공부를 해서 서울대 의과대학에 반드시 들어가는 거다!'

그들의 찬송이 아니었다면, 내 영혼은 끝내 어둠 가운데 있었을 것이다.

다음날 아침, 아버님께 말씀드렸더니 아버님은 그 어려운 가운데서도 매일 전차표를 사 주겠다고 허락해 주셨다. 전차를 타고 도서관에 가서 하루 종일 있다가 저녁에 돌아왔다. 때늦게 공부를 다시 시작했으니 생각한 만큼 공부가 되지 않았다. 좀처럼 다른 학생들을 따라갈 수 없었지만, 이를 악물고 공부했다.

나중에는 전차표도 없어서 그 당시 서울 끝이었던 구로동에서부터 서울역까지 걸어서 왔다 갔다 하면서 고등학교 교과서를 처음부터 끝까지 외웠다. 다리가 아프면 아플수록, 허기가 지면 질수록 죽기 살기로 외웠다.

시험 때가 되어 고등학교 시절 담임 선생님을 찾아가 입학 원서를 써 달라고 부탁했다. 담임 선생님은 난색을 표하셨다.

"자네가 고등학교 때 공부를 잘하기는 했지만, 이렇게 시간이 지난 다음에 그 학교를 지원하는 것은 무리야. 다른 학교를 지원해 보게."

나는 뜻을 굽히지 않았다.

"선생님, 저는 지금 대학을 갈 형편이 되어서 가려는 것이 아닙니다. 형편이 안 되니까 꼭 서울대 의대 합격증이 있어야 합니다. 그 합격증을 들고 신문사 사장님을 찾아가서 저 공부 좀 시켜 달라고 말할 참이거든요. 공부만 할 수 있다면 신문사를 위해 무슨 일이든지 하겠습니다, 하고 말해 볼 생각입니다. 그러니 다른 학교는 안 됩니다."

내 사정을 알게 된 선생님은 서울대 의대에 원서 쓰는 것을 허락해 주셨다.

시험 보는 날 얼마나 추위에 떨었는지, 지금도 그 기억이 생생하다. 자취하는 친구 집에서 아침을 얻어먹고 그 친구의 바바리 외투를 빌려 입고 시험장으로 들어갔다. 시험을 어떻게 보았다는 기억보다 춥고 배고팠던 기억만 난다. 지금도 버스 타고 시험장에 잘 다녀오라며 창문 너머로 돈을 내밀어 주던 그 고마운 친구의 도움을 잊을 수 없다.

막상 합격자 발표 날이 되니 발걸음이 자연스럽게 2지망, 3지망으로 썼던 문리대 발표장으로 옮겨졌다. 아무리 따져 보아도 의과대학에 합격할 가능성이 없었기 때문이다. 하지만 문리대 합격자 명단에 내 이름은 없었다. 눈앞이 캄캄해지면서 온몸에 맥이 쫙 빠졌다. 결국은 실패로 끝난 내 인생의 마지막 장면이 눈앞에 펼쳐지기 시작했다.

서울대 의대를 지망했다는 사실이 허황된 꿈이었다는 생각도 들었다. 그도 그럴 것이 그 당시 소위 일류 고등학교에서 우수한 학생들만이 특별히 선택되어 갈 수 있는 곳인데, 그것도 고등학교를 졸업하고 1년을 놀고 있다가 시험을 보았으니….

그래도 의과대학 발표장을 가 보긴 해야 할 것 같아서 마지못해 의대 쪽으로 발걸음을 옮겼다. 하지만 결과는 불 보듯 뻔하다는 생각뿐이었다.

그때, 내 마음속에서 나도 모르게 순간적이지만 분명하게 이렇게 외쳤다.

'하나님이 계시다면 나 좀 살려 주세요! 하나님, 합격만 시켜 주시면 꼭 훌륭한 의사가 되어 저처럼 서럽고 소외된 사람들을 돕고 살겠습니다! 제발 기회를 주세요! 살려 주세요!'

그것은 절규였다. 그 짧은 외마디 소리 같은 절규. 서원 기도라기에는 어설프지만, 절박한 기도였다.

그런데 놀랍게도 내 이름은 당당히 합격자 명단에 붙어 있었다.

"야호!"

나는 환호성을 질렀다. 도저히 믿어지지 않았다. 당장이라도 누군가가 나와서 이것은 실수였다며 내 이름을 지워 버릴 것만 같았다. 하지만 시간이 지나도 내 이름 석자는 분명히 그대로 붙어 있었다.

"감사합니다. 하나님, 감사합니다. 반드시 훌륭한 의사가 되겠습니다."

나는 몇 번이고 다짐했었다.

그 서원 기도를 나는 아주 오랫동안 잊고 있었던 것이다. 눈물이 강처럼 쏟아졌다. 급할 때는 찾고, 평안하면 내가 한 것으로 착각하고, 남 보기에는 거룩한 척하면서 사실은 누구보다도 욕심과 욕망으로 가득 찬 나의 추한 모습을 그 자리에서 마주쳤던 것이다. 세상 속에서 망둥이처럼 살고 있는 내게 주님이 'Wake-Up Call'을 보내신 것이다.

생각해 보면 한두 가지가 아니었다.

장인어른과 아내와의 만남, 의과 과장님을 통해 불임과 호르몬 분야를 계속 공부하게 된 일…, 돌이켜 보면 볼수록 우연이 아니었다는 생각이 그제야 들었다. 되돌아 보니 퍼즐 맞추듯 내 삶이 하나로 연결되었다. 주님이 그동안 수없이 나를 부르며 서 계셨다. 내가 깨닫지 못했을 뿐.

'주님, 제가 모르고 지나쳐 버린 적이 얼마나 많았는데요. 이렇게 저를 오래 기다려 주신 주님, 감사합니다.'

그런데 그 강사 목사님이 갑자기 말씀하셨다.

"저 구석에 팔짱을 끼고 앉아 있는 저 사람 집에 가서 오늘 묵겠습니다."

목사님이 지목한 사람은 바로 나였다. 나는 가슴이 두근거렸다. 아내가 뛸 듯이 기뻐한 것은 말할 필요도 없다. 그날 강사님을 모시고 가서 밤이 늦도록 그분의 간증을 듣고 권면과 기도를 받았다. 점점 마음이 혼란해지고 무슨 일이든지 생길 것만 같은 불안한 마음이 드는 밤이었다.

:: 날라리 신자의 말씀 탐험기

그 뒤 얼마 있지 않아 한경직 목사님이 부흥회를 오셨다. 그분의 조용하면서도 사람의 마음을 흔드는 말씀에 나는 드디어 하나님의 음성을 듣게 되었다. 그분을 곁에서 며칠 동안 모시면서 "죽는 것이 사는 것이요, 연약함이 강한 것"이란 것을, 강퍅하고 소리 지르는 일은 어리석은 자요, 가장 약한 자가 하는 짓이란 것을 절실히 깨달았다.

"나의 나됨이 바로 예수님의 피로서 이루어진 것"이란 것을 알게 된 것이다.

드디어 아내의 오랜 기도가 응답된 것이다. 아내의 기쁨은 남달랐다.

그후로 교회에 가는 것이 지겹지 않았다. 오히려 기다려졌다. 이건 아무리 생각해도 크게 놀랄 일이었다. 주일에 교회에서 하루 종일 봉사하고 밤 12시가 다 되어 집에 돌아와도 피곤한 줄 몰랐다.

주님을 만나고 나니 세상이 너무나도 달라져 보였다. 같은 가족, 같은 환경인데도 내 마음에 기쁨이 있어서 그런지, 모든 것이 달라 보이기 시작했다. 아내가 끓여 주는 무국도 그렇게 달고 시원할 수 없었다. 무국이 한 숟가락 입에 들어가면 이 세상에 부러울 게 없었다.

"여보, 참 시원하네. 어떻게 이렇게 맛있어?"

이제는 아내가 말했다.

"그만 좀 하고 잡수시기나 하세요."

몸 아픈 곳도 차츰 사라지기 시작했다.

무늬만 신자인 생활도 청산했다. 나름대로 열심히 활동을 하다 보니 집사 직분을 받았고, 또 장로로 피택되는 영광을 얻었다. 더욱 사명감을 갖고 최선을 다해 교회를 섬겼다.

교회가 커지면서 열정이 있는 젊은 집사 몇 분이 모여서 담임 목사님을 모시고 예배 전에 성경 공부를 시작했다. 목사님이 2주 동안 성경 공부를 인도해 주셨는데, 더 이상 계속하기는 어렵겠다고 말씀하셨다. 그런데 집사님들이 내게 부탁을 해 왔다.

"박 장로님, 주일 예배 전에 하는 전 교인 성경 공부 있지요? 그걸 박 장로님이 인도해 주셨으면 하는데요? 예배 전에 1시간씩 성경 좀 가르치세요."

산부인과 의사로서 정신없이 바쁜 생활의 연속이었지만, 전 교인 성경 공부만큼은 열심을 다해 가르쳤다.

목사님이 시작하신 사도행전을 계속해서 공부해 나갔다. 매주일 강해를 하며 간증도 했다. 사도행전이 끝나고, 구약 창세기부터 성경을 차례로 공부해 나갔다. 나는 신학을 한 사람도 아니고 평신도니까, 그야말로 말씀을 깨물어 먹지 않고는 그 일을 감당해 낼 수 없었다.

먼저 성경 구절을 정하고, 한 주일 내내 그 구절을 계속 묵상했다. 자다가 깨서도, 밥을 먹을 때도 심지어는 상대와 대화를 하면서도 그 말씀을 묵상하면서 하나님이 주시는 지혜를 깨닫고자 혼신의 노력을 다했다.

어떤 때는 뼈를 깎는 듯한 어려움을 겪기도 했다. 말씀을 전할 시간은 닥쳤는데도 하나님이 주시는 말씀이 들리지 않으면 식은땀이 났다. 하지만 주님은 내가 아무리 조바심을 내도 주님의 때가 되어야 가르쳐 주셨다.

내가 인도한 성경 공부 테이프가 보급되자 내 음성을 들으며 매일매일 운전하고 다닌다는 교우들도 많이 생겨났다. 나는 이들을 위해 밤을 새워 가며 성경 공부를 준비했고, 여행을 갔다가도 주일에는 꼭 돌아와 성경을 가르쳤다. 말씀을 묵상하고, 읽고, 공부하고 하면서 그 말씀이 저절로 나의 마음을 녹이고 사로잡았다.

이 기간은 내 개인의 생활뿐 아니라 신앙적으로도 잔뼈가 굵어지는 인생의 성장기였다.(이렇게 디트로이트는 나의 인생뿐 아니라 신앙의 제2의 고향이었다.

먼 여행길을 마치고 돌아오는 길에 디트로이트 이정표를 보면 마음이 편안해질 정도로 정이 들었다.)

매년 추수 감사절 주일에는 구역별 성경 퀴즈 대회를 열었다. 처음에는 묻고 대답하는 형식의 대회였지만, 점점 열기가 더해 가자 나중에는 마치 텔레비전에서 퀴즈 대회를 하는 것처럼 관심이 대단했다.

그때가 되면 우리 집에는 많은 사람들이 전화도 하고 찾아와서 이번에는 무슨 제목으로 퀴즈 대회를 할 것인지 궁금해하며 의견을 나누기도 했다.

욥기를 공부할 때는 구역별로 한 장씩을 맡아 그 내용을 연극으로 꾸며 발표하기도 했다. 모든 교우가 남녀노소를 막론하고 이에 참가하고 함께 연습했다. 어떻게나 진지한지 나도 은혜를 많이 받았다. 특히 연세 드신 장로님들 권사님들은 강사를 위해 따로 기도 그룹을 만들어 기도해 주시고 사랑을 베풀어 주신 것을 지금도 생생하게 기억한다. 일찍 남편을 사별한 미망인, 암으로 고통을 받는 환자들, 부부간의 문제로 고민하는 젊은이들이 찾아와 같이 울고 기도했다.

성경 공부를 시작한 지 4년째 되던 해, 오랫동안 성경 공부를 하면서 알아야 가르칠 수 있다는 생각에 신학 공부를 하게 되었다. 그렇게 좋아하던 골프도 중단했다. 우선 시간이 너무 아까웠다. 그래도 운동은 해야지 하고 필드에 나가면 그렇게도 신나게 잘 맞던 공이 빗나가 허공을 치기 일쑤였다. 자연히 재미를 잃어 버렸다. 병원 업무 외 시간은 온통 성경 공부에 열중했다. 우리 내외가 함께 매달려 리포트를 쓰느라 정신이 없었다.

그러면서 평신도로서 매주 강단에 서서 말씀으로 도전을 줄 수 있는 힘이 생겼는지도 모르겠다. 나 같은 사람에게 말씀을 깨닫게 하시고자 직접 가르칠 수 있는 기회를 주신 주님, 그래서 나는 사람들이 뭐라 해도 당당하게 말할 수 있다. "하나님이 기뻐하시는 일이라면" 주님은 그 일을 할 수 있는 능력을 반드시 주신다고.

사랑할 때 필요한 준비물

3장

:: 조국을 느끼다

내 삶에서 주님을 만나면서, 이제껏 목적도 방향도 없이 내달려 온 삶이 안정 궤도에 접어들었던 것은 사실이다. 아내와도 더 이상 불화할 원인이 사라졌고, 나 또한 하나님의 자녀가 되었다는 정말 믿기지 않는 사실을 만끽하면서 기쁘게 생활하고 있었다. 하지만 또 다른 복병이 숨어 있었다.

미국에서 오랜 세월을 그렇게 숨 가쁘게 달려오다가 나이가 들어 보니, 어느 순간 한국을 떠날 때와는 너무나 달라진 내 모습을 발견하게 되었다. 지지리도 가난했던 조국, 그래서 잊고 살려고 작정했던 내 조국에 대한 그리움이 물밀 듯이 밀려왔다. 조국에서 좋은 일이 생기면 덩달아 기뻐 날뛰고 조국에서 어려운 일이 생기면 같이 가슴 아파하는 내 모습을 발견하게 된 것이다.

마침 88서울올림픽이 한창일 때였다. 텔레비전 앞에 앉아 나는 간간이 비춰 주는 달라진 조국을 보며 목이 터져라 한국을 응원했다. 서울 하늘에 휘날리는 태극기를 보는 순간에는 너무나 감격한 나머지 와락 눈물을 쏟고 말았다. 그때의 눈물은 자신을 내버린 형제를 다시 만난 요셉의 회한과도 같은 것이었다. 나는 무엇보다 내 조국이 선진국 대열에 들어가게 된 것이 자랑스러웠다.

'아 내게도 조국이 있었구나! 나는 한국 사람이구나.'

그것은 내게 놀라운 발견이었다.

그 즈음 나는 학교에서 산부인과 과장의 물망에 올랐다. 미국 주립대학 병원 과장이라면 예산만도 수백만 달러를 관리하는 것은 물론, 학문적으로도 최고의 의학자가 되는 것이라 내심 은근히 바랐다. 하지만 내가 미시간 대학 출신이 아니고 서울대 출신이란 것 때문에 차별을 받아 그 꿈은 결국 이루어지지 않았다. 남의 나라에 살면서, 그것도 명문인 미시간 대학 영내에서 응당히 있을 수 있는 일로 받아들이고 그 정도 설움은 쉽게 잊어버렸다. 하지만 그 일이 내 무의식 속에는 깊은 흔적을 남겼던 것일까. 딱히 그 일 때문은 아닌데도 나의 설 땅은 미국이 아니고 한국이란 것을 새삼 느꼈던 것이다.

때마침 서울의 한 대학에서 병원장으로 초청한다고 여러 번 사람을 보내왔다. 초청을 받고 아내와 나는 여러 번 서울을 방문하면서 이번 기회에 한국으로 다시 돌아갈 생각도 잠시 했었다. 하지만 30년이란 긴 세월이 남긴 이상과 현실의 골은 쉽게 넘을 수 있는 성질의 것이 아니었다. 우린 그 사이에 미국 사람이 되어 버렸던 것이다. 결국 서울로 돌아가는 것은 이루어지지 못했지만, 한국에 대한 인식을 새롭게 하는 좋은 기회가 되었다.

미국에 와서 40년을 사는 동안 교회와 병원이 내가 아는 전부였다. 학교에서 학생들 가르치고 병실에서 환자 진료하는 것 이외에는 세상을 아는 것이 별로 없었다. 좋게 말하면 단순하고 순진한 사람이라 하겠지만, 사실은 세상을 사는 지혜가 부족하다는 말일 수도 있었다.

하지만 어느 새 반백이 넘은 내 모습을 보면서, 이제까지 한 번도 뒤돌아보지 않았던 지난날을 돌이켜 볼 때가 많아졌다.

군의관으로 가기 전, 3개월 동안 인턴 생활을 시작하면서 처음으로 외과 병동을 맡았다. 병원에서 여러 환자를 경험했지만, 그 중에 40대 중년의 죽음을 잊을 수 없다. 참을 때까지 참다가 맹장이 터져서 급성 복막염이 된 환자였다. 병원비가 없었기 때문이라고 했다.

제때 병원만 찾았던들 생명이 위급한 상황에 처하지 않았을 것이란 생각에 나도 마음이 급했다. 어렵게 수술을 끝내고 환자는 내가 맡고 있는 병동에 입원했다. 나는 그의 딱한 형편이 마음에 걸려 며칠 밤을 새우다시피 하면서 돌보아 주었다. 비번 때도 병동을 떠나지 않고 그를 치료했다.

사흘째 되는 날, 결국 그는 살아나지 못하고 세상을 떠났다. 나도 가족들과 같이 눈물을 흘리고 말았다. 젊은 생명을 앗아간 가난이 원망스러웠다. 그때 나는 처음 의사로서 실망과 실의에 빠져들었다. 하늘같이 존경하고 우러러보았던 유명한 교수들이 결국 젊은 생명 하나를 살리지 못한 것에 대한 실망이 컸다.

'결국 의술도 사람이 하는 것이고, 한계가 있지 않나. 그런데 저 교수들은 왜 그토록 권위적이며 환자들을 마치 자기 종처럼 마구 다루는 거지?'

불쌍하고 약한 환자들일수록 보기에 딱했다.

'훌륭한 의사란 돈 잘 벌고 명예를 차지하는 게 아니라 불쌍하고 딱한 환자 편에 서서 그들을 사랑으로 돌보아 주는 의사가 아닐까?'

어쩌면 그날이 내가 의사 생활을 시작한 뒤로 가난을 이겨내기 위해서 택했던 허울 좋은 '의사'라는 직업관이 조금은 달라지고, 사람 생명을 다룬다는 교만한 마음이 조금은 낮아진 최초의 날이었다. 그리고 '가난이 죄'임을 다시금 뼈저리게 실감한 날이기도 했다.

'어떻게 하든지 이 가난을 벗어나자. 가난한 사람들을 돕자.'

하지만 그 이후로 이런 생각을 거의 생각하지 못하고 지냈다.

그때 이후로는 줄곧 '성공한 의사'에 매달려 살아왔으니까. 이제는 '성공한 의사'가 아니라 '훌륭한 의사'가 되어야겠다는 다짐을 다시 하게 된 것도 그 무렵의 일이었다.

:: 인도에서 너를 보았네

하나님을 새롭게 만나 은혜 가운데 생활하면서 나는 내가 가진 것으로 주님을 어떻게 기쁘게 해 드릴 것인가를 고민하기 시작했다. 그래서 시작한 것이 세계 의료 선교를 위한 기도 모임이었다. 몇몇 친구와 후배 동료들과 함께 일주일에 한 번씩 모여 꾸준히 기도하기 시작했다.

우연찮게 학교에서 전화가 왔다.

"교수님, 인도 봄베이 대학을 비롯해서 인도의 3개 대학에 교환교수로 가실 생각 없으세요? 다른 미국인 교수가 갈 예정이었는데 사정이 생겨서 갑자기 못 가겠다고 하니, 어쩝니까?"

미국에서 교수를 보내 시술을 가르쳐 준다는 조건으로 인도 봄베이 대학이 고가의 레이저 시술 기계를 구입했다는 것이다.

"인도는 별로 갈 생각이 없습니다."

"다시 생각해 보십시오, 여행도 하고 좋은 기회입니다."

대답은 그렇게 했지만, 이 제안이 마음에서 떠나지 않았다. 아내한테 일단 물어보았더니, 의료 선교를 하라는 하나님의 뜻인 것 같다며 가자고 했다. 그 제안을 놓고 기도하면서 내 평생 처음으로 불쌍한 사람들을 돕고 복음을 전하기로 결심했다.

"인도에 가면 비행기 타고 관광호텔에서 편하게 다니지 맙시다. 인도 현지 사람들과 똑같이 생활하며 환자를 치료하고 복음을 전합시다."

누가 먼저랄 것도 없이 서로 약속했다.

그렇게 해서 1987년 12월 말, 여행 가방에 의약품을 가득 싣고 아내와 함께 인도행 비행기에 올랐다.

미국에서 아무 불편 없이 살던 내게 인도는 그야말로 처음부터 고통스러운 곳이었다. 디트로이트에서 뉴욕을 거처, 서울, 대만, 방콕 그리고 봄베이까지만 가는 데도 이틀이나 걸렸다. 봄베이행 비행기에 탑승하고 나서는 그 특유의 인도 냄새 때문에 숨도 제대로 못 쉴 지경이었다. 비위가 약한 나는 결국 토하고 말았다.

인도 선교를 간다면서 인도 가는 비행기 안에서 이미 반죽음이 되었으니….

'선교가 말처럼 쉬운 게 아니구나.'

약을 가방 한가득 싣고 갔기 때문에 세관에서 트집을 잡을 만한데, 이상하게도 무사히 통과되었다. 인도로 출발할 때 약속대로 아내와 나는 호텔에 묵지 않고 시설이 초라한 선교사 게스트하우스에 묵었다.

봄베이에서 강의와 시술 일정을 마치고 우리 부부는 다음 목적지인 미라즈로 갔다. 미라즈에는 미국 장로교 본부에서 후원하는 인도에서 가장 유명한 기독교 병원이 있는 곳이다. 이 병원에서도 강의와 시술 일정이 잡혀 있었다.

그곳에서 나는 플레처 박사를 만났다. 이분은 의료 선교사로 평생을 바친 분이었다. 미국의 외과 의사였는데, 이곳에 와서 환자들을 돌보며 평생을 살아오셨다고 했다.

나는 이분이 진료하는 모습을 넋 놓고 볼 수밖에 없었다. 칠순이 넘은 고령에도 환자들의 등을 만져 주고 손을 일일이 잡아 주는 그 인자한 모습…. 환자들의 아픈 상처와 마음까지도 넉넉히 품어 주었다.

나는 견디기조차 어려운, 냄새나고 더러운 인도 환자들을 마치 아버지가 아이들을 돌보듯 정성껏 보듬어 주는 이분의 뒷모습 속에서 나는 예수님의 모습을 보았다. 예수님처럼 인자하고, 항상 웃음을 잃지 않는….

고개가 절로 숙여졌다. 나란 존재는 얼마나 약해 빠졌는지를, 그날 비로소 알았다. 나는 정말 아무것도 아니었던 것이다. 이분과 같은 '훌륭한 의사'에 비한다면….

선교를 열정으로만 생각했던 나는 큰 충격을 받았다.

"오직 성령이 너희에게 임하시면 너희가 권능을 받고…."(사도행전 1:8)

성령의 인도하심이 없이 사람이 할 수 있는 일이 아니고, 설령 한다 하더라도 이것은 능력은 없고 모습만 있는 것이란 것을 깨달았다.

'내가 사명을 받은 것인지, 말씀대로 순종하며 제대로 헌신하고 있는지….'

그분을 보면서 선교사로 가기 위해서는 무엇보다 하나님 앞에 내 모습 그대로 내보이고 성령님의 인도하심을 받을 마음의 준비가 되어야 함을 배웠다.

처음부터 다시 생각해야 했다.

나는 모든 것을 뒤로 하고 기도를 드렸다. 내가 사명을 받은 것인지, 말씀대로 순종하고자 헌신된 것인지 알기 위해서.

그날 밤 플레처 박사 내외분이 정성껏 마련해 준 음식을 맛있게 먹고 모처럼 서양식 침대가 있는 방에서 편하게 하루를 지냈다. 그런데 아침에 눈을 뜬 우리는 손가락 크기 만한 도마뱀들이 수도 없이 천장에 붙어 있는 것을 보고 질겁을 했다. 그나마 자기 전에 보지 않고 편하게 잔 것이 참으로 다행이었다.(플레처 박사는 지금은 은퇴해서 남가주에서 살고 있다. 얼마 전, 53년 동안 그림자처럼 선교사의 길을 함께 걸었던 부인이 세상을 떠났다. 이제는 부인 몫까지 감당해야 한다며 아직도 인도 선교를 위한 정열이 넘치는 분이다.)

:: 가난의 현장

인도 교환 교수 기간은 한 달이었는데 강의와 시술은 2-3일에 다 끝내고, 나와 아내는 인도 오지를 헤매면서 환자들을 돌보았다. 마드라스에서 봄베이까지 인도 전역을 헤매고 다녔다. 하루 300명 정도 환자를 보았다. 미국에서 내가 가져온 약은 턱없이 부족해서 현지에서 필요한 약들을 구입했다. 하지만 의욕만 앞섰던 탓인지, 나는 곧 지치고 말았다.

가난에 찌든 사람들의 표정, 몸도 마음도 병들어 끈적끈적한 날씨만큼 축축 처지는 그들을 들여다보는 일은 인도 특유의 냄새만큼이나 견디기 힘들었다. 가는 곳마다 달려드는 거지 떼들은 두렵고 겁이 났다.

나는 타임머신을 타고 마치 몇십 년 전으로 돌아온 것만 같았다. 저들 사이에 어린 시절의 초라한 내가 서 있었다.

어린 시절, 나는 밤만 되면 미군 폭격기 수백 대가 섬광을 일으키며 원산 근처를 폭격하는 것을 방공호 속에서 보았다. 2차 대전 말이었다.

다음날 아침이면 골짜기마다 팔은 팔대로, 다리는 다리대로 흩어져 있는 시체들이 즐비했다. 이런 날들이 한동안 계속되었다. 경보가 울리기만 하면 등에 양식과 이부자리를 둘러메고 강을 건너 시골로 피난을 가거나 방공호 속으로 숨어들었다.

나이는 어렸지만 그래도 장남이라 등에 짐을 지고 부모님을 따라 개울을 건너 시골로 피난을 다니던 기억이 지금도 눈에 선하다. 왜 미국 사람들이 우리 나라를 폭격하는지 알지 못했다. 그 가운데서 죽지 않고 산다는 것이 신기할 뿐이었다.

그러다가 하루는 비행기가 원산 하늘을 새까맣게 덮었다. 밤이 새도록 번쩍번쩍거리더니 그 다음날 일본이 항복을 했다. 드디어 전쟁은 끝이 났다.

해방과 함께 러시아군이 진주한 뒤로는 밤만 되면 또 집집마다 아우성이었다. 키가 장대 같은 러시아 군인들이 옆구리에다 식빵을 끼고 집집마다 다니며 문을 박차고 들어와 여자들을 겁탈했기 때문이다. 여자들은 또다시 방공호 속에 숨어 살아야 했다. 저녁만 되면 여자들의 비명 소리가 캄캄한 하늘에 메아리쳤다. 차라리 폭격에 맞아 죽는 것이 낫겠다는 생각도 들었다. 러시아 군인들은 눈에 보이는 시계며 귀한 물건은 모두 빼앗아 갔다.

그런 시절이 지나자 이번에는 공산당이 내려왔다. 일제 앞잡이와 지주들을 색출해 내는 처참한 작업이 시작되었다. 어제의 이웃이 오늘은 우리의 생명을 노리는 적으로 돌변했다. 친일파 사람을 몽둥이로 때려죽이는 일이 아무렇지도 않게 벌어졌다. 갈수록 태산이라더니, 사람들은 더욱 큰 허탈에 빠져 공포에 떨며 지냈다. 목숨을 연명할 길을 찾아 사람들은 뿔뿔이 흩어졌고, 그 과정에서 우리 가족도 무작정 남으로 내려왔다.

우리도 처음에는 다른 사람들과 섞여 배를 타고 내려왔다. 하지만 그만 러시아 해양 경비대에 붙잡혀 계획이 수포로 돌아가고 말았다.

두 번째 탈출을 시도했다. 이번에는 명태를 잔뜩 실은 배에 간신히 들어갈 만

한 공간을 만들고, 어머니와 두 여동생과 나, 이렇게 네 식구가 몰래 숨어서 남으로 내려왔다. 가도 가도 끝없이 바다만 펼쳐져 있어 막막했던 기억이 지금도 생생하다. 아버님은 뒷일을 처리해야 한다며 북에 남아 계셨기 때문에, 홀로 우리를 보호해야 했던 어머니는 눈물을 감추시느라 애를 쓰셨다. 우리도 덩달아 눈물을 흘렸다.

남한에 도착한 뒤, 포항으로 삼척으로 전전하느라 학교생활을 충실히 할 수 없었다. 아버님을 기다리기 위해 다른 곳으로 옮길 수도 없었다. 나중에 아버님이 내려오신 다음에야 우리는 고모님이 계신 부산으로 가서 살았다. 하지만 생활은 나아지지 않았다.

간신히 대학에 붙었을 때는 등록금이 없었다.

아버지는 서울대 의대 합격증을 들고 대단히 기뻐하셨지만, 그런데 그때부터 등록금을 마련해야 하는 현실적인 고민이 시작되었다. 국립대학이라 다른 대학에 비하면 비교도 안 되는 돈이었는데도, 우리 집에는 그만한 돈을 마련할 길이 없었다. 그런데 아버님이 단호한 빛을 보이시더니 걱정 말라고 말씀하셨다.

마침내 등록 마감일이 되었을 때, 아버님은 어디서 돈이 나셨는지, 등록금이라며 내 손에 돈을 쥐어 주셨다. 그런데 며칠 지나지 않아 아버님은 빚 독촉에 무척 시달리시기 시작했다. 사람들이 빚을 빨리 갚으라고 재촉하면 아버지는 태연히 이렇게 말씀하시곤 했다.

"나 그 돈 버스 안에서 도둑맞았습니다."

"갚을 길이 없습니다."

"죽이든지 살리든지 마음대로 하십시오."

"살려 주시면 죽도록 일해 갚도록 노력하겠습니다."

사람들이 빚을 갚지 않는다며 악다구니를 할 때마다 아버지는 이렇게 대꾸하셨다. 그러고는 우리에게 이렇게 말씀하셨다.

"우리 큰아들 성공하면 흰 구두 신고 빨간 넥타이 매고 며느리 앞세워 서울 구
경하러 다닐 거다."

나는 대충 눈치로 아버님이 시장 사람들에게 돈을 꾸어 내 등록금을 마련해 주셨
다는 것을 알았다. 아버지도 어머니도 솔직하게 말씀하시지는 않았다. 나도 알면서
모른 체했다. 내가 아버지 일생의 큰 희망임을 누구보다 잘 알고 있었던 탓이다.

대학 2학년이 되었을 때 아버님이 갑자기 돌아가셨다. 그 어려운 피난살이 끝
에도 여전히 가난한 한 칸짜리 셋방에서 사시다가, 마지막 숨을 거두신 아버님의
눈을 감기며 나는 목이 메어 올 기운조차 없었다.

뼛속까지 에는 듯한 추운 날씨였다. 아버님을 산소에 모시는 동안 추위도 추위
였지만, 너무나 억울하고 서러워서 살점이 뚝뚝 떨어져 나가는 듯했다. 그 모진
세월 속에서 내가 죽지 않고 살아 있다는 것이 기적처럼 느껴졌다. 장례를 치를 수
있는 돈 한 푼이 없었다. 학교 친구들의 도움으로 장지를 마련하고 손수 돌을 날
라 비석이라고 세웠다.

슬픈 기억들이 가슴을 쳤다. 피난통에 아버님과 단칸방에서 사는 것이 정말이
지 지긋지긋했다. 대학에 입학하면서 가정교사 자리가 생겨서 내가 나가 살게 될
때까지 우리 식구는 모두가 한 방에서 살았다.

아버님은 한 많은 세상을 술로 달래며 살아오신 분이었다. 유복자로 태어나셔
서, 먹을 것을 찾아 새 남편을 찾아간 어머니를 어머니라고 부르지도 못했다고 하
셨다. 배가 고프면 몰래 그 어머니를 찾아가서 누룽지를 얻어먹으며 큰누님 손에
서 자랐다는 말씀을 귀에 못이 박힐 정도로 듣고 또 들으면서 자랐다.

단칸방 한쪽 구석에서 쪼그리고 앉아서 공부한다며 책을 펴놓고 있던 나는, 밤

늦도록 푸념하면서 술을 드시는 아버님이 너무나 싫었다. 그렇지만 혹시라도 내가 싫은 기색을 보이면 그날 밤은 잠자는 것을 포기해야 했다.

"아비가 말하는데 정신 차려 듣지 않느냐, 이놈의 자식이."

그러다가 술이라도 떨어지면 나는 통행금지 시간을 무릅쓰고 동네 가게를 찾아가 술을 사 와야 했다. 이것을 참다못한 어머님이 미리 술을 조금 사다 두었다가 밤늦게 술심부름을 가는 내게 몰래 내놓기도 했다.

아버님은 술만 잡수시지 않으면 색시처럼 얌전하시고, 아들 공부하느라 고생한다며 그렇게도 다정스럽게 머리를 쓰다듬어 주셨다. 하지만 술만 취하면 다른 사람으로 돌변했다. 어머님도 나도 수없이 맞았다. 그런 아버님의 모습을 보며 나는 작심을 했다. 내 평생에 절대로 술은 마시지 않겠다고.

한번은 어머님이 내가 가정교사를 하고 있는 하숙방으로 찾아오셨다. 얼굴이 시퍼렇게 멍들어 있었다. 아버님께 또 맞은 것이다. 나는 화가 치밀어 당장 집으로 쫓아갔지만, 아버님을 보는 순간 눈물만 흘리다가 그대로 돌아서고 말았다.

아버님이 계시지 않으면 좋겠다는 생각을 수도 없이 했다. 그러면서 나는 절대 아버님처럼 가정을 못 살게 하고 괴롭히는 아버지가 되지 말아야 한다고 몇 번이나 다짐을 했는지 모른다.

'빚 독촉만 받지 않으셨어도 몇 년은 더 사실 수 있으셨을 텐데…'

비석을 묻으면서 울고 또 울었다. 아버지를 일찍 돌아가시게 한 것이 바로 나인 것만 같아서였다. 이제는 아버지를 사랑할 수도 미워할 수도 없다는 것 때문이었다. 호강 한 번 못 시켜 드리고 아버지를 이렇게 보내야 한다는 것이 서러웠다. 그때 나는 세상의 공평하지 못함에 한을 품었다.

그 다음날부터 그 한으로 이를 악물고 공부만 했다. 사람들의 각박한 인심 속에서도 배고픔 속에서도 끝까지 참고 공부할 수 있었던 것은 오로지 그 때문이었다.

솔직히 말하면 가난에 찌든 지긋지긋한 대한민국이라는 나라를 벗어나고 싶어서 미국행을 결정했다. 이것만이 유일하게 나와 우리 집이 살 수 있는 길이라 확신했었기 때문이다.

그렇게도 벗어나고 싶어서 발버둥쳤던 지긋지긋했던 가난의 현장에 나는 다시 와 있었다.

아내와 나는 가난한 인도의 시골 마을에서, 음식이 입에 맞지 않아 전기를 절약하느라 불을 희미하게 켜 놓은 방에서 물을 끓여서 즉석 라면으로 끼니를 때웠다. 그런데 아침에 날이 밝은 후에 보니 그릇 밑에는 두꺼운 진흙이 가라 앉아 있었다. 여기서는 수돗물을 받아 한참을 가라앉힌 뒤에 먹는다는 것을 우리는 몰랐던 것이다. 그나마 끓여 먹었으니 당장 병은 걸리지 않을 것이라 생각되었다.

야간열차를 타고 밤새도록 가려면 그 고통이 말이 아니었다. 그때만 해도 아시아 계통 사람들을 자주 보지 못한 탓인지, 기차 안에 있는 모든 사람들이 우리 부부를 동물원에 있는 원숭이처럼 구경했다. 나는 허리띠에다 두 개의 쇠줄 체인을 차고, 잘 때는 짐 가방을 양쪽에 한 개씩 허리에 달고 자야 했다. 그렇지 않으면 눈깜짝할 사이에 도둑을 맞기 때문이었다. 무엇보다도 오지 산골에 들어갔으니 외부와 연락이 닿지 않았다. 집에 두고 온 아이들이 걱정이 되어 마음이 불안했다.

인도에 온 지 얼마 안 됐는데, 점점 이곳을 떠나고 싶어졌다. 몸도 맘도 많이 지쳤지만 플레처 박사를 생각하며 인도 오지 의료 여행을 간신히 계속해 나갔다.

:: 다음에… 다음에… 다시 올게요
인도 빈민촌 사람들은 대부분 만성 말라리아, 장질부사, 폐결핵, 피부병, 영양실조, 중이염 같은 영양 부족과 위생 시설 부족에서 비롯되는 만성 질병에 시달리고 있었다.

젊은 청년들이 만성 말라리아로 눈은 노랗고 간이 부은 채 힘없이 축 늘어져 죽음을 기다리고 있는 모습을 지켜볼 수밖에 없다는 것 자체가 형벌이었다.

마드라스에서는 이런 일도 있었다.

한 여인이 내 손을 잡고 눈이 보이지 않는다며 좀 고쳐 달라고 호소했다. 살펴보니 백내장이 심해져서 거의 시력을 잃은 것 같았다. 하지만 수술만 한다면 얼마든지 회복될 수는 있었다.

"백내장입니다. 수술받아야 합니다."

"병원으로 가서서 안과 의사의 진찰을 받으셔야 합니다."

나는 안과 의사도 아니었고, 안과 수술 도구도 없었기에 이렇게 말할 수밖에 없었다. 내가 여러 번 말했지만, 여인의 하소연은 계속되었다.

"병원을 한 번 가려면 서너 달을 기다려야 하는 것이 보통이고, 그나마 어렵게 찾아가면 매번 똑같은 가루약을 줍니다. 아무리 복용을 해도 회복되기는커녕 시력은 더 어두워져 이제는 눈뜬 봉사가 다 되었단 말이에요."

딱하기 짝이 없는 여인의 사정을 뻔히 알면서도 나로서는 어떻게 도울 방법이 없었다.

"죄송하지만 지금 제가 도와 드릴 방법은 없습니다."

하지만 여인은 더욱 애절하게 하소연했다.

"박 아야(여기서 아야는 의사라는 말이다), 나를 좀 살려 주세요. 눈을 못 뜨면 차라리 죽는 것이 낫습니다."

그러고는 내 손을 붙잡고 울기 시작했다.

"기구가 없으면 가지고 있는 무엇이라도 좋으니 한번 찔러라도 보면 원이 없겠습니다. 내 평생에 언제 미국에서 온 아야를 다시 만나겠습니까?"

나는 그 여인의 애처로운 손길을 어쩌지 못하고 서 있을 수밖에 없었다. 이럴 때 내가 좀 더 영적으로 성령 충만해서 기적을 일으킬 수 있는 치유의 능력을 받았더라면 얼마나 좋았을까, 하는 안타까움이 들 정도였다.

'선교는 열정만 있다고 되는 것이 아니구나. 제자 훈련도 받고 뜨거운 기도로 하나님과 교통하며 하나님에게서 특별한 사명을 받는 것이 필요해.'

나는 그 여인의 손을 붙잡고 간절히 기도하며, 예수님의 자비로우신 치유의 손 길을 간구했다. 우리가 해 줄 수 있는 것은 거기까지였다. 우리는 곧 그곳을 떠나야 했다. 다음에 안과 의사를 데려오겠다는 말을 덧붙인 채.

"박 아야, 박 아야…"

나를 부르는 그 여인의 음성을 뒤로 하며 돌아설 때 나는 마음으로 울었다. 의사가 없어서 눈이 멀어 가는 사람들, 살아서는 고생만 하다가 길바닥에서 죽어 가고 있는 사람들이 하루에도 수백 명이었으니….

'그토록 저주했던 가난, 그 가난에서 벗어나고 싶어 몸부림쳤던 나, 내가 고생하면서 살았던 것은 이들에 비하면 아무것도 아니다! 나는 얼마나 축복받고 선택받은 사람인가!'

생명을 살리는 일은 마음만으로는 안 되는 것, 백내장을 수술하는 도구라도 갖추어야 한다는 것…. 인도의 눈 먼 여인은 내게 그것을 가르쳐 주었다. 진짜로 돕고 싶다면 준비해서 오라고, 영혼을 살리는 선교를 하고 싶다면 준비를 해서 오라고 그녀는 내 눈앞에서 어른거리며 거듭 말했다.

:: 막대기만도 못한 인생

한번은 뉴델리 화장터를 방문하게 되었다. 풋볼장 만한 벌판에서 시체들이 줄지어 타고 있었다. 시멘트로 만든 작은 침대 모양의 화장터 수백 개가 있었는데, 그곳에다 나뭇개비로 불을 지피고 시체를 얹어 태우고 있었던 것이다. 불꽃이 요란했고, 시체 타는 냄새가 온 천지에 진동했다. 돈이 없어서 장작개비를 충분히 못 사서 그랬는지, 타다 만 시체들이 머리는 머리대로 팔은 팔대로 뒹굴고 있기도

했다.

그 많은 시체가 줄을 지어 들어오는데, 하도 시체가 많으니까 시체를 발로 굴리기도 했다. 시체가 장작개비만도 못한 취급을 받고 있었던 것이다. 나는 의사여서 사람 죽는 것도 많이 보았고 시체도 많이 본 사람이지만, 그때만큼 쇼크 받은 적은 없었다. 줄을 지어 시체가 타 들어 가고, 타다 만 시체들을 사람들이 달려들어 삽으로 퍼서 그 아래 강물에 내던지는 광경의 끔찍함은 겪어 보지 않고는 모른다.

그 아래 강물에서는 여자들이 체 같은 것으로 강바닥을 긁고 있었다.

"뭐 하십니까?"

"금이빨, 금가락지 같은 게 있을까 하고요."

어떤 여자가 체에 코를 박고 무성의하게 대답했다. 뉴델리 하늘을 가득 메우고 있는 매캐한 연기보다, 시체 타는 냄새보다 더 끔찍한 대답이었다.

'저것이 인생이다. 이것이 사람의 본질이구나. 되게 고생만 하다가 길바닥에서 죽든지, 아니면 미국에서 부자로 잘 살았든지 간에, 사람은 죽으면 저렇게 장작개비만도 못한 시체가 되는구나. 어디서 와서 무엇을 하고 있고 또 어디로 가는지, 똑바로 알지 못하고 살다가 죽으면 이렇게 나뭇개비만도 못한 시체만 남는다는 것, 바로 이것이 사람이구나.'

이제까지 내가 살아왔던 삶은 모두 허상인 것만 같았다. 나는 하나님한테 소리라도 지르고 싶었다. 그렇다면 내가 무엇을 해야 한단 말인가.

'주님, 저는 무엇을 해야 합니까? 주님이 진짜 원하시는 삶은 어떤 것입니까?'

인도에서 보낸 3주간의 짧은 여행은 나와 아내의 인생에 큰 전환점이 되었다.

:: 달려라, 세록아

사실 그동안 나는 내가 워낙 똑똑하고 재주 있고 영리해서, 그래서 항상 남보다 뛰어난 사람인 줄 알았다. 그렇지만 솔직히 말하면, 이렇게까지 열심히 노력한 가장 큰 동기는 다시는 굶지 않고 '잘 먹고 잘 살기' 위한 처절한 몸부림이었다.

나는 정말 이를 악물고 열심히 살았다.

군의관 생활 2년 7개월을 마치고, 첫 딸 수지가 태어난 지 6개월 되던 때 나는 미국 병원 수련의로 취직했다. 아내와 딸을 남겨 놓고 나 혼자 미국에 들어가서 자리를 잡아야 했다. 존스 홉킨스(Johns Hopkins) 의과대학 병원 프로그램에 속해 있는 병원에서 훈련받으면서 볼티모어에 정착했다.

이렇게 시작된 미국에서의 생활은 어렵고 외로운 세월의 연속이었다. 한국 사람이 몇 안 되는 낯선 외국 생활의 어려움은 그렇다치고, 밀려오는 향수를 달랠 길이 없었다. 아내와 딸아이의 얼굴이 어른거렸다. 언제나 먼 하늘을 바라보며 그리움을 전해야 했다. 한 친구가 가지고 있던 〈동백 아가씨〉 노래 테이프를 들으며 향수를 달래곤 했다.

6개월 뒤에 아내도 수지를 데리고 미국으로 건너 왔다. 가족이 다시 합치니 더없이 좋기는 했다. 하지만 36시간을 계속해서 근무하는 인턴 생활을 하면서 가족을 배려할 여유가 내게는 전혀 없었다. 아내는 어려운 시간을 보낼 수밖에 없었다. 내가 하루 걸러 집에 돌아오면 수지는 낯을 가리느라 울어대고 아내는 말 한마디 친절하게 섞어 주지 않는다며 울었다. 그런 모습을 보면서 나는 나대로 집에서나 직장에서나 도대체 쉴 곳이 없다고 투덜거리기 일쑤였다. 그렇게 하루하루가 흘러갔다. 그때는 한국 사람들이 많지 않던 때여서 정말 힘들었을 텐데, 아내는 신앙이 있었기에 용케 잘 견뎌 주었다.

미국에서 인턴을 시작할 때 세금과 비행기 값을 제하고 나면 매달 240달러를 월급으로 받았다. 그 가운데 60달러는 아파트비, 60달러는 자동차 값, 60달러는 한국 어머니 생활비, 그리고 60달러는 우리 생활비로 빈틈없이 살았다. 아내는 그 어려운 형편에서도 알뜰하게 절약해서 아무 불평 없이 매달 어머니에게 송금해 드렸다.(그때의 감사한 마음은 아직도 잊지 못하고 있다.)

그렇게 5년 동안의 인턴과 레지던트 기간에 수미와 수만이 태어나 3남매(그후 수영까지 4남매)를 키우느라 숨 돌릴 시간도 없었다. 레지던트 수련 기간이 끝나고 영주권을 신청할 수 있는 기회가 생겼을 때, 나는 주저 없이 영주권을 신청해서 미국에 눌러앉았다.

연구원 생활이 끝나 갈 무렵 한국의 여러 병원에서 초청을 받았다. 어떤 곳은 파격적인 대우를 제시하기도 했지만 한국으로 다시 나올 생각은 없었다. 어린 시절에 고생하던 생각이 너무 강렬하게 남아 있어서 한국은 싫었다.

산부인과를 전공한 나는 레지던트 4년을 끝내고 다시 여성 호르몬과 불임에 대한 연구 과정 1년을 마쳤다. 5년 동안의 긴 수련의를 마쳤을 때, 의과대학 6년과, 한국의 인턴 과정과 군의관 시절을 모두 합하면 14년이란 세월을 공부만 했으니 이제는 더 이상 버틸 힘이 없었다.

그런데 나를 끔찍이 아껴 주시고 도와주시던 과장 선생님(교수님)이 나를 부르셨다. 꼭 불임과 호르몬 연구원(Research fellowship) 생활을 계속하라고 권고하시며 미시간 대학으로 파견을 시켜 주시고 특별히 재정적인 후원도 마련해 주셔서 거절할 수 없었다.(울며 겨자 먹기 식으로 공부했던 것이 나중에 큰 도움이 될 줄은 몰랐다.) 내 손에는 2개의 전문의 자격이 쥐어졌고 산부인과 학술회원 학위도 받았다. 하루라도 빨리 세상 속에서 더 풍부하고 더 편한 생활을 얻기 위해 학교에서 교수 요원으로 남으라는 권유를 거절하고 개업을 선택했다.

우리 병원에서 가장 바쁘게 병원을 운영하고 있는 3명의 그룹에 파트너로 영입되었다. 세 분의 성공한 의사들 그룹에 외국인인 내가 초청받아 함께 일하게 된 것이다. 모두들 나를 부러워했다. 심지어는 시기하는 말도 들렸다. 그러니 더욱 피나는 노력을 했다. 아시아인인 내가 미국에서 성공하기 위해서는 서양인보다 몇 배는 더 친절하고, 성실할 수밖에는 없었다.

부유한 동네의 여자들이 잘 알지도 못하는 외국인 의사를 무조건 받아들일 리 없었다. 한 사람씩 내 환자를 만들어 가야 했다. 일단 환자가 나를 신뢰하게 되면 환자들이 자기 어머니, 여동생, 친구들을 내게 보냈다. 그렇게 점점 환자가 늘어 나게 되었다. 세밀하고 꼼꼼히 진찰하고 최선을 다해 진단해 준다는 소문이 나면 서 환자와 임산부들이 몰리기 시작했다. 눈코 뜰 새 없이 바빠졌다.

나는 불임과 현미경 수술 같은 새로운 기술을 습득한 불임 전문의니까 동료 의 사들도 이런 환자들은 내게 보냈다. 심지어는 타 지역에서도 내게 환자를 의뢰해 왔다. 그래서 서너 시간씩 걸리는 나팔관 현미경 수술을 하루에 두세 번씩 하는 날 도 많았다. 또한 새로운 기술인 내시경 시술을 동료 의사들에게 가르쳐 주는 역할 까지 했다. 그런 덕분에 2년 만에 나는 불임과 호르몬 분과 디렉터를 맡았고, 뒤에 웨인주립대 의과대학 외래 교수로 임명을 받았다.

내 환자가 늘고 또 불임 전문의로 자리를 완전히 잡게 되자, 그룹에서 나와서 혼자 개업을 했다. 개업의가 된 지 10년 만이었다. 미국에서 병원도 개업하고 웨 인주립대의 교수까지 되었으니, 나는 그야말로 부러울 것이 없었다.

산부인과는 임산부들을 다루는 산과와 부인과 환자가 함께 오는 곳이라 밤낮 구분 없이 바쁘다. 그런데 불임과 호르몬 환자만 보니 응급 환자가 거의 없었다. 병 원 앞에 큼직한 건물도 장만해서 여러 의사들에게 임대를 주었으니 수입도 괜찮았 다. 노력한 만큼 살림이 불어났고 잘 먹고 잘 사는 것이 마치 응당의 권리인 것처럼 익숙해지던 무렵이었다.

그땐 돈을 정말 많이 벌었다. 미국은 수표로 계산을 하는데, 그날 벌어들인 현 금 수표를 세다가 세다가 지쳐서 아내에게 이렇게 말하기도 했다.

"여보, 내일 셉시다."

그러다 보면 어제 것은 현금 수표인 줄도 모르고 쓰레기통에 버릴 때도 있었다. 돈이 이렇게 벌린다는 게 신기할 따름이었다. 가난하고는 진짜 작별이었다.

나는 점점 많은 것을 갖추기 시작했다. 호수가 내려다보이고 골프장까지 갖춘 아름답기 그지없는 집을 샀다. 골프 카트 차고가 따로 있을 정도였다. 이것을 타고 뒤뜰로 나가면 그림 같은 골프장이 펼쳐져 있곤 했다. 아내와 나는 한동안 얼마나 열심히 골프를 쳤는지 모른다.

하지만 돈이 좋은 것도 잠깐이었다. 환자가 많아도 즐겁지 않았고, 돈을 많이 벌어도 고달프기만 했다. 만사가 귀찮았다. 그 지긋지긋한 가난을 떨쳐 버렸는데도 몸도 마음도 아팠다. 지금까지도 어려서 못 먹고 굶주리던 꿈을 자주 꾸는 나, 깨고 나면 그것이 현실이 아니고 꿈인 것에 가슴을 쓸어내리는 나 자신이 싫었다.

이곳에 오기 전까지만 해도 나는 이제까지 내가 왜 가난 때문에 고통받고, 또 그 가난을 벗어나고자 몸부림을 치면서 살아야 했는지 몰랐다. 가난에서 벗어났는데도 왜 행복하지 않은지 몰랐다. 그리고 쉰이 다 되어 가는 지금 나 어려서와 다를 바 없는 가난의 현장을 다시 보게 하신 이유를 몰랐다. 나는 이유를 몰랐지만, 하나님은 알고 계셨다. 내가 하나님을 만나도 도무지 깨닫지 못하니까 하나님은 나를 인도까지 데려 오셔서 직접 보여 주신 것이다.

"애야, 인생은 이렇게 막대기만도 못한 것이란다. 이제는 정말이지 이 썩어 없어질 것을 위해 살지 말아라."

어려서의 고통이 없었다면 이제까지도 성공, 돈, 명예를 위해 죽기 살기로 뛰고 있을 나, 아직도 올바른 것에 소망을 두지 못하고 방황만을 하고 있을 나, 몸과 마음이 만신창이가 되어도 죽는 줄도 모르고 세상 속에 파묻혀 살고 있을 나를 하나님은 너무도 잘 알고 계셨던 것이다.

"어려서의 고통을 통해 삶을 알게 하시고, 성공·명성·부를 잠시나마 맛보고 그것이 얼마나 부질없는 것임을 배우게 하신 하나님, 감사합니다. 이제 제가 똑바로 살겠습니다."

:: 발신인 없는 편지

미국으로 돌아온 나는 한국일보 미주판에 인도에서 겪었던 일들을 칼럼으로 연재하기 시작했다. 단순한 기행문이 아니라, 인도 선교 체험기를 바탕으로 한 내 인생의 반성문 같은 거였다. 내가 어떻게 살아 왔고 앞으로 어떻게 살아가겠다는, 이제까지 내 안락한 삶에 대한 철저한 회개문이요 속죄 기도의 글이었다.

또한 훌륭한 의사로서, 또 준비된 선교사로서 살기 위한 앞으로의 목표와 방향 등도 썼다. 그렇게라도 하지 않으면 견딜 수 없을 것 같았기 때문이었다. 일곱 번에 걸쳐 눈물로 원고를 썼다.

"좋은 글 감사합니다."

"저도 읽고 눈물로 회개했습니다. 정말 우리가 이들을 위해 뭔가 해야 하지 않 겠습니까?"

하루에도 수십 번씩 이런 내용의 전화가 걸려 오더니, 자연스럽게 성금이 걷히 기 시작했다. 순식간에 벌어진 일이었다. 나는 그때 하나님이 내게 인도 선교를 맡겨 주셨다고 생각했다.

"하나님, 이 돈을 어떻게 사용하기 원하십니까?"

기도하는 가운데, 그곳에 병원이나 학교보다도 그들의 영혼을 살릴 수 있는 신 학교를 세우는 것이 급선무라는 생각이 들었다. 우선 뉴델리에서 만났던 현지인 싱 목사님을 미국으로 초청해서 내가 아는 몇 교회에 소개하고 성금으로 모아진 2 만 달러로 뉴델리에 신학교를 세웠다.

신학생 17명을 모았지만, 학생들의 가족까지 먹여 주고 생활을 책임져야 하니 딸 린 식구가 100명도 넘었다. 싱 목사님도 열심히 했고 나도 인도 선교에 불타 있었다.

그러던 중 어느 날, 발신인이 없는 편지가 한 통 배달되었다. 일본 도쿄 우표가 붙어 있었다. 처음에 나는 늘 오는 편지겠거니 하고 무심코 뜯어 보았다.

"조국에서 당신 부부를 초청합니다."

이것은 예사 편지가 아니었다. 북한에서 온 편지였던 것이다! 그것도 1988년도, 그러니까 냉전 체제가 아직도 서슬 시퍼렇던 시절에 북한에서 온 편지를 받았으니, 우리 부부가 이만저만 놀란 게 아니었다. 얼떨떨했다.

나중에 북한 측으로부터 자세한 설명을 듣고 보니 이해가 됐다.

"선생님이 쓴 글을 봤는데 좋게 생각됐시요. 인도만 어려운 게 아니라 우리도 어렵습네다. 조국을 도울 수 있는 재미 동포 의료인을 찾고 있었습네다."

그때 우리 부부가 북한 선교를 위해 기도는 하고 있었지만, 뜻하지 않게 이렇게 하루아침에 이루어질지는 몰랐다. 그때부터 우리 부부는 머리를 맞대고 고민에 빠졌다. 시대가 험악했기 때문에 둘 다 갔다가는 북한 간첩으로 오해받아 정치적 희생물이 될 확률도 있었고, 아이들의 미래에까지 영향을 끼칠지도 몰랐다.

"아무리 그래도 둘 다 가기는 그렇지 않아? 혹시 갔다가 못 나오면, 한 사람이 가서 죽더라도 한 사람은 여기 남아서 아이들을 키워야 하지 않겠어?"

그래서 아내는 남고, 나만 들어가기로 했다.

그래도 또 혼자 들어가기에는 위험 부담이 너무 컸다. 고민 끝에 대학 후배였던 장현식 장로에게 북한 초청장을 보여 주었다. 함께 기도 모임을 해 오고 있는 신실한 크리스천이었던 장 장로가 선뜻 같이 가기로 했다. 장현식 장로와 나는 하룻강아지 범 무서운 줄도 모르고 열정 하나로 북한에 들어가기로 했다.

"북에서 어떻게 우리한테 초청장을 보냈을까? 의료 봉사를 통해 땅 끝 북한에 복음을 전하라는 하나님의 뜻이겠지."

"또한 정치적으로는 남북 화해, 나아가 조국 통일, 더 나아가 복음 통일을 이루라고 우리를 부르신 거겠지?"

그 모든 것을 이루기 위해 하나님은 우리를 그 동토, 땅 끝이라고 하는 그곳으로 파송하신다는 사명감에 우리 두 사람의 가슴이 불타기 시작했다.

인도 봄베이 대학에 교환 교수로 가서 사람의 본 모습을 목격한 것, 그 경험을 연재한 신문 기사를 북한 고위층이 읽고 내게 초청장을 보낸 것, 이 모두가 하나님이 나를 사용하기 위해 이루신 오묘한 섭리였다.

교인들과의 성경 공부를 통해 오만한 의사를 신앙으로 훈련시키고, 이 신앙을 바탕으로 인도에서 선교의 비전을 확인케 하신 다음, 마침내 동토의 땅 북한에 의료 선교의 문을 처음으로 열게 하신 주님. 생각해 보면 이 모든 것들이 줄줄이 연결이 되었다. 내 인생의 처음부터 지금까지 마치 퍼즐을 맞추듯이 신기하게 맞추어져 가고 있었던 것이다.

막상 북한에 들어간다고 생각하니까, 별의별 생각이 다 들었다.

'그런데, 우리 빨갱이로 몰리면 어떻게 하지? 빨갱이로 몰려서 남아 있는 우리 가족들한테도 피해가 가면 어떡하지…?'

그래도 장 장로와 나는, 어떤 어려움이 있더라도 이것이 하나님의 뜻이라면 생명을 내놓고 가기로 결정했다.

우리는 일단 평양을 방문하기 전에 미국 국무성을 찾아가 의논했다. 한국 대사관에도 정식으로 연락했다. 당시만 해도 미국 국무성에서는 북한 방문을 법으로 금하고 있었다.

그렇지만 우리의 방북 목적과 계획을 듣고는 수긍을 했다. 북한과는 공식적인 관계가 없는 적대국 상태여서 신변 보장은 할 수 없지만, 뜻이 선하고 어떤 어려운 상황도 감수할 준비가 돼 있다니 방북을 막지는 않겠다고 한 것이다. 그때 형편으로 이러한 처분은 매우 관대한 것이었다.

1988년 12월 30일, 남들은 송년회를 연다고 법석을 떨 때, 장현식 장로와 나는 목숨을 내놓고 디트로이트를 출발해 도쿄를 거쳐 중국 베이징에 도착했다.

사랑은 필요를 채워 주는 것

4장

:: 홀리데이 인, 베이징

베이징 세관을 통과하기 위해 줄을 서 있는데, 중절모를 눌러 쓴 젊은이가 장장로 곁으로 선뜻 가까이 오더니 속삭이듯 말했다.

"장현식 선생이죠?"

얼마나 놀랐는지 그 자리에 주저앉을 뻔했다. 그곳은 비행기를 타고 온 승객이외에는 아무도 들어올 수 없는 곳이었다. 이 사람이 '북한 사람이다' 하는 생각을 하니 '아 이젠 죽었구나.' 하고 가슴이 벌벌 떨렸다. 아니나 다를까 그는 북한 대사관 직원이었다. 비행기가 연착해서 밤늦게 도착했는데, 그게 무척 불쾌했던 모양이다. 우리가 미리 연락해 놓은 조선족 안내원을 보자 그는 더 이상 참을 수 없다는 듯 가 버렸다.

조선족 아주머니의 안내를 받아 호텔에서 여장을 풀었다. 첫날 우리는 그때 미국에서 제일 먼저 들어간 체인 호텔 '홀리데이 인(Holiday Inn)'에 묵었다. 미국식으로 잘 꾸며 놓고 종업원들도 서툴기는 하지만 영어로 의사소통이 되었다. 대리석으로 잘 장식된 로비에서는 미모의 바이올리니스트가 모차르트의 〈아이네클라이네 나하트뮤직〉을 연주하고 있는 모습이 무척이나 감동적이었다. 온통 천지가 붉은 '죽의 장막'인 중국 땅에서 이런 감동적인 음악을 들을 수 있다니!

하지만 내일 평양에 들어갈 생각을 하니 둘 다 잠이 오지 않았다. 둘이 앉아 기도를 하고 나서야 간신히 잠들 수 있었다.

다음날 북한 대사관에 비자를 받으러 갔다. 그런데 이날이 바로 1989년 1월 1일이라 이틀 뒤에나 문을 연다고 했다. 누구라도 만나야겠기에 영사 부장이 나올 때까지 기다렸다.

북한 영사관 수위실에서 기다리는 동안 조선족 노인을 만났다. 나이는 55세라고 했지만 70세 노인처럼 보였다. 폐경색증으로 산소통을 차고 가쁘게 숨을 쉬고 있었다. 기도하는 우리를 금방 알아보고 소리를 질렀다.

"기독교인들이구만."

"쉬, 조용히 하십시오. 누구 죽일 일 있습니까?"

"일 없시요. 나 잡아갈 사람 아무도 없네다. 나 최○○라는 사람이요."

우리는 누가 듣기라도 할까 봐 간이 콩만 해졌다.

"나도 하얼빈에서 온 기독교인이디요. 해방군으로 전쟁에 참가한 용사이고요. 나도 의사이디요. 극동방송을 들었더니 서울의 S 목사님이 베이징으로 온다기에 언제 어디로 오는지 그것을 알아보러 왔습네다."

갈수록 태산이라더니 우리는 더 이상 그 자리에 있을 수 없어서 그분과 저녁에 다시 만나기로 하고 밖으로 나왔다.

영사 부장을 만났다. 우리는 정부의 특별 초청을 받고 온 사람들이고, 워낙 바쁜 사람들이라 곧 평양으로 들어가지 못하면 미국으로 되돌아갈 수밖에 없다고 단단히 일러두었다. 본국에 연락해서 방법을 찾아보겠다는 약속을 받고 우리는 호텔로 돌아왔다.

그리고 영사관 앞에서 만났던 최 노인이 가르쳐 준, 싸고 편하다는 근처 다른 호텔로 방을 옮겼다. 그날 저녁에 그분을 만나 많은 이야기를 들었다.

하얼빈에도 지하 기독교인들이 있다는 말과 성경 해석 책이 없어서 성경을 이해하기가 어렵다는 말도 했다. 외부에서 들어오는 기독교 서적은 절대 금지되어 있어서 들어오지 못하니까, 한동안 우리는 성경 해석 책을 한 장씩 찢어서 여러 사람이 각각 한두 장씩 나누어 우편으로 보내면 이것을 모아 다시 책으로 만들어 읽고 공부하도록 도와주기로 했다.

이분은 북한에 대한 이야기도 서슴지 않고 했다.

"김○○가 빨리 죽어야 통일이 되지요."

듣기에도 오싹한 이야기들을 했다. 한참 겁을 먹고 있을 때 전화가 왔다. 베이징에서 장애인을 돕고 있는 L 목사님이 우리가 온다는 말을 듣고 수소문 끝에 우리 있는 곳을 찾아낸 것이다.

"박 장로님, 그 호텔에서 빨리 나오십시오. 그 호텔은 북한 사람들이 방마다 모두 도청을 하는 곳이라 위험합니다."

우리는 사색이 되었다. 다시 짐을 싸 들고 "걸음아 나 살려라" 하고 다시 '홀리데이 인' 호텔로 돌아왔다.

그 다음날 우리는 다시 북한 대사관을 찾아갔다. 혹시 어제 일로 큰 봉변을 당하지나 않을까 마음이 조마조마했다.

"조국에서 특별히 배려해 항공편을 마련했습네다."

그래서 우리는 북한에서 보낸 특별기를 탔다. '조선민항'(현재 고려항공) 특별기에 탄 사람은 장 장로와 나 단 둘뿐이었다.

비행기를 타려고 트랩을 오르면서 타이어가 거울처럼 반들반들하니 달아 있는 걸 보고 질겁했다. 저 타이어로 비행기가 제대로 착륙할 수 있을까 염려가 되기 시작했다. 그런데 평양에 도착해 보니, 평양의 활주로는 미국 비행장의 활주로처럼 반들반들하지 않고 울퉁불퉁한 게 아닌가. 비행기가 덜컹덜컹 가는데, 비행기가 서는 것이 아니라 활주로가 세워 주는 것이구나 하는 생각이 그제야 들었다. 베이징에서 평양 순안비행장까지는 1시간 30분이 채 걸리지 않았다.

1989년 1월 2일, 내가 북한 땅에 발을 내딛었다는 것이 믿기지 않았다.

그때 나는 어린 시절 원산에서 들었던 폭격 소리가 다시 기억났다. 남한이 변한 것처럼 북한도 변했다. 전쟁의 폭격 소리는 그쳤지만, 우리를 제일 먼저 반겨 준 김일성 주석의 대형 사진은 예전의 폭격 소리만큼이나 나를 주눅 들게 하기에 충분했다. 그 어린아이가 어른이 되어 이곳에 도움을 주러 왔으니….

'하나님은 나를 여기까지 인도하시고 이제 동족들의 생명과 그들의 영혼 구원을 위해 나를 부르셨구나!'

감사와 감격의 눈물이 흘렀다.

'얼마나 오랜 세월을 인내하시고 동행하시며 나를 사랑으로 감싸 주셨는가!'

한편 '왜 하필 나 같은 사람일까?' 두렵고 떨리는 마음도 들었다. 무엇인가 큰 일이 시작될 것이란 사실을 직감할 수 있었다.

:: 도와주겠다고 약속이나 하디 말디

"나 최○○ 참사요, 잘 오셨수다. 사진만 보고 머리가 훌떡 벗겨진 노인이 오는 줄 알았는데 아직도 젊었수다래."

칭찬인지 욕인지 잘 분간이 안 가는 말로 인사를 하는 이 사람은 눈이 매섭게 생겼고 눈알이 뱅글뱅글 돌아가는 것이 예사 사람이 아니었다.

개선문을 지나 광장에 이르는 거리에는 붉은 구호가 일사분란하게 온 사방을 장식하고 있었다. 가장 강렬한 인상을 준 것은 붉은 광장 사면에 길게 내려져 있는 붉은색 현수막의 구호들이었다.

"위대한 수령 김일성 동지 조선인민민주공화국 만세!"

"당이 결정하면 우리는 한다!"

"위대한 수령 김일성 동지를 받들어 혁명을 완수하자!"

건물마다 내걸린 선동적인 붉은 구호들이 나의 가슴을 서늘하게 만들었다. 그들의 결의와 다짐, 의도까지 명백히 말해 주고 있는 그 구호들을 보며 서글픈 생각을 버릴 수 없었다.

우리는 고려호텔에 묵었다. 도착한 첫날부터 어느 건물 지하실로 안내받아 세 끼니를 진수성찬으로 대접받으며, 주체 사상 강의를 받아야 했다. 조국을 도와주려면 먼저 자신들의 사상을 알아야 한다고 했다. 우리가 이틀 동안 주체 사상 교육을 받으며 지친 내색을 하자, 금강산 구경을 시켜 주겠다고 했다. 이것을 사양했더니 이번에는 묘향산이라도 가자고 했다.

하지만 나는 북한을 도우라는 하나님의 음성을 듣고 이곳에 온 사람이었다. 관광을 한다는 것이 마음에 전연 내키지 않았다. 그래서 우리는 의료 지원 때문에 왔으니 먼저 병원을 보고 싶다고 말했다. 그런데 이것이 오히려 신뢰를 얻는 계기가 되었다. 이들은 우리를 보고

"진심으로 조국을 사랑하는 사람들입네다."

"지금까지 다녀 간 많은 사람들과 다릅네다."

하고 말했다. 좋은 감정을 심어 주게 된 것이다.

"그동안 재미 동포 3천 명이 다녀갔습네다. 그런데 이곳에 있을 때는 대접 잘 받고 있다가 돌아가서는 딴소리들을 합네다. 도와주겠다고 약속이나 하디 말디."

안내원을 따라 우리는 평양의학대학병원, 평양산원, 김만유병원 같은 북한에서는 몇 손가락 안에 꼽힌다는 현대식 병원을 둘러보았다. 그곳을 돌아보면서 나는 하나님이 왜 나를 이곳에 보내셨는지를 금세 알았다. 병원이라고 하기에는 모든 것이 너무나 열악했기 때문이다. 병원 안은 겨울인데도 난방을 하지 않아 썰렁했고, 전기를 절약하느라 불을 켜지 않은 컴컴한 복도에서 사람들이 진료 순서를 기다리고 있었다.

무엇보다 충격적이었던 것은 너무나 허술한 장비였다. 난소암 제거 수술을 한다는데, 개복 수술 도구가 고작 6개였다. 그러니까 낡은 가위나 핀셋 같은 것을 빼면 수술할 도구가 없다고 봐도 무리가 아니었다.

'미국에서는 아주 하찮은 수술에도 200-300개의 수술 도구가 동원되는데…'

생각했던 것 이상으로 북한은 어려웠던 것이다. 나를 더 가슴 아프게 했던 것은 병원에 약이 전혀 없다는 것이었다. 북한 의사들은 나를 보고 아스피린과 페니실린 같은 약, 아니 약이란 약은 뭐든지 좀 보내 달라고 하소연했다.

병원의 각 병동마다 '전투장'이란 구호가 걸려 있는 것도 놀라웠다.

"외과 수술 전투장"

"동약 제조 전투장"

이렇게 전투장이란 말이 마치 전쟁을 다시 상기시키는 것 같아 가슴이 섬뜩해졌다.

"왜 전투장이라 부릅니까? 마치 전쟁 준비를 하는 것같이 들려서 말입니다."

"모두 전투하는 심정으로 열심히 일하자는 뜻이디요."

대답하는 사람의 표정에서 전투라는 용어는 이미 일상화된 언어라는 걸 알 수 있었다. 전투하는 마음으로 일하자는 그들의 절박한 심정을 이해 못하는 바 아니지만, 그렇다고 해서 생명을 살리는 병원까지 전투장으로 부르는 것은 이해가 되지 않았다.

이처럼 말투 하나하나까지 모두 호전적이고 전쟁 준비에 여념이 없는 그들의 모습이 녹아 있었다. "혁명" "투쟁" "원수를 무찌르자" 같은 자극적인 구호가 무척이나 귀에 거슬렸던 것도 그 때문이다.

평양산원 건물은 비교적 크고 훌륭했는데, 산모들이 눈에 띄지 않았다. 외형은 화려했지만, 이곳에도 역시 약이 없었고 의료 장비가 턱없이 부족하다는 것을 알 수 있었다.

안내원은 마지막으로 김만유병원을 보여 주었다. 이 병원은 재일 교포가 건립해서 기증했다는데, 침대나 병원 기자재도 일본에서 들여온 최신식이어서 나무랄 데 없이 훌륭했다.

이곳을 돌아보고 나오는데 갑자기 이런 생각이 들었다.

'우리도 병원 하나 만들어 환자들을 도왔으면 좋겠다.'

도서관도 보여 달라고 해서 구경을 했는데, 책이라곤 1950년대 출간된 의학 서적들뿐 최신 서적은 하나도 없었다.

여러 곳을 둘러보면서 나는 북한에 와서 처음 들은 말이 생각났다.

"남쪽 사람들은, 있는 사람들은 배 터져 죽고, 없는 사람은 배곯아 죽고 있습네다. 그리고 여성들은 모두 미국 놈들에게 짓밟혀 성노리개가 되었습네다. 하루 속히 통일을 해야 남쪽 사람들을 살릴 수 있습네다."

그들의 외침을 바로 잡아 주고 사실을 가르쳐 주어야 하겠다는 생각이 채 사라지기도 전에, 병원에 약이 없는 기가 막힌 현실을 지켜보게 된 것이다. 우선 굶어 죽어 가는 그 사람을 살리고 병든 사람을 치료해서 살리는 것이 급선무라는 판단이 섰다.

:: 가르침보다 사랑이 우선이라

평양의 새로운 동네에 즐비하게 늘어선 체육관들도 인상적이었다.

"88올림픽 공동 주최를 위해 건축했디만, 남한 측의 비협조로 이루어지지 못했디요."

체육관은 텅텅 비어 있었다. 단지 몇 명의 국가대표 선수들만이 이용하고 있을 뿐이었다. 나도 모르게 혀를 찼다.

'항생제 하나 구하기 힘들고, 배고파도 먹을 게 없는 마당에 이게 다 무슨 소용이람.'

자칫 걱정이 되었다. 동족이란 남한 사람들이 고작한다는 것이 체육관이나 세우고 금강산 관광이나 일삼는다면 그들은 분명히 허탈한 마음을 배신감으로 채울 것이다. 그동안 그들이 교육받고 세뇌되어 온 바 그대로 한국과 미국은 원수라는 인식만을 재확인하게 하는 결과만을 가져오겠구나 하는 생각이 들었던 것이다.

'이들을 진짜 도와주려면, 실생활에 필요한 것을 주어야겠구나. 차라리 병원, 고아원, 양로원을 지을 일이지…'

서커스 구경을 갔었다. 북한의 서커스 기교는 세계에 잘 알려질 정도로 뛰어난 것이어서 기대가 되었다. 학생들을 비롯해 관객이 가득 차 있었다. 묘기를 볼 때마다 모두 일제히 음악에 맞추듯이 일사분란하게 박수를 치는 것이 신기했다. 마치 우리가 고등학교 시절 '삼삼칠 박수'를 치며 응원 단장의 율동에 맞춰 응원을 하던 것과 비슷했다.

그 묘기 가운데 코미디 연극이 있었다. 내용은 '원수 미국 놈'과 그 앞잡이 '남조선 괴뢰'를 때려눕히고 인민이 승리한다는 줄거리였다.

그 다음날엔 우리를 만경대 김일성 주석 생가로 데려갔다. 안내원 아가씨가 우리를 반갑게 맞아 주었다. 평양에서 사범대학을 졸업한 재원이라고 했다.

"어서 오십시오, 조국에 오신 것을 렬렬히 환영합네다. 이곳 만경대로 말할 것 같으면, 위대한 수령님의 생가가 있는 곳으로…"

안내원은 역사를 줄줄 외웠다.

"위대한 수령님이 조국의 여성들을 사랑하셔서 이번에 입술에 연지를 발라도 좋다는 허락을 하셨단 말입네다."

단정하게 단색 한복을 입은 안내원이 아주 자랑스럽게 말했다. 그렇게 말해서 그때부터 여성들이 입술을 칠할 수 있게 된 것을 알게 되었다. 한국이나 미국에 있는 우리 여성들이 이 말을 들으면 과연 믿을 수 있을까? 그만큼 이들의 세계는 닫혀 있었다.

북한이 개방된다면, 이 여성들도 입술연지 색깔 하나에만 만족할 것인가. 아닐 것이다. 그들도 점점 팔찌, 귀걸이만으로는 자신을 표현하기에 부족해 안달할 것이다. 자유의 물결은 사람의 힘으로 막을 수 없기 때문이다.

잠깐 북한에 머무는 동안에도 모든 생활이나 표현이 그들의 이념을 형상화하고 있으며, 심지어 원수를 무찌르고 혁명을 완수하는 그날까지 인민은 허리끈을 졸라매고 생명을 바쳐 진격하자는 것이 궁극적인 삶의 목적으로 받아들여지고 있는 현실을 보았다.

'그들에게 자신들의 생명을 살리기 위해 자신의 생명도 버릴 수 있는 사랑의 근원이신 분이 있다는 사실을 알게 하는 것, 그 사랑을 가진 동족이 있다는 사실을 알게 하는 것, 그 희망을 갖게 하는 것이 바로 내가 이곳에 온 이유여야 한다.'

나는 속으로 몇 번이나 다짐했다. 하지만 이마저도 서로의 신뢰가 없어 전연 이루어질 수 없었기 때문에, 지금부터라도 사랑으로 서로의 신뢰를 얻는 것이 우선이라는 것을 알게 되었다. 이처럼 남과 북을 연결하는 가교 역할을 하나님이 바로 지금 내게, 미주에 있는 250만 동포들에게 맡겨 주셨다는 생각이 번뜩 들었다.

'서로의 벽을 뛰어 넘어 사랑으로 하나가 되어야 하지 않겠는가. 내 민족의 반이 이렇게 고통 가운데 있는데…'

:: 교회가 필요없지요, 수령님이 계시니

우리는 봉수교회에서 1989년의 신년 예배를 드렸다. 1988년 세워졌다는 이 교회는 우리가 찾아갔을 때 아직도 내부 공사가 제대로 마감이 안 된 상태였다. 바닥은 시멘트 바닥이었고 난방 시설도 작동하지 않아서 무척 썰렁하고 추웠다.

그래도 예배당 한편에는 꼬마전구 몇 개로 멋을 낸 크리스마스트리가 남아 있었다. 시설이야 어쨌든 평양 한복판에 교회가 있고 그곳에서 찬송을 부르고 기도할 수 있다는 사실만으로도 나와 장 장로는 감격하지 않을 수 없었다.

날씨가 참 지독하게도 추웠는데, 200명의 신도가 모였다. 여인네들의 차림을 보면 모두 깨끗하고 단정했고, 모두 흰 저고리에 검정 치마를 입었다. 검정 외투 위로 모직으로 짠 흰 머플러로 머리를 감싸고 있었다.

그때는 풍금도 없었고 찬양대도 생기기 전이었다. 목사님은 누가복음 말씀을 중심으로 설교를 했다.

"우리는 세상을 천국으로 만들어야 합니다. 이것이 바로 공산주의 혁명이고 이 혁명을 통해 가장 살기 좋은 사회주의 나라를 이룩하는 것입니다. 위대한 수령님을 잘 받들어 사회주의 건설을 위해 기도합시다."

이것이 설교의 결론이었다. 예배가 끝나고 온 교인이 교회 밖 계단으로 나와 우리를 환영해 주었다. 담임 목사인 고기준 목사, 부목사인 이성봉 목사, 그리고 온 교인들과 함께 문 앞에서 기념 촬영을 하기도 했다.

교회가 있다는 것을 모르고 온 우리에게는 기적과 같은 사실이었다. 이 모습을 보면서 교회가 있으니 북한 선교는 시간 문제라는 성급한 생각을 했었다.

"우리 조국에는 종교의 자유가 있습네다."

"집에서 믿고 싶은 사람은 집에서 믿고 또 예배당에 와서 믿을 사람들은 예배당으로 나오고 이것이 모두 자유입네다."

자랑스럽게 설명하는 안내원의 말을 들으며 마음에 잠시 혼란이 일었다.

'정말 자유가 있고 마음대로 믿을 수 있을까?'

의심은 풀어지지 않았다.

"그런데 왜 교회는 하나뿐이고 신도는 200명에 지나지 않습니까?"

우리의 의문과는 상관없이 안내원들은 자기들의 주장을 일방적으로 전하려 했다.

"위대한 수령님의 영도 아래 모두 안심하고 살 수 있으니 교회에 특별히 갈 일이 없수다. 성도가 없는데 쓸데없이 교회를 지어야 할 이유가 없지 않소. 성도가 있어야 말이디. 가라고 떠밀 수도 없는 노릇이고."

"미국 놈들이 전쟁 때 엄청나게 폭격했수다. 전쟁 때 평양 시민이 약 40만 명이었는데, 미국 놈들이 폭탄 40만 톤을 쏟아 부었으니 평양에 온전히 남아 있는 건물이 하나도 없었수다래. 미국 놈들이 제일 먼저 교회부터 때려 부셨수다. 하나님을 믿으면 복이 온다고 한 미국 놈들이 교회부터 때려 부셨으니 누가 그 하나님 믿갔소?"

전쟁통에 교회가 폭격으로 다 없어졌다는 것이다. 한국 전쟁이 일어나기 전에 통계에 의하면 북한에는 1,530개의 교회가 있었다고 한다. 그동안 북한에는 외형적으로 교회가 존립하지 못하다가 지난해 세워진 거였다.(지금은 이 봉수교회를 비롯해 칠골교회와 장충성당 등 모두 3개의 기독교 교회가 있다.) 그런데 어떻게 이들의 주장을 믿으라는 것인지. 그렇지만 아무도 복음의 힘을 막을 수 없고, 변화의 힘을 막을 수 없을 것이다. 어떤 이유로라도 교회를 세운 것은 하나님의 역사하심이 있었기 때문이다.

:: 아직 평양에 못 들어갔단 말이에요?

우리는 북한 고위층 관리와 4박 5일 동안을 같이 지냈다. 그들과 언성을 높여 가며 말다툼까지 벌였다. 분위기가 살벌하게 느껴질 정도로 서로가 자기의 주장을 굽히지 않았다.

주로 주체사상에 대한 설명과 반박이었다. 우리는 그들한테서 북한은 비록 현재는 어렵지만 세상에서 가장 살기 좋은 사회주의 국가를 건설하기 위해 전진한다는 것과 미국과 한국에 대한 듣기 지겨울 정도의 강렬한 비난을 들었다. 이에 우리는 자기들의 짜여진 스케줄에서 전연 변경할 수 없는 경직성 등에 대한 불만을 털어놓고 갑론을박했다. 하지만 잘 훈련된 그들을 당하기에는 우리가 역부족이었다. 그것은 그들도 마찬가지였을 것이다.

"우리는 30년이 넘도록 개인주의가 가장 발달한 미국 사회 속에서 살던 사람들인데 이삼 일 동안 교육받았다고 우리의 사상이 바뀔 것이라 믿습니까?"

"나는 모릅네다. 내게 맡겨진 임무이니 무조건 앉아서 들으시오."

더 할 말이 없었다.

하지만 막상 일정을 마치고 떠나는 날, 공항에서 우리는 그들의 눈에 비친 눈물을 보았다.

"건강하십시오. 또 오십시오."

우리는 서로를 얼싸안으며 작별을 아쉬워했다. 사상적인 완고함을 제외하면 마치 시골 친척집을 방문하고 돌아가는 것 같았기에, 서운하기는 우리도 마찬가지였다.

'이런 순박한 사람들이 하루하루를 연명해야 할 만큼 위중한 형편 속을 헤매고 있다니….'

점잖은 자리보다 차라리 북한 주민들에게 먹을 것을 직접 전달해 주고 의약품을 보급해서 그들의 생명을 살려내는 일이 현재로서는 더 시급한 일일 터였다. 욕심을 부리지 않고 인내를 가지고 꾸준히 지속해 나간다면, 우리의 사랑에 마음이 녹는 사람이 차츰 늘어날 것이고, 그렇게 되면 이들의 강압적인 태도도 반드시 변할 날이 있을 것이다. 그것이 희망이다. 나는 그들이 살고 있는 세상 밖에 또 다른 세상이 있고, 그들을 사랑하는 동족이 있다는 것을 느끼게 해 주고 싶었다. 무엇보다 우리의 헌신이 그들에게 소망이 되기를 바랐다.

드디어 5박 6일의 일정을 마치고 베이징으로 나왔다.

'아! 살았구나!'

'자유의 세상으로 드디어 나왔구나!'

나는 그전에는 자유가 이렇게 좋은지 몰랐었다. 우리 두 사람은 호텔로 들어가 긴장을 풀고 그대로 하루를 꼬박 잤다.

그 다음날 아침에서야 집에 전화를 했다.

"그곳이 어디예요? 이렇게 전화를 해도 괜찮아요?"

아내의 목소리가 다급했다.

"여보, 여기 베이징이야."

"아니 그럼 아직도 평양으로 못 들어갔단 말이에요?"

"아니 잘 다녀왔어. 무사히 나왔어."

한동안 아내의 목소리가 조용했다. 그제야 베이징으로 나오자마자 곧바로 연락을 하겠다고 약속한 기억이 났다. 대뜸 사과부터 했다.

"미안해, 여보. 사실은 어제부터 하루 종일 잤어."

아내도 안도의 숨을 쉬었다.

"나는 그런 줄도 모르고, 북한에서 나온다는 날에 전화가 없으니 틀림없이 붙잡혀 나오지 못한 것으로 생각하고 사방에 중보기도 요청을 했지 뭐예요. 박 장로, 장 장로가 북한에서 억류되어 나오지 못했습니다, 하고요."

그 다급한 중보 기도로 하나님의 보호하심 속에서 잠을 자서 그런가, 어젯밤 무진장 달게 자긴 했다.

:: 하나님과 동역하는 의사들

어렵게 북한을 살펴보고 미국으로 돌아온 나는 북한 돕기 단체를 만들어야겠다고 생각했다. 그동안 기도 모임을 함께했던 디트로이트의 한인 크리스천 의사들 47명과 함께 1989년 4월에 '북미기독의료선교회'를 창설하고 동역자들을 모으기 시작했다. 시작은 미약했지만 나중에는 시카고, 보스턴, 뉴욕, 애틀랜타, 버펄로, 로스앤젤레스 등에 있는 한인 의사들에게까지 확대되어 회원수가 백여 명으로 늘어났다.

그러던 중 1989년 문익환 목사와 임수경 양이 북한을 방문해서 사회가 크게 혼란에 빠져들었다.(나는 이분들을 잘 몰랐지만, 대한민국 국민이면 아무리 악법이라도 지키는 것이 성경적이라 생각했기에 개인적으로는 그들의 행동을 찬성하지 않았다.) 이들의 방문을 놓고 당시 교포 사회는 또 한 차례 흔들렸다.

"북한을 돕는다는 것은 시기상조입니다. 위험천만한 일이에요."

이를 계기로 우리의 활동을 탐탁하지 않게 생각해 오던 일부의 사람들은 "괜히 이용만 당하지 말고 조용히 있는 것이 좋을 것"이라며 충고를 해 왔다.

우리도 서두르지 않았다. 차분하게 분위기가 가라앉을 때까지 관망하기로 했다. 그동안 우리 자신을 준비하자는 의도로 자주 기도회를 갖고 때를 기다렸다.

사정이 어느 정도 가라앉자 나는 "무엇이 전쟁 무기로 쓰이지 않고 환자들을 치료하는 데 도움이 될 수 있을까" 생각했다. 그래서 우리가 처음에 하기로 한 일은 북한에 의학 서적을 보내는 일이었다. 의학에 관련된 잡지나 논문이나 책이나 가리지 않고 일단 다 모으기로 했다. 회원들이 가지고 있던 책을 내놓기도 하고, 필요한 자료를 사서 모으고 기증도 받았다.

그렇게 해서 최신 의학 교재 2천여 권, 잡지와 논문 같은 자료 5천 권이 모였다. 그런데 이걸 무작정 그냥 보내기에는 안타까운 마음이 들었다. 우리가 예수님의 사랑으로 한민족이 될 것을 소망하면서 북한 의료 선교를 시작했다면, 책도 그냥 보내서는 안 될 것만 같았다.

고심 끝에 우리는 '북미기독의료선교회'라는 도장을 파서 책의 페이지마다 찍기로 했다. '기독', '선교'라는 글자를 보고 복음이 전달되기를 바라는 단순한 마음에서였다. 겉장에 한 번만 찍어서는 찢어 버리면 그만이니까, 이왕이면 페이지마다 찍기로 했다. 회원들은 밤마다 모여서 도장을 찍었다. 이것을 보는 사람마다 주님을 만나기를, 주여! 믿습니다, 기도하면서.

도장 찍은 책을 컨테이너 박스에 하나 가득 채워 북한으로 떠나보내면서 내심 뿌듯했다. 우리의 정성이 한가득 담긴 것이었기 때문이다.

컨테이너를 보내기 위해서 미국 국무성과 한국의 안기부, 그리고 북한 세 나라를 왔다 갔다 해야 했다. 세 나라 모두에 내가 순수한 사랑의 마음으로 북한을 돕는다는 것을 이해시키고 신뢰를 주기까지 꽤 많은 시간이 걸렸다. 간신히 양국의 허락을 받아 컨테이너 박스를 부칠 수 있었다.

지금쯤 북한에 도착했겠다 싶은 무렵에, 북한 측에서 연락이 왔다. 그런데 그것은 청천벽력과도 같았다.

"당신들이 보내 준 책들을 모두 남포 앞바다에 내다 버렸소. 우리가 그렇게 기독이니 선교니 하는 용어를 쓰지 말라고 신신당부했는데, 책마다 그런 도장을 찍어서 보낼 수 있는 거요? 당신들이 남한의 첩자들이요? 기독교의 앞잡이들이요? 뭐 하는 사람들이요? 누구 죽는 꼴을 보기로 작정한 거요?"

이 말을 듣는 순간 앞이 노래졌다.

'아니 그게 어떻게 모은 책인데…'

회원들의 실망한 표정들이 눈앞에 스쳐 지나갔다. 나도 모르게 하나님에 대한 원망이 솟아났다.

"하나님, 어떻게 이러실 수 있습니까? 분명히 저희더러 북한을 도우라고 하서 놓고서요."

아무리 하나님께 따지듯 기도해도, 주님이 주시는 마음은 딱 하나였다. 우리의 마음 씀과 준비와 기도가 부족했다는 것.

당연히 북한 측에서는 그렇게 반응할 수밖에 없지 않았겠는가. 지나치게 우리 입장에서만 생각했던 탓이다. 나는 이런 일들을 통해, 남을 사랑하는 법을 한두 가지씩 배우게 되었다. 하나님이 우리가 그 사랑을 알 수 있도록 우리 곁에 우리 와 같은 몸으로 내려오신 것처럼, 우리도 누군가를 사랑한다면 그 사람의 입장에 서는 것이 우선일 것이다.

하나님은 내게 북한 선교를 시키시는 것이 아니라, 연애학을 가르치셨다. 나는 그날 이 세상에서 제일 까다롭고 예민한, 그렇지만 사랑에 빠질 수밖에 없는 한 여 인을 만난 기분이 들었다.

:: 우리의 소원은 통일, 꿈에도 소원은 통일

1989년 북한의료선교회 8명과 함께 북한에 기독 병원을 설립하는 일을 의논하 기 위해 북한을 2차 방문하기로 했다. 그때까지만 해도 북한으로 들어가기 위해서 는 도쿄와 베이징을 거쳐 가야 했다. 당시 베이징은 새로 막 개방된 곳이라 온통 붉은 기로 덮여 있었고, 군인들이 삼엄하게 지키고 있었다. 그러니 베이징만 가도 마음이 조마조마하고 걱정이 태산이었다.

베이징에서 식사를 하려고 한국 음식점을 찾으니까 두 군데가 있었다. 하나는 평양에서 직접 운영하는 평양냉면 집이고, 다른 하나는 중국에 사는 조선족 3세가 하는 음식점이었다.

우리 일행은 조선족이 운영한다는 음식점을 수소문해서 찾아갔다. 청기와 비숫한 음식점 출입문을 보는 순간 얼마나 반갑던지. 미국에서 살던 우리들이 중국 한복판인 베이징에서 우리 것을 보니까 굉장히 기뻤던 것이다.

더 반가운 것은 한 열여섯, 열일곱 된 우리 조선 아가씨들이 위에는 노랑 저고리를, 아래에는 파랑 치마를 입고 있는 모습이었다. 이 아가씨들이 길에 나와 서 있다가 "어서 오시라요." 하면서 우리를 맞아 주는데, 나도 모르게 눈물이 핑 돌고 말았다.

온 천하가 새빨간 이 공산 국가에 우리 음식을 제공하는 식당이 있고, 한국 고유의 풍습과 말을 그대로 간직한 우리의 젊은이들을 볼 수 있었다는 것만으로도 우리는 감격했다. 더욱이 옛날 시골에서 먹던 된장국, 김치찌개와 같은 구수한 우리 고유의 맛들이 아련한 향수와 함께 마음까지 푸근하게 만들어 주었다. 우리는 반가운 마음에 음식을 잔뜩 시켜 놓고 찬송을 부르고 기도를 드리며 들떠 있었다.

비록 억양은 다르지만 귀에 익은 우리말을 주고받는 이 아가씨들이 마치 우리 딸들을 보는 것처럼 예뻐서 기념사진도 함께 찍고 말도 붙여 보았다.

"고향은 어디예요?"

"나이는 몇이에요?"

"아버지는 뭐하셔요?"

놀랍게도 이들은 대개 심양(瀋陽)이나 장춘(長春)에서 온 우리 조선족의 3-4대 후손들인데도, 우리보다 더 순수한 조선 사람의 모습을 지니고 있었다.

마침 우리가 타고 온 택시의 인상 좋은 기사가 총각이란 것이 생각나 이 아가씨들에게 마음을 떠보는 말을 넌지시 건네 보았다.

"좋은 총각이 하나 있는데 내가 중매해도 될까?"

"정말입네까? 좋디요."

나의 첫마디에 귀를 쫑긋 세우는 걸 보니 관심이 있다는 것이 분명했다. 내가 한쪽에서 식사를 하고 있는 청년을 가리키며 말을 이었다.

"저쪽 청년 좀 봐요. 저 정도면 괜찮지 않아요?"

그런데 아가씨의 반응은 의외였다. 아가씨는 청년을 힐끔 쳐다보더니 주저하지 않고 고개부터 젓는 것이었다.

"저 사람은 안 돼요. 중국 사람(한족)과는 결혼하지 않습네다."

나는 그 말을 듣고 내심 무척 놀랐다. 사람에 대한 좋고 나쁜 것을 따지기 전에 중국 사람이라는 것만으로 고개를 내젓는 조선족. 이렇게 철저하게 '조선 사람들은 조선 사람끼리' 하는 순수한 민족 감정이 그들을 지배하고 있는 줄은 몰랐기 때문이었다. 놀라움 못지않게 내 마음에는 말할 수 없는 흐뭇함이 차올랐다.

한참을 그렇게 뭘 물어 보고 사진도 찍으며 떠들썩하게 시간을 보냈다. 그런데 갑자기 옆에서 큰소리가 들렸다.

"야, 여기 나물 좀 더 가져 오라우!"

그 소리에 돌아보니 우리 옆에는 김일성 배지를 단 북한 사람 다섯 명이 밥을 먹고 있는 게 아닌가. 우리가 분위기에 그만 취해서 옆에 누가 있는지조차 의식하지 못하고 있었던 것이다. 시끄럽게 떠들고 있는 우리 일행을 보니까 틀림없이 한국 사람들이고, 서울 말씨를 하는 것 같으니까 지켜보고 있다가 참다못해 그렇게 소리를 빽 질렀던 것 같다.

그때만 해도 "북한 사람이 우리를 보면 등덜미를 채어 잡아가니까 조심해야 한다"고 하던 때였으니까, 우리가 얼마나 놀랐겠는가. 5명이나 되는 북한 사람들이 옆에 있는 걸 보고, 우리는 움찔하고는 기가 팍 죽고 말았다. 그래서 우리는 마음이 급해져서 음식이 코로 들어가는지 입으로 들어가는지도 모르게 허겁지겁 먹기 시작했다. 숨 죽여 음식을 먹었다. 서로 "어서 먹고 빨리 갑시다. 괜히 여기서 봉변당하지 말고" 재촉하면서.

우리 일행이 자리에서 막 일어나려는데, 같이 갔던 동역자 한 사람이 도저히 이대로는 일어날 수는 없다는 생각이 들었는지 갑자기 목청을 높여서 노래를 부르기 시작했다.

우리의 소원은 통일, 꿈에도 소원은 통일, 통일이여 오라…

어느 순간, 너나 할 것 없이 다함께 합창을 하기 시작했다. 노래를 따라 부르는데 눈물이 마구 쏟아졌다. 그때였다. 갑자기 그 무시무시하게 여겨지던 북한 사람들이 우리의 노래 소리를 듣더니 우리에게 바짝 다가왔다. 순간 아찔했지만, 그들은 우리 곁에 나란히 서서 함께 노래를 부르기 시작했다. 우리 일행 8명과 그 자리에 있던 북한 사람 5명이 한데 어우러져 어깨동무를 하고 손에 손을 부여잡고 서로 얼싸안으면서 〈우리의 소원은 통일〉을 목청이 터지라고 불렀다. 그때 누군가 말했다.

"그렇습니다. 우리는 통일을 해야 합니다. 우리는 한 민족입니다. 우리가 통일을 합시다."

우리 모두는 눈물범벅이 되고 말았다. 우리는 이 노래를 부르고 또 불렀다.

"통일을 한 다음에 다시 만납시다."

이렇게 말하고 북한 사람들과 아쉽게 헤어졌다. 음식점을 나오면서 확신한 것이 있다.

'살아온 시간이 다르고 살고 있는 환경이 달라도 분명히 우리는 한 민족이구나. 반드시 통일을 해야 한다.'

하지만 통일이 감정만으로 가능한 일이 아니라는 것을 나는 평양에서 절감했다. 평양에서 만난 학생들에게 물어보았다.

"통일은 왜 해야 합니까?"

"서울에 가면 돈 있는 사람들은 배 터져 죽고, 학생들은 경찰 곤봉에 맞아 죽고, 여성들은 미국 놈들에게 겁탈을 당하면서 죽어 간다 이 겁네다. 한강 다리 밑에 가면 젊은이들이 마약 먹고 별별 지랄 다하다가 죽어 간단 말입네다. 하루 속히 통일시켜 이들을 구해야 할 것 아닙네까?"

"통일이 되면 우리 민족이 다 잘 살 수 있습네다. 그때까지 우리는 허리끈을 졸라매고 온갖 고통을 참고 견뎌내야 한단 말입네다."

나는 학생들의 당찬 말을 들으면서 이것은 가식이 아니라 진정으로 믿고 마음속에서 우러나오는 말이란 것을 느낄 수 있었다. 50년 넘도록 그들은 '원수를 무찌르는 것'에 철저하게 사상적으로 세뇌되고 길들여져 있었다. 그래서 개인의 자유와 생명까지도 혁명을 위해 기꺼이 바칠 수 있는 동원 체제를 갖추어 놓았다. 희생과 인내를 감수하기 위해 책임을 전가할 적을 만들어 놓고 모두 이들 때문에 우리가 이렇게 되었다고 믿게 만들었다. 원수를 무찌르고 혁명이 완수되는 날을 손꼽으며, '이밥에 고깃국 먹을 날'을 고대하며 살도록 만들어 놓은 것이다.

북한의 텔레비전 채널은 2-3개의 채널로 고정되어 있어 고정 프로그램 이외에는 볼 수도, 들을 수도 없었다. 텔레비전을 켜기만 하면 지도자를 찬양하고 신격화하는 내용 외에는 다른 것은 찾아볼 수 없었다. 그러니 그들의 신념은 오직 보고 듣는 그 한 가지뿐이다.

어떤 분이 자전거 3천 대를 기증하겠다고 해서, 이것을 받겠느냐고 한 북한 관리에게 물어보았다. 처음에는 좋게 생각하더니 결국에는 거절했다. 우리가 그 이유를 묻자 이렇게 답했다.

"혁명 과업 완수에 총력을 기울여야 하는 마당에 저녁 먹고 여기저기 마실 다니며 놀고 이야기할 시간이 어디 있소."

자전거를 타고 이웃끼리 왕래하며 쓸데없는 말이나 하는 것은 비생산적이니 일찌감치 잠이나 자라는 것이었다. 이렇게 철저하게 모든 것을 폐쇄하고 오직 정권 유지 그 한 가지만을 위해 애쓰는 나라, 상상도 할 수 없는 딴 세상이 바로 북한이었다. 이러한 생각, 이 같은 인식을 갖게 하는 요인들이 교정되지 않으면 통일은 앞으로도 힘들겠다는 생각이 들었다. '멀고도 험한 길이지만 우리가 반드시 이루어야 하는 과업' 통일은, 어쩌면 그래서 더욱 복음으로만이 가능하다는 결론을 내릴 수밖에 없었다.

우리 일행은 그때 태아 진단기 같은 각종 진료기와 의료 기기를 어깨에 잔뜩 메고 갔다. 북한은 우리 일행을 크게 환대했다.

"비록 도장을 찍었어도, 의학책을 보내겠다는 약속을 지켜 줘서 고맙소. 미국에서 적극적으로 후원 운동을 벌이고 있는 것도 감사하오."

북한 측은 우리 일행을 인민대학습당(한국의 국립중앙도서관과 같은 곳)으로 저녁 초대를 했다. 3천 명이 함께 앉아 공부를 할 수 있는 그야말로 북한 학문의 심장이라 할 수 있는 곳이었다.

내부를 둘러보던 우리 일행은 깜짝 놀라지 않을 수 없었다. 평양 앞바다에 모두 버렸다던, 우리가 보낸 의학 관련서가 '가장 귀중 도서' 특별실 책장에 버젓이 꽂혀 있었던 것이다! 게다가 북한 측 관리는 분명히 의학 학습 도서는 평양의과대학에 보낸다고 했는데, 인민대학습당에서 이 책을 보다니! 이게 웬일인가 싶었다. 그 중 한 권을 뽑아 보았더니, "북미기독의료선교회"라는 글자가 또렷하게 보였다. 영문 책은 아예 번역해 놓은 것도 많았다.

책장을 넘길 때마다 "기독" "선교"라는 단어가 선명하게 보였다. "할렐루야"가 절로 나왔다. 나는 그때 합력해서 선을 이루시는 하나님의 손길을 뚜렷이 느꼈다.

화가 나고 입장이 난처해진 북한 측 담당자가 우리에게 남포 앞바다에 내다 버렸다고 했지만, 하나님은 우리의 수고를 헛되이 하지 않으시고 북한 전역에서 온 의료인들이 볼 수 있도록 인민대학습당에 꽂아 놓으셨던 것이다.

'하나님이 하셨구나. 하나님 감사합니다.'

한 치 앞을 내다보지 못하고 억울해하고 슬퍼하는 어리석음은 그렇다 치더라도, 순간순간 원망하며 제멋대로 해석하고 뛰쳐나가는 망둥이와 같은 나는 다시 하나님 앞에 겸손하게 무릎을 꿇었다.

:: 북한 교회에서 하나님 말씀을 전하다니

북한에 두 번째로 방문했을 때도 우리 동역자들과 함께 봉수교회를 다시 찾았다. 그동안 교회가 많이 달라져 있었다. 붉은 주단도 깔렸고 성가대도 생겼다. 피아노를 반주하는 연세가 든 여자 분이 찬송가를 익숙하게 연주했으며, 모두 중년 이상의 여성들로 구성된 성가대는 찬송을 아주 은혜스럽게 불렀다.

강단에서 인사말을 하면서 어찌나 감격했는지 모른다. 50년 동안 원수로 생각하며 지냈던 동족을 그것도 평양 한복판에 있는 하나님의 교회에서 만나 말씀을 전하게 되었으니.

"여러분 정말 반갑습니다. 우리는 꼭 만나서 한 나라 백성으로 살아야 할 사람들인데 50년의 세월을 허송한 지금에서야 만나게 되었습니다. 우리는 미국에서 온 의료 봉사단으로 조국의 동포들을 돕고 기독교의 사랑을 나누기 위해 왔습니다."

나는 잠시 치밀어 오르는 감정을 가누느라 입을 열지 못했다.

"우리는 다 같은 하나님의 백성이고 한 민족입니다. 여러분의 찬송과 기도 소리가 하나님께 상달되어 민족이 하나가 되고 하나님의 왕국을 이루어 가는 귀한 축복이 함께하실 것을 기도합니다."

"아멘" 소리와 함께 박수가 나왔다. 우리 12명은 모두 앞으로 나와서 찬송을 불렀다.

　　지금까지 지내 온 것 주의 크신 은혜라

　　한이 없는 주의 사랑 어찌 이루 말하랴…

찬송을 시작하면서 벌써부터 목이 메기 시작했다. 한 사람이 목이 메면 옆에서 큰 소리로 찬송했고, 그 사람이 목이 메면 내가 목청을 돋우어 주님을 찬양했다. 예배가 끝나고 우리 12명은 교인들과 인사를 나누었다. 어떤 사람들은 감격해 서로를 얼싸안았다.

"건강하십시오. 또 오십시오."

"네, 여러분들도 건강하시고 승리하십시오."

평양의 교회 계단을 내려오는 내 마음에는 뜨거운 기쁨과 감사가 넘쳐 났다.

:: 이 건물 내부를 채워 주시라요

1991년 3월, 북한의 연락을 받고 친구인 윤명규 박사와 내가 급하게 들어갔다. 그들이 우리를 데려간 곳은 공사가 중단된 광복 거리의 병원 신축지였다. 우리 나라로 치자면 강남의 거리와 같다는 평양 시내 한복판에 뼈대만 간신히 세워진 건물이 서 있었다. 비는 추적추적 내리는데, 우리는 우산을 받치고 서서 심호흡을 해야 했다.

"이 병원의 내부를 채워서 꾸며 주시오."

나는 작은 진료소 같은 것으로 시작하기를 바라던 터라, 우선 그 엄청난 규모가 마음에 부담이 되었다. 병원을 세워 봤고, 운영하고 있고, 병원 시스템 속에 묻혀서 일생을 살아온 우리로서는 이들의 요청이 얼마나 무리한 것인지 잘 알고 있었다.

이와 같은 대형 병원을 만들려면 말 그대로 천문학적인 비용이 필요했다. 땅이 있고 건물의 골격이 있다고 해서 해결될 문제가 아닌 것이다. 그 병원의 시설과 기자재를 채우려면…, 이것은 우리 재미 한인 의사 몇 명의 힘으로는 도저히 감당할 수 없는 일이었다. 못하겠다고, 이건 할 수 없다고 말하는 것이 백 번 옳았다.

'하나님, 제가 지난번 북한에 와서 병원을 세웠으면 좋겠다고 생각했을 때는 진료와 치료를 어느 정도 할 수 있는 작은 병원을 생각했던 것인데요…, 이걸 어떻게 합니까?'

이런 생각을 하며

"이것은 우리 힘에 너무 벅차서 할 수 없습니다."

하는 소리가 입에서 나가려는 순간,

"여호와께서 기뻐하시면…"

하는 말씀이 귀에 들렸다.

그 순간 이것은 내가 하는 것이 아니고 하나님이 하실 것이라는 확신이 섰다. 주님은 윤 박사에게도 동일한 마음을 부어 주셨다. 그의 생각도 나와 똑같았다. 나는 주님이 채워 주시는 소망의 마음을 가지고 북한 측 인사를 바라보며 말했다.

"예, 우리가 이 광복 거리 병원을 맡겠습니다. 우리가 최선을 다하겠습니다."

"우선 모금이 되는 대로 단계적으로 꾸려 나가겠습니다."

그렇게 대답을 한 다음 우리는 감격의 눈물을 흘렸다.

북한을 들어가는 것만 해도 죽음을 각오하고 들어가야 하는데, 이곳에다 병원을 짓는다는 것은 나도, 윤 박사도, 한국인이라면 그 누구도 상상하지 못하던 일이었던 까닭이다.

'바로 이것을 위해 나를 불러 주시고 생명을 연장시켜 주시고 여기까지 인도 하셨구나… .'

sAm Awakening

태산을 넘어
험곡에 가도

사랑은 힘들어도 해야지요

5장

:: 햇볕 정책의 시작

북한에 병원을 짓기로 약속한 뒤로 북미기독의료선교회는 많이 바빠졌다. 우선 나와 동료 세 사람이 각자 만 달러를 헌금해서 씨드머니 4만 달러를 만들었다. 그리고 나는 주말마다 미국 전역의 한인 교회를 찾아다니며 간증 집회를 열고 '북한에 병원 세우기'와 '사랑의 의약품 나누기'를 위한 후원금을 모금했다. 내가 찾아가 직접 목격한 북한의 어려움을 이야기하고 도움을 호소했다.

"하나님이 우리를 미국에 보내 주님의 자녀로 삼으신 것은 남북이 복음을 바탕으로 화해하고 통일하는 데 기여하도록 하기 위한 것이 아니겠습니까. 남도 아닌 우리의 동포가 주님의 이름을 듣지도 못하고 죽어 가고 있습니다. 우리 민족이 돕지 않으면 누가 돕습니까? 북한에 병원을 지으려고 합니다. 여러분의 도움이 절실히 필요합니다."

많은 분들이 나의 간증을 듣고 북한 선교에 힘을 보탰다. 하지만 때로는 오해를 받기도 했다.

내가 집회를 다니면서

"북한을 도웁시다."

하고 외치면,

"당신 빨갱이 아니요?"

"이번에는 무슨 지령을 받았소?"

하고 다짜고짜 따지고 드는 사람도 있었다. 심지어는 10만 달러의 공작금을 받았다는 소문도 떠돌았다.(나중에 안 일이지만 그것도 주위의 시기하는 사람들이 퍼뜨린 악성 루머였다.) 당시에는 북한 돕기 모금이 잘 되는 것을 이상하게 보는 사람이 그만큼 많았던 것이다.

북한에 병원을 세우겠다고 작정한 내게 많은 사람들이 진심으로 걱정스러운 눈길로 물었다.

"병원 시설을 다 갖춰 개원한 다음 총을 들이대고 이젠 됐으니 나가라고 하면 어쩌지?"

"우리가 아무리 노력해 봐야 결국 물건만 빼앗기고 이용만 당하는 게 아닐까?"

"우리를 친북계로 삼으려는 북한 측 계략에 순진하게 넘어 간 게 아닐까?"

나도 고심하지 않을 수 없었다. 하지만 하나님이 내게 지혜를 주셨다.

어느 겨울날 노인이 시골길을 걸어가고 있었다. 이 노인은 추위를 이기려고 두꺼운 외투를 입고 총총히 걸어가고 있었다. 이때 바람이 이를 내려보다가 해님에게 내기를 하자고 했다.

"우리 내기할까요?"

"무슨 내기?"

"누가 먼저 저 노인의 옷을 벗기는가 내기하자는 거지요."

"좋은 생각이군. 한번 해 봅시다."

"그럼 내가 먼저 옷을 벗겨 볼 테니 구경이나 하시지요."

바람이 으스대듯 말하고 노인을 향해 세찬 바람을 불어댔다. 하지만 아무리 바람을 힘차게 불어도 노인은 옷을 벗기는커녕 더욱 옷을 꼭꼭 감싸 쥐었다. 바람이 지쳐 이젠 포기 상태가 되었다.

이제는 해님의 차례였다. 해님은 따뜻하게 햇볕을 내려 쪼이기 시작했다. 노인의 이마에 구슬땀이 맺히기 시작하더니 드디어 외투를 벗었다. 햇볕이 계속 내려 쬐자 웃옷도 벗어 던졌다. 따스한 햇볕의 사랑은 이 노인의 두루마기를 벗길 뿐 아니라 벗지 말라는 적삼까지 벗기는 놀라운 힘을 발휘했다.

"이솝 이야기 중에 하나입니다. 어쩌면 우리가 북한에 의료 장비를 다 갖추어 놓고 쫓겨 나올 수도 있겠지요. 하지만 전 그렇게 쫓겨 나온다 해도 괜찮다고 생각해요. 그곳에서 안 나가겠다고 싸운다고 일이 되겠습니까. 오히려 홀가분하게 나와야지요.

하나님은 오늘도 악을 악으로 갚지 말고, 또 악에게 지지 말고 선으로 악을 이기라고 하십니다. 그들이 우리의 선을 악으로 갚을까 봐 두려워서 우리가 그들을 도와주지 않는 것은, 악에게 지는 게 아니고 무엇이겠습니까. 사랑의 햇볕은 어떤 강퍅함도 이길 수 있다고 전 믿어요.

비록 우리는 떠나더라도 '예수님을 믿는 사람들이 상을 주거나 어떤 보수를 준 것도 아닌데, 예수님이 거저 주신 그 놀라운 사랑을 실천하기 위해 의료 기자재와 의료품을 갖다 놓더니, 또 나가라고 쫓으니까 말없이 나가더라.'는 그 사실만은 그곳에 영원한 진실로 남아 있지 않겠습니까. 이것이 입에서 입으로 전해지면 '예수님을 믿는 것'에 대한 더 큰 전도가 저절로 이루어질 것입니다. 쫓겨 나오는 것 같지만 더 놀라운 선교의 불을 당기어 놓는 결과를 얻을 수 있을 겁니다."

그때 많은 분들이 내 주장에 동조해 주어서 우리 의료선교회가 박차를 가할 수 있었다.(이것이 1990년도 초반의 일이다. 나는 이것이 한국 정부에서 내걸었던 햇볕 정책이라는 타이틀의 시초라 생각한다. 물론 아무도 내게 허가를 받은 사람은 없지만, 그럴 줄 알았으면 그때 특허라도 신청해 둘 것을, 하고 웃곤 한다.)

:: 밑 빠진 독에 물 붓기

나를 불러 주는 곳이면 어디든 갔다. 감사하게도 간증 집회를 요청하는 교회가 늘어나 주말이면 거의 빠지지 않고 집회 일정이 잡혔다. 나는 자비량으로 미국 전

지역을 다녔기 때문에, 간증 집회가 늘어나면서 경비도 만만치 않게 들었다.

많은 분들이 내 호소에 귀를 기울이고 후원 모금 운동에 동참해 주었지만, 평양의 대규모 병원 기자재와 시설 경비를 대기에는 끝도 없이 부족했다. 그야말로 밑 빠진 독에 물 붓기였다.

후원 모금 운동에 조금씩 지쳐 가던 나는, 결국 아내에게 말했다.

"여보, 우리 병원 앞에 당신 명의로 사 두었던 건물 처분합시다."

아내는 눈이 휘둥그레졌다. 아직 아이들도 다 자라지 않았고, 이것만 가지고 있으면 노후에도 끄떡없을 만큼 값나가는 덩치 큰 건물이었으니 아내가 그렇게 반응할 법도 했다. 하지만 정작 아내가 놀란 것은 그 때문이 아니었다.

"당신이 그런 결정을 하다니…. 놀라워요. 그거 모으려고 당신 정신없이 일하던 때가 엊그제 같은데, 주님 일을 위해 이제 세상의 물질을 포기할 만큼 당신 믿음이 성숙해진 것이 저는 감사할 뿐이에요."

내가 북한이라는 사선을 넘나들며 선교를 시작한 이후로 단 하루도 빼놓지 않고 아침 금식을 해 오고 있는 아내는, 역시 신앙의 고수였다!

이 건물을 팔아 모자라는 후원금을 대신했다. 북한 돕기 집회도 매주 열었지만 아무리 열심히 뛰어도 미주 이민 한인 사회라는 지역적 한계는 뛰어넘을 수 없었다.

나는 미 전역에 있는 목사님들과 평신도 지도자들에게 일일이 손으로 직접 편지와 호소문을 써서 보냈다. 이렇게 수천 통의 편지를 여러 해를 계속해서 쓰다 보니 손가락에 관절염까지 생겼다.

우리 의료선교회 가족들은 날마다 모여서 어떻게 하면 후원금을 확대할 수 있을까, 머리를 맞대고 고민했다.

"저, 골프 대회를 하면 어떨까요?"

우리는 모두 그 아이디어에 감탄했다. 역시 손수 일일이 편지를 써서 대회 참석을 부탁했는데, 당일에 120여 명이 참석해 그야말로 그 지역에서는 대박이 났다. 이것이 첫 모금 행사였다.

:: 힘들어도, 그런 일은 의사들이 해야지요

1991년 한국으로 나가 충현교회 김창인 목사님과 영락교회 한경직 목사님을 뵈었다. 남한산성에서 한경직 목사님께 인사를 드릴 때 나는 조심스럽게 말문을 열었다.

"목사님, 혹시 저 기억하시겠어요? 저 디트로이트에서 뵈었던 박세록 장로입니다."

"아, 기억나고말고요. 숲이 많고 호수에다가 골프장까지 갖췄던 그 화려한 집을 어떻게 잊겠습니까?"

내가 참 존경했던 한경직 목사님은 나를 그렇게 기억하고 있었다. 아내가 나를 이웃 교회 부흥회로 끌고가지 못해 안달하던 시절, 아내가 부흥회 강사님들을 우리 집에서 대접하던 그때, 한경직 목사님도 그렇게 뵈었던 분 중 한 분이었던 것이다. 믿음도 없었던 내가 유난히 존경했던 분 가운데 한 분이었다. 나는 목사님께 그동안 나의 변화를 쭉 말씀드렸다.

"목사님, 그래서 제가 북한에 병원을 지으려고 이러고 다닙니다."

한경직 목사님은 감동하셨다며, 내 손을 어루만지셨다.

"힘들지요? 그래도 의사들이 해야지요. 그럼 나랑 어디 좀 갑시다."

한경직 목사님이 나를 데려간 곳은 사랑의 쌀 나누기 운동 본부였다. 그곳에서 나는 한국에서는 처음으로 선교 보고를 했다. 그곳에서 만난 여러 목사님들과 장로님들이 나를 집회에 초청해 주셨고, 교회와 연결시켜 주셨다. 그 당시 한국에서는 '북한에다 병원을 세운다', 그것도 '평범하고 보잘 것 없는 재미 동포 의사'가

앞장서서 북한 돕기를 한다는 것 자체가 신선한 충격이었던 것이다.

한국에서 사역을 시작하고 보니 나는 의외로 금세 유명 인사가 되고 말았다. 디트로이트 우리 집에서 대접을 받으셨던 많은 목사님들이 내게 힘이 되어 주셨기 때문이다. 그때는 그렇게도 죽도록 싫었던 목사님 대접했던 일들이 하나님이 이렇게 쓰시려고 준비하셨던 과정이란 말인가.

:: 하나님 저를 왜 이곳에 불러 주셨나요

1991년 10월에 한국에서 세계기독의료선교대회가 열렸다. 나는 주강사로 초청을 받았다. 평양에 갔다가 베이징을 거쳐 서울로 오는 일정을 잡고 집을 나섰다. 1991년 3월부터 시작된 평양 병원의 신축 공사 현장도 둘러볼 겸 일정을 그렇게 잡은 것이다.

그때만 해도 나는 평양에서 아침을, 베이징에서 점심을, 서울에서 저녁을 먹는, 몇 안 되는 국제적(?)으로 돌아다니는 인물이었다. 사람들은 이번 일정까지 더하면 북한을 4번이나 다녀가는 것이기에, 안기부에서 가만있지 않을 것이라고도 했다. 하지만 나는 크게 걱정하지 않았다.

그런데 서울로 오는 도중에 비행기가 연착되어서 김포 공항에 내렸을 때는 이미 행사가 시작될 시간이 되고 말았다. 화장실 갈 시간도 없이 부랴부랴 서둘러서 행사장인 충현교회로 갔다. 약속 시간보다 1시간이나 늦었다. 나는 미안한 마음에 문을 조심스럽게 열고 주춤주춤 행사장으로 들어섰다. 그랬는데, 갑자기 사람들이 벌떡 일어나더니 "할렐루야, 박 장로가 살아왔다!"고 외치고 박수를 치면서 나를 환영해 주는 게 아닌가.

"저희는 장로님이 시간에 맞춰서 나타나지 않으셔서 안기부에 잡혀 가신 줄 알

앉지요. 청와대에 나의 행방을 알아봐 달라고 부탁해 놓고, 기도회를 하고 있었습니다. 박 장로님 무사히 살아나오게 해 달라고요…."

그 말을 듣고 나는 겉으로는 웃고 속으로는 울면서 감격했다. 나 같은 게 뭐라고, 내 생명을 위해 기도해 준단 말인가.

선교대회가 끝나고, 그 다음날에도 충현교회에서 북한 선교 집회가 예정되어 있었다. 의료인들에게 북한 선교에 대한 도전을 주고 싶었기에 따로 집회를 열기로 한 것이다. 큰 집회를 앞두고 마음이 분주했던 나와 조인제 장로는 삼각산 기도원을 찾아가서 철야 기도를 하기로 했다.

어두컴컴한 산 비탈길을 힘들게 오르다가 나는 두 분의 중년 부인을 만났다. 등에 간단한 침구를 짊어진 것으로 보아 철야 기도하러 가는 사람들임을 쉽게 알아챌 수 있었다. 무슨 간절한 기도 제목이라도 있는 걸까, 나는 궁금했다.

"안녕하세요? 어디를 그렇게 가시는 길입니까?"

"예, 삼각산에 철야 기도하러 갑니다."

"무슨 기도가 밤새워 할 만큼 그리도 많으십니까?"

"우리 나라 통일을 위해 기도해야지요."

나는 순간 한방 얻어맞는 기분이었다.

기껏해야 남편 사업이나 직장에서 성공하기를 기원하는 일, 아니면 자녀들 성적이 올라가 좋은 학교에 들어가기를 기원하는 것이 전부겠지, 하고 생각했던 나로서는 충격이 아닐 수 없었다.

그러한 감동을 삭이며 삼각산에 도착했을 때 나는 더 큰 놀라움에 빠져들었다. 골짜기마다 바위 틈 사이사이에서 통일을 위해 울부짖는 수많은 기도 소리를 들었기 때문이다. 그들의 기도 소리는 바위를 치고 나무를 감돌아 하늘에 미치고 그것이 메아리가 되어 내 가슴을 때렸다.

'그렇구나, 이런 기도 때문에 우리 나라가 축복을 받는구나. 통일, 이것이 가장 큰 민족적 사명이다!'

그 순간 내가 한국 사람으로 태어난 것이 얼마나 큰 축복이며 은혜인가를 절감했다. 그러면서 한편으로 '나는 얼마나 많은 밤을 통일을 위해 기도하며 철야를 했는가?' 하는 자괴감으로 스스로 얼굴을 붉히고 말았다. 그래도 가는 곳마다 사람들은 나를 신앙의 지도자요, 북한 선교의 선구자로 선봉에 내세워 주는 걸 생각하니 도저히 고개를 들 수 없었다.

이날 나는 삼각산에서 예기치 않은 큰 도전을 받았다. 집회에 대한 부담으로 답답한 마음을 호소할 데가 없던 차에 나도 마음껏 소리 내어 기도했다. 오히려 절규라는 표현이 더 맞을는지도 모른다.

"하나님, 저도 모르게 여기까지 왔는데 두렵고 떨립니다. 이렇게 밀려서 가도 되는지 모르겠습니다. 누구보다도 저를 더 잘 아시는 하나님, 왜 저를 부르셨습니까?"

"하나님, 기뻐하시는 사역이면 내일 집회를 직접 주관해 주시고, 부족한 종을 붙들어 주사 기적을 일으켜 주시옵소서."

밤새도록 이렇게 외치고 내려오는 나의 마음은 뜨겁고 은혜가 넘쳤다.

그 다음날 충현교회에서 북한 선교 집회를 가졌다.

북한에 병원을 세우기 위해 한국에서 모금 운동을 하는 일은 쉬운 일이 아니었다. 당시 한국에서 '북한' 이란 말은 곧바로 '이적 행위' 나 '간첩' 과 같은 내용을 떠오르게 했기 때문이다. 전쟁 때 북에서 남쪽으로 피난 온 목회자들이 어느덧 한국 교회의 지도자들이 되었으니, 이분들은 보수주의적인 사고방식 이외에도 공산당의 잔인한 모습을 목격한 사람들이어서 북한에 대해서라면 고정관념을 지닐 수밖에 없었다. 자연스럽게 때에 따라서는 반공이란 명목 아래 오히려 정부의 북진 정책을 앞장서서 지지하고 가르치기도 했다.

전란의 참화를 체험한 세대들에게 북한을 이해하고 '원수를 사랑하라' 는 예수님의 가르침을 실행하라고 강요하기에는 현실적인 어려움이 있을 수밖에 없다. 하지만 우리에게는 이웃과 형제를 축복할 권리밖에 없다는 신념이 내게 있었다.

"너희가 친히 원수를 갚지 말고 진노하심에 맡기라"(로마서 12:19).

"아무에게도 악으로 악을 갚지 말고 모든 사람 앞에서 선한 일을 도모하라"(로마서 12:17).

"악에게 지지 말고 선으로 악을 이기라"(로마서12:21).

이 말씀은 옳고 그름의 판단과 이에 대한 치리는 하나님이 하시며, 사람은 악을 악으로 갚지 말고 선으로 악을 이기라고 가르치고 계신다. 하지만 우리는 선으로 악을 이기는 놀라운 섭리를 실천하지 못했다. 나는 이 메시지를 계속해서 선포했다. 곧 반응이 왔다.

"지금까지는 북한을 돕고 싶어도 어떻게 해야 할지 몰랐습니다. 그런데 장로님이 말씀하시는 걸 들으니까 방향이 생겼습니다."

그날 그들이 내 메시지에 깊이 공감하는 걸 보면서, 나는 한국 교회와 북한 병원 세우기 운동을 함께할 수 있다는 희망을 얻었다.

그 자리에서 충현교회 신성종 담임 목사님은 교회에서 헌금도 하고 또 본인이 직접 이 사역에 앞장서시겠다고 선언하셨다. 또 그 자리에서 나는 박은조 목사님을 만났다.(그후 15년이 넘도록 박 목사님과는 계속 가장 좋은 동역자로 같이 사역하고 있다. 내게는 가장 큰 힘이 되는 목사님이시다. 이분들과의 만남으로 사랑의 의료품 나누기 운동이 시작되었고 한국 사역을 다시 시작할 수 있었다.)

"저, 박세록 장로님!"

누군가 나를 불러 세웠다. 처음 보는 얼굴이었다.

"드릴 말씀이 있습니다. 저희가 사실은 안기부에서 나온 정보 요원들입니다. 장로님을 감시하고 집회를 중지하려고 이번 집회에 참석했습니다. 그런데 제가 장로님의 간증을 듣고 큰 감명을 받았습니다."

'아! 하나님이 나의 기도를 들어주셨구나! 하나님이 기뻐하시는 사역이구나.'

나는 확신을 갖게 되었다.

그때부터 나는 더욱 열심히 태평양을 우리 집 안방 넘나들듯 하며 집회를 하러 다녔다. 그 바쁜 의사 생활 속에서도 모든 것은 뒷전이었다. 오죽하면 그때 내 별명이 평양병원이었을까. 교회에서 간증 설교를 할 때마다 많은 성도들이 함께 눈물을 흘렸고, 북한 병원 세우기에 동참하는 교회가 늘어났다.

:: 겁쟁이도 쓰시는 하나님

내가 수많은 교회를 다니며 집회를 갖고 간증도 하다 보니 자연스레 우리의 활동 내용도 알려지게 되었다.

북한은 북한대로 우리를 감시했다. 한번은 서울을 방문해서 남서울교회에서 주일 저녁 예배 말씀을 전하고, 그 다음날 평양으로 들어간 적이 있었다. 나를 대하는 평양의 분위기가 처음부터 좀 가라앉은 듯한 느낌을 받았다. 다음날 아침에 만난 해외동포원호위원회 간부의 표정이 쌀쌀했다.

"서울 교회에서 쓸데없는 말을 많이 했다는 것을 다 들었수다."

그 간부는 나를 빤히 쳐다보면서 못마땅한 말투로 불만을 털어놓았다.

"뼈대만 돼 있는 병원 건물을 보고 이것을 어떻게 완성할 수 있을까, 추운 겨울에 부녀자들이 손으로 시멘트 바닥을 갈고 있는 모습을 보았다는 등 왜 그런 쓸데없는 말들을 합네까?"

바로 그 전날 교회에서 선교 보고를 한 것에 대한 투정을 하는 것이었다.

'심지어 교회 안에도…'

도대체 24시간도 지나지 않은 일을 이들이 어떻게 알고 있는 것인지 놀랍다 못해 간담이 서늘해졌다.

서울은 서울대로 난리였다. 집회를 하면 기자들이 와서 듣고 더 보태기도 해서 다음날 신문을 보면 대단한 뉴스거리처럼 보도하기도 했다.

한번은 김포공항에 내리니 그동안 내가 입국하기를 기다려온 기자들이 어떻게 알고 몰려왔다. 그들의 요청을 거절할 수 없어서 다음날 인터뷰를 하기로 약속했다.

일단 이야기를 하게 되면 내가 보고 들은 그대로를 말할 수밖에 없는 것이 나의 고지식한 성격이었다. 나의 관점이 다 옳다는 것은 아니고, 나 역시 어려서부터 반공 교육을 받고 자란 세대여서 지금도 반공주의자인 것은 틀림이 없다. 그나마 내가 보고 느낀 것은 극히 제한된 일부분이라는 사실과 내 개인적인 잣대와 판단으로 분석한 것이라는 것을 전제하고 내 말을 이해해 주기를 기자들에게 항상 당부한다.

다음날 인터뷰를 하면서 여러 어려움이 있으니, 인터뷰 기사는 내가 평양에서 나온 다음에 신문에 내기로 약속을 받아 두었다. 그래야 해명도 가능하다는 판단에서였다. 철석같이 약속하고 그 다음날 평양으로 들어갔다.

그런데 평양에 도착하자마자 한 관리가 내 눈앞에 신문을 펼쳤다.

"어제 저녁 C신문에…"

내 사진이 큼직하게 실려 있었다. 기자들이 약속을 어긴 것이다.

'아, 이번에는 큰 문제가 되겠구나.'

가슴이 방망이질 치기 시작했다.

"인터뷰를 한 것은 사실이지만 기자들이 무엇이라 썼는지 나는 알지 못하고 왔습니다."

북한 측 관리는 여전히 화를 삭이지 못한 얼굴이었다.

그날 밤에는 복도에서 구두 발자국 소리만 나도 나를 잡으러 온 게 아닌가 해서 머리털이 쭈뼛 서기도 했다. 같이 간 동역자들에게 연약함을 보이면 이들까지 불안해할 것 같아 담대한 모습을 보이려고 더 당당하게 행동을 해야 하니 속이 타서 죽을 지경이었다.

"수해 지구에 동행시키겠다고 해서 밀가루, 라면, 의약품 등을 가지고 왔는데 우리를 빨리 그 지역으로 데려다 주시오."

"언제까지 우리가 이렇게 기다려야 합니까?"

"우리는 이제 이틀만 있으면 돌아가야 합니다."

나는 매번 큰소리로 요구했다.

"그렇게 막 소리를 질러도 괜찮겠습니까?"

같이 간 동역자들이 오히려 염려가 되는 모양이었다. 우리는 시간이 급하고 이들은 임의로 답을 줄 수밖에 없는데다 사사건건 상부의 지시를 받아야 하니 시간이 걸려 자연 실랑이가 생겨날 수밖에 없었다.

이렇게 마음을 졸이며 40일처럼 길기만 하던 나흘이 지난 다음 우리는 가까스로 평양을 출발하는 비행기에 탑승했다. 그러고 나서도 군인들이 나타나면 혹시 나 때문에 온 것이 아닌가 마음이 불안했다. 금방 누군가 달려와서 내 팔을 잡을 것 같은 생각이 들었다.

"당신이 비행기에 타게 된 것은 사무 착오였소. 빨리 내리시오."

누군가가 달려와서 이렇게 말하면서 나를 끌어내릴 것만 같았다.

비행기가 드디어 활주로를 달리기 시작하자 '이제 살았구나' 하는 생각과 함께 감사와 기쁨의 눈물이 핑 돌았다. 나뿐 아니라 같이 갔던 동역자들도 심정은 마찬가지였을 것이다.(나중에 들은 이야기지만 그때도 고위 간부는 문제 삼지 말고 그냥 넘어가라는 방침을 주었다고 했다. 우리에게 혹시라도 해를 가했다가 미국 여론을 자극해서 행여 제3병원에 악영향을 미치지 않을까 하는 염려 때문이었다.)

나는 원래 겁쟁이다.

"저 녀석은 계집애로 태어나야 할 녀석이 사내로 태어났어."

나는 어머니의 걱정을 많이 들으면서 자랐다. 속된 말로 간이 작다 못해 아예 없는 편이다. 겁나는 내 마음 하나를 다스리는 일만 해도 벅찬 노릇인데, 동역자들이 용기를 잃지 않게 담대한 모습으로 행동한다는 것은 참으로 어려운 일이다.

하지만 늘 경험하는 것은 어려운 고비를 당할 때 오히려 마음이 편해진다는 것이다. 평소에 잊어버리고 있었던 예수님을 다시 찾게 되기 때문이다. 그분의 체온과 숨결을 느끼고 그분의 넘치는 사랑이 내 가슴에 와 닿을 때 나는 안도하며 뜨거운 눈물을 흘린다.

'예수님이 나를 위해 돌아가셨는데….'

예수님이 동행하시니 "나를 믿는 자는 죽어도 살겠고"(요한복음 11:25) 하는 자신감이 내게 용기를 준다. 또 설령 죽는다 하더라도 겁날 것이 없다. 다만 아름다운 신앙을 지키며 세상을 이기고 승리한 다음 떠날 수만 있다면 "내게 사는 것이 그리스도니 죽는 것도 유익함이니라"(빌립보서 1:21) 생각하기 때문이다.

많은 사람들이 내가 북한을 드나들고 사역을 벌여 나가는 것을 보고 말한다.

"장로님, 참으로 간도 크십니다."

"아니요, 사실은 간은 아주 작은데요, 그런데 간이 많이 부었습니다. 예수님이 사랑으로 계속 불어나게 하셨거든요."

내가 이렇게 말할 수 있는 것은 믿는 데가 있기 때문이다. 기도만 하면 이루어지는 기적을 수없이 체험하다 보니 이제는 간이 부어 배 밖으로 나오게 되었다. 그 알량한 자존심 다 버리고 나 먹고 살려고 하는 짓 아니고,

"불쌍한 생명들을 살립시다. 우리 불쌍한 동포들을 살려 주세요."

하고 눈물을 흘리며 호소하고 죽기 살기로 다니니 죽지 않고 오히려 더 살게 되는 것을 알게 된 것이다.

:: 하나님이 살리셨다

북한을 드나들고, 집회를 인도하러 다니면서 병원 업무를 보려니, 나의 수술 스케줄은 늘 빡빡했다. 예약 환자 수술을 다 끝내고 움직여야 했기에, 병원에 오면 허리 한 번 제대로 펴 보지도 못하고 일하기에 바빴다.

한번은 나한테 꼭 수술을 받아야 한다며 멀리서 다른 의사의 소개를 받고 찾아온 부인 암 환자가 있었다. 그 주말에는 워싱턴 지역에서 사흘 동안 열리는 평신도 수련회 스케줄이 잡혀 있었던 탓에, 적어도 금요일에는 비행기를 타고 떠나야 했다. 그래서 그 부인의 수술 일정을 목요일 오후에 잡았다. 수술을 하기 전에 나는 그 환자 보호자들에게 분명히 말씀을 드렸다.

"수술이 복잡해서 큰 어려움이 생길 수도 있습니다."

"그래서 선생님을 찾아온 것이 아닙니까?"

"저는 금요일에 워싱턴에 가게 되어 있으니까 제가 수술만 해 드리고 나머지 모든 처치는 다른 의사들이 해 드릴 것입니다. 저는 그렇게 가는 것으로 아십시오."

환자 가족들도 모두 알겠다고 했다.

그래서 수술을 시작했는데, 이 부인의 병이 얼마나 심했든지 수술실에 들어선 지 6시간이나 지나서야 수술을 끝낼 수 있었다. 집에 돌아와서도 그 환자의 상태가 워낙 좋지 않아서 마음이 놓이지 않고 조마조마했다. 그래도 어찌 잠이 들었는데, 아니나 다를까 전화가 걸려 왔다. 새벽 3시, 병원 레지던트였다.

"환자가 다 죽게 되었습니다."

전화를 받기 무섭게 부랴부랴 다시 환자에게로 달려가서 재수술을 시작했다. 다시 환자의 배를 열고 3시간 동안 수술을 하면서 '이 사람은 죽겠구나' 하는 생각밖에는 들지 않았다. '어차피 안 될 사람'이라는 생각에 배를 다시 덮고 말았다.

집에 들어갔다가, 옷을 갈아입고 다시 병원으로 나와서 중환자실에 있는 환자를 찾아갔다. 환자가 죽게 생겼다는 소식을 이미 들었는지, 환자의 가족은 물론이고, 이웃 친척들까지 한 20여 명이 몰려와서 웅성거리고 있었다. 마침 내가 그곳으로 들어가니까 그 사람들이 나를 보고 손가락질하기 시작했다.

"저 의사가 수술한 의사야."

수술이 잘되었으면 모두들 "아, 선생님 오십니까?" 하고 반갑게 맞았을 텐데, 환자가 죽어 가니까 모두들 나를 원망하듯이 쳐다보는 것이었다. 나는 남편에게 약속했던 대로 말했다.

"제가 다음 일정 때문에 어제 말씀드린 대로 지금 워싱턴에 가야 합니다. 나머지는 다른 의사들이 최선을 다해 잘 처치해 줄 것입니다."

그랬는데, 이 환자 남편이 나를 정면으로 바라보면서 소리를 버럭 질렀다.

"도대체 사람이 저렇게 사경을 헤매는데 수술을 한 의사가 가기는 어디를 가!"

나는 그때 간이 툭 떨어지는 것 같았다. 하지만 침착하게 말했다.

"수술 전에 그렇게 하기로 약속을 하지 않았습니까?"

남편은 역정을 내며 말했다.

"그것은 다 잘될 것으로 생각했을 때 얘기지, 지금 환자가 죽게 되었는데 의사가 환자 생명을 살리지 않고 어디를 간다는 겁니까?"

내 말은 도대체 듣지 않으려 하고 야단을 피웠다. 그러자 내 마음속에도 갈등이 생겼다.

'내가 분명히 천직으로 받은 직업이 의사이지 않은가. 내 손으로 수술을 한 환자가 사경을 헤매는데도 아무것도 하지 못한단 말인가. 그런데 거기다 대고 건 방지게 말씀을 전하고 수련회를 인도하러 간다는 것이 말이 되는가.'

갑자기 내 마음에 회의가 생기기 시작했던 것이다. 순간적으로 하나님께 기도를 드렸다.

'하나님 아버지, 내게 주신 사역이 도대체 뭡니까? 하나님 보시기에 내가 무슨 골프나 치러 가고 휴가 가는 것이 아니지 않습니까? 죽던 사람들도 살려 주셔야 하는데 사람이 죽어 가는데 과연 제가 가야 합니까, 안 가야 합니까?'

내가 주님 앞에 매달려 기도했을 때, 순간적으로 지혜가 떠올랐다. 나는 밖에서 기다리고 있던 보호자들과 사람들을 다 병실 안으로 불렀다. 그들이 다 들어온 다음에, 나는 환자의 손을 붙잡고 눈물을 흘리면서 하나님께 매달려 기도했다.

"하나님 아버지, 이 사람을 하나님이 살리시든지 죽이시든지 마음대로 하십시오. 주님 손에 달려 있습니다. 하나님께 모든 것을 부탁드립니다."

기도를 마치고 나니까, 다들 놀란 표정이었다. 나는 기도를 한 5분쯤 한 줄 알았는데 나중에 들으니까 30분을 넘게 했다고 했다. 그러고 나서 가족들의 따가운 눈총을 뒷전으로 느끼면서 가방을 들고 공항으로 나가 비행기를 간신히 탔다. 비행기가 이륙을 하는데 삐삐가 울리기 시작했다. 비행기 안에서도 삐삐가 울린다는 것을 그때 처음 알았다. 그 삐삐 소리에 나는 속으로 생각했다.

'아, 환자가 죽었구나.'

환자가 죽었으니까 의사를 찾는 것으로 알았던 것이다. 정말 마음이 아팠다. 그 환자가 그토록 멀리서 나를 찾아온 것부터 시작해서 수술할 때 어려웠던 것, 또 그 남편의 원망에 가득 찬 눈빛, 친척들의 나를 비난하는 듯한 눈초리…. 그리고 그것보다도 수술 전 이미 상태가 어려워 생명을 살리는 것이 어렵다는 것을 알았지만 그래도 젊은 여인이 더 살지도 못하고 죽다니 이를 어떡하나, 하는 생각에 눈물이 쏟아져 나왔다.

나는 워싱턴 공항에 내리자마자 전화기가 있는 곳으로 달려갔다. 전화를 걸면 아까 그 남편이 "야! 네가 의사야?" 하는 말을 막 쏟아 낼 것만 같았다.

"예, 저 박세록입니다."

그런데 전화기에서는 뜻밖에도 다른 말이 흘러나왔다.

"선생님, 아내가 숨을 쉬기 시작하고요, 맥박이 뛰기 시작합니다. 종잇장처럼, 얼음장처럼 하얗던 얼굴에 피 색깔이 돌기 시작합니다. 선생님, 살았습니다!"

이 소리에 놀라 어리둥절한 사이에, 전화기에서는 또 다른 소리가 흘러나왔다.

"선생님이 믿는 하나님이 살려 주셨습니다. 우리도 열심히 교회 다니겠습니다!"

내가 그 소리를 듣고 얼마나 감탄을 했는지 모른다.

'야, 하나님 진짜 멋있다. 사람이 죽고 사는 건 완전히 하나님 소관이로구나!'

내 지식으로 판단하건대 그 환자는 반드시 죽을 수밖에 없는 환자였다. 그런데 주님이 살리시기로 작정하니까, 그 환자가 살아난 것이다. 솔직히 말하면 지금까지 나는 내가 잘나고, 공부 잘하고, 기술이 좋아서, 사람들이 살아나는 줄 알았다. 그래서 환자들이 고맙다고 선물을 가지고 오면 응당 내가 받아야 할 것을 받는 줄로만 알았다. 하나님의 섭리를 모두 내 재주로 알았던 것이다. 그 교만을 그날 얼마나 회개했는지 모른다. (15년이 지난 지금도 그 여인은 건강하게 가정을 지키며 잘 살고 있다.)

:: 예수님의 강력한 라이트 훅

늘 빡빡한 병원 스케줄을 감당하며 태평양을 건너 북한으로 드나드는 것은 사실 쉬운 일이 아니었다. 내가 북한에 갈 때는 늘 디트로이트를 출발해서 도쿄로,

여기서 다시 베이징으로 가서 평양행 비행기를 갈아탄다.

　그날도 오전까지 환자를 진료한 뒤 오후에 곧바로 도쿄행 비행기를 타야 했다. 그런데 너무 무리하게 스케줄을 잡은 탓인지, 일본 공항에서 베이징으로 가는 비행기를 기다리고 있는데 온몸이 춥고 떨리며 욱신거리기 시작했다. 베이징행 비행기는 탔지만, 몸 상태는 더욱 나빠졌다. 머리가 지끈지끈했다. 너무 아파서 드러누웠다. 앉아 있을 수도 없이 고통스러웠다. 나는 담요를 뒤집어쓰고 누워서, 사역이 버겁게 느껴질 때마다 늘 해 오던 버릇대로 아내한테 덤터기를 씌웠다.

　'병원에 있을 때 날 따라다니던 예쁜 아가씨도 많았는데, 하필이면 이런 지독한 예수쟁이를 만나 내가 요 모양 요 꼴이 되었잖아. 아내만 만나지 않았어도, 지금쯤 편하게 살고 있을 텐데, 평양을 오가며 북한 선교를 하게 된 것도, 이렇게 고생바가지를 하고 있는 것도 다 그 잘난 아내 때문이야!'

　그 다음은 하나님이다.

　'하나님, 어떻게 내가 가는데 병까지 나게 하십니까. 하나님, 나 북한에 이만큼 다녔으면 되지 않았습니까? 이제 제발 좀 그만 가게 해 주세요. 그곳에 가면은 요 먹을 것을 주지 않거나 목을 졸라 숨을 못 쉬게 하는 것은 아니지만, 아무튼 답답하고 힘들어 살 수 없습니다.'

　몸이 아프니 만사가 귀찮고 짜증이 나서 툴툴거리고 있는데, 옆에 있던 허름하게 생긴 외국 청년이 불쑥 내게 말을 걸었다.

　"이것이 무슨 책인지 아십니까?"

　가뜩이나 신경질이 나 있던 나는 대꾸도 하기 싫은 걸 참고 간신히 말했다.

　"내가 심기가 무척 좋지 않으니까 건드리지 말고 가만히 내버려두는 것이 좋을 겁니다. 제가 지금 말할 기분이 아닙니다."

　청년은 무안한 표정으로 알았다며 얼른 자기 자리로 돌아갔다. 그런데 조금 뒤에 그 청년이 "아멘, 할렐루야!" 하는 게 아닌가. 정신이 번쩍 들었다. 그래서 물어보았다.

"그 책이 무슨 책입니까?"

"네, 성경책인데요, 당신이 괴로워하는 모습을 보니 구원받지 못한 영혼이라는 생각이 들었습니다. 당신 영혼을 구원시켜 달라고 기도했습니다. 교회에 나가십시오."

그 소리를 듣고는 얼마나 놀랐는지 모른다. 그 당시에는 미국에서 중국으로 장사하러 가는 사람들이 많았다. 나는 이 청년도 그런 사람 중에 하나인 줄 알았다. 그래서 그 사람이 들고 있던 책도 중국어 사전인 줄 알았다. 그런데 그 책이 성경이었던 것이다.

"나도 예수 그리스도를 믿는 크리스천입니다. 저도 사실 선교하러 간다고 목숨 내놓고 북한에 들어가는 길인데 제가 좀 몸이 불편해서…. 사실 제 성경책은 지금 불행하게도 제 손에 있지도 않고 가방 속에 들어 있습니다."

말을 하고 보니 얼마나 민망했는지 모른다. 누구를 전도를 하려는 마당에 선교를 하러 다닌다는 사람이 성경책을 짐짝 안에 가둬 놓았으니…. 부끄러운 얼굴로 일어나서 가방 속에 들어 있는 성경을 꺼냈다. 성경을 꺼내면서 나는 나의 본 모습을 보고야 말았다.

'남들은 내가 넥타이 매고 강단에 서니까 박사님, 교수님, 선교사님, 목사님… 별별 세상의 칭호를 붙여 불러 주지만, 결국 나의 본모습은 조그만 시련 앞에서 성경책도 예수님도 눈에 보이지 않는 사람이구나. 그저 만만한 자기 부인한테 당신 만난 것부터 잘못이라는 원망부터 하고 있는 어리석은 사람이었구나.'

그 청년은 내게 말씀을 읽어 주었다.

"너희가 말세에 나타내기로 예비하신 구원을 얻기 위하여 믿음으로 말미암아

하나님의 능력으로 보호하심을 입었나니 그러므로 너희가 이제 여러 가지 시험을 인하여 잠깐 근심하게 되지 않을 수 없었으나 오히려 크게 기뻐하도다. 너희 믿음의 시련이 불로 연단하여도 없어질 금보다 더 귀하여 예수 그리스도의 나타나실 때에 칭찬과 영광과 존귀를 얻게 하려 함이라"(베드로전서 1: 5-7).

나는 신학 공부도 했고, 그때는 신학교에서 선교학을 가르치고 있기도 했다. 그런데 그때까지 베드로전서에 그런 말씀이 있는 줄도 몰랐다. 그 말씀을 읽어 주면서 청년이 내 손을 잡고 눈물을 흘리면서 기도하는데, 나는 그만 그 자리에서 깨어져 버리고 말았다.

이 말씀을 읽는데, 내 몸에 전율이 일었다. 나는 지쳐 있었다. 도망가고 싶었다. 그만두고 싶었다. 그런데 주님이 나를 골탕 먹이시려고 고생시키시려는 것이 아니라, 칭찬과 영광과 존귀를 얻게 하려는 것이라는 그 말씀의 위로가 내게 강같이 넘쳐 흘러들었을 때 나는 전율했던 것이다.

'이것이 바로 베드로가 오순절에 체험했던 성령 세례구나!'

나는 그때 알았다. 내가 성령 세례를 받았다는 것을! 성령님이 내게 임하시는 순간, 끝도 없이 애끓는 회개가 내 속에서부터 일었다. 청년과 나는 손을 잡은 채 서로를 위해 기도했다. 눈물, 콧물 범벅이 되었다. 나도 그를 위해 성경 말씀을 읽어 주었다. 우리는 손을 잡고 서로를 위해 뜨겁게 기도해 주었다.

비행기가 착륙한다는 안내 방송이 흘러나왔을 때, 나는 비로소 30분이 아니라, 4시간 30분이라는 시간이 흐른 것을 알았다. 그리고 어느새 내 몸은 새로 태어난 것처럼 가뜬해져 있었다. 성령님이 고쳐 주신 것이다. 비행기에서 내리자마자 사람들로 북새통이었다. 그 청년은 혼잡한 사람들 사이로 바쁘게 걸어갔다. 나는 저 사람과 서로 연락을 하고 교제를 하면 신앙생활에 도움이 되겠구나, 하는 생각이 들었다. 그래서 그 청년을 불러 세웠다.

"이것 보세요! 이것 보세요!"

그 청년이 뒤돌아섰다.

"저, 이름과 전화번호를 알려 주세요. 우리 연락하면서 신앙생활에 서로 도움이 되기를 바랍니다."

나는 정말 그 청년과 계속적인 만남을 갖고 싶었다. 그런데 그 청년의 대답은 나의 상식과 상상을 초월한 것이었다. 그 청년은 나를 귀찮은 듯 나를 쳐다보며 대답했다.

"You don't have to remember my name, I don't have to remember your name(내가 당신의 이름을 기억할 필요도 없고, 당신이 나의 이름을 기억할 필요도 없습니다.) 왜냐하면 그것은 세상 것이기 때문에 썩어져 없어질 것이니까요. 내가 당신에게 가르쳐 준 성경 말씀을 당신이 기억하고, 당신이 내게 가르쳐 준 성경 말씀을 기억했다가 우리 천국에서 만납시다. 그때 오늘 나눈 말씀으로 서로를 기억할 수 있을 것입니다."

그때, 나는 한방 얻어맞은 느낌이었다. 내가 50여 년이 넘도록 살아오는 동안 맞은 가장 강력한 라이트 훅이었다. 정신을 차리고 저만치 앞서 나가는 청년을 바삐 따라 나갔지만, 복잡한 사람들의 틈새에서 그 청년의 뒷모습은 더 이상 찾을 수 없었다.

그제야 나는 그가 내게 찾아온 예수님이었다는 것을 알게 되었다.

우리 곁에는 예수님이 늘 계셔서 우리가 괴로울 때 우리를 위로해 주시고, 우리가 눈물을 흘릴 때 우리에게 새 희망을 주시고, 우리가 힘이 없어 주저앉을 때 우리를 사랑으로 안아 일으켜 주신다. 그런데 그것도 모르고 힘들어하고 불평을 하니, 허름하게 생긴 외국인 청년을 통해 말씀을 주시고 성령으로 뜨겁게 해 주신 것이다. 그런데도 이 사람을 붙들고 전화번호 어쩌구 하고 섰으니까 주님이 귀에 대고 직접 말씀해 주신 것이다.

"이 멍청한 박세록 장로야. 내가 네 곁에 있는데, 그것이 바로 은혜인데, 그것만 있으면 이 세상에 안 될 것이 없는데, 왜 지금도 세상을 바라보고 있느냐. 땅에 있는 것에 소망을 두지 말고 하늘에다 소망을 두고 힘내야지."

예수님의 그 자상하심과 풍성한 사랑을 우리는 너무도 많은 경우에 모르고 지나쳐 버린다. 바로 내 자신의 이야기다.

:: 내가 울고 있지 않느냐

우리는 한국과 미국에서 '사랑의 의료품 나누기 운동'을 벌려 건물만 있던 병원 내부를 채워 나가기 시작했다. 병상 5백 개, 분만실 2개, 수술실 3개, 응급실, 회복실, 물리 치료실을 갖추고, 내과·외과·산부인과·소아과·이비인후과·안과 등에 기자재와 의약품을 채우는 일은 정말이지 쉽지 않았다.

선교회라야 회원이 몇 명 되지 않았으니, 한국과 미국을 몸으로 뛰면서 집회나 강연을 열어서, 그리고 개인적인 접촉을 통해서 모금해야 했다.

나는 한 사람이라도 더 북한에 데리고 가려고 늘 애를 썼다. 직접 보면 마음에 감동을 받아 동역하고 헌금을 할까 해서였다. 여러 사람들에게 권면해서 한 번에 10–15명씩 팀을 만들어 북한에 데리고 갔다. 50년 만에 가족을 찾으러 가는 사람도 있었고, 호기심에 가는 사람도 있었고, 또 그 중에는 개인적인 욕심과 목적을 위해 가는 사람도 있었다. 모두 목적이 다른 사람들이라 처음부터 맞추기가 여간 어려운 것이 아니다. 심지어 선교를 위해 간다는 사람들도 현실을 제대로 이해 못하고 의욕만 가지고 따라나서는 경우도 많았다.

그들의 가족을 찾아 주기 위해, 그들의 요구를 들어주기 위해 북한 사람들과 피 말리는 줄다리기를 하는 것은 아예 모른 체, 조금이라도 문제가 생기거나 일정에 차질이 생기면 비난의 화살은 모두 내게 돌아왔다.

그러니 전연 이성적으로 이해할 수 없는 북쪽 사람들과 자기들의 요구 조건이 맞지 않으면 금세 비난하는 미국 동포들 사이에 끼여, 나는 항상 '샌드위치'가 되어 쌍코피가 터졌다. 그 중에 다녀와서 조용히 있는 사람은 그나마 다행이다. 다녀와서는 다른 단체를 만들어 이제부터는 자기도 북한 선교를 한다는 사람들, 또 나를 시기하고 우리 선교회가 하는 일에 대해 별별 루머를 터트리는 사람들도 여러 명 있었다.

북한은 하나 갖다 주면 두 개를 요구하고, 그렇지 않으면 못 들어가게 하니 나는 그동안 본의 아니게 여러 사람에게 거짓말을 한 꼴이 되고 말았다. 그야말로 이러지도 못하고 저러지도 못할 때가 많았다. 어쨌든 이렇게 해서 150만 달러를 모금할 수 있었다. 월드비전에서 10만 달러, 기아대책본부에서 10만 달러를 헌금했다. 그리고 나머지는 내 건물을 판 돈을 모자랄 때마다 채워 넣었다. 우리는 후원금이 마련되는 대로 필요한 의료 기자재를 사서 북한으로 직접 날랐다.

그때는 화물을 운송해 주는 배나 항공편이 전혀 없었기 때문에, 한번 기자재를 나르려면 보통 일이 아니었다. 우리 선교회 가족들이 등에 지고 메고 해서 공항까지 가서, 직접 항공기에 옮겨 싣고 평양으로 들어갔다.

미국 노스웨스트 항공사에서는 우리가 좋은 일하는 사람들이라고 운임을 받지 않고 베이징까지 실어 주었다. 하지만 '조선민항'을 탈 때는 한 푼도 어김없이 운임을 물어야 했다.

"당신네들을 돕기 위해 가져가는 것입니다. 그곳에다 무상으로 주는 것입니다. 운임을 물리지 않으면 이 다음에 그만큼 더 가져올 수 있지 않습니까?"

우리가 별말을 다했지만, 북한 조선민항 사람이 하는 말은 간단했다.

"우리는 모릅네다. 비행기에다 물건을 실었으면 운임을 받아야디요."

우리의 대화는 이렇게 끝나기 마련이었다.

하지만 정작 문제는 다른 데 있었다. 우리 동역자들은 그런 무거운 짐을 들어보지 않던 사람들이라 그곳에 도착하면 허리 아픈 사람, 어깨 아픈 사람 또 몸살이 나서 드러눕는 사람들이 속출했다. 그런데 우리의 이 고통을 아는지 모르는지, 북한 측은 우리를 문전박대하기 일쑤였다.

"이것이 돈으로 얼마치입네까?"

"왜 미제를 가지고 오지 한국제를 가지고 왔습네까?"

"왜 새것을 가지고 오지 쓰던 것을 가지고 왔습네까?"

그들과 신경전을 벌이느라 입술이 부르튼 적이 여러 번이었다. 아전인수도 유분수고, 살려줬더니 보따리 내놓으라는 것도 한 두 번이지, 아무리 생각해도 자신들을 도와주러 온 사람들한테 이럴 수는 없는 법이었다. 우리가 하도 기가 막혀 언짢은 표정을 하면 오히려 불평을 했다.

"누가 달라고 했습네까?"

'하나님, 제가 왜 이런 대접을 받아야 합니까? 무슨 돈을 버는 것도 아니고 상을 주는 것도 아닌데, 제가 왜 이러고 있습니까?'

당장이라도 그만두고 싶은 마음이 치밀어 올랐다. 하지만 그때마다 항상 사정하는 것은 우리 쪽이었다.

"이 의약품 받아서 죽어 가는 사람 먼저 살려 주세요. 우선 생명을 살립시다."

"생명을 살려야 민족도 있고, 통일도 있을 것 아닙니까?"

투정하는 그들 옆에서 눈물 흘리고 계시는 예수님의 모습을 보기 때문이었다.

'내가 이렇게 답답하고 가슴 아픈데, 예수님은 얼마나 안타까우실까?'

우리가 손을 비비며 사정하는 것이 '그들에게' 가 아니고 '예수님에게' 라고 생각하니 못할 일이 없었다. 그때부터 어떤 푸대접과 모욕을 받아도 큰 문제가 되지 않았다. 이렇게 빡빡한 북한이라는 애인에게 내 사랑을 받아 달라고 사정하게 된 것, 그를 위해 내가 더 기도해야겠다고 생각하게 된 것, 그것은 어쩌면 뜨거운 기적이었다.

:: 유훈 병원

북한 측 관리들은 평양제3병원을 '유훈 병원'이라고 불렀다. 김일성 주석이 생전에 재미 동포 의료인들의 조국 사랑하는 정성을 좋게 생각하고 "최대한 협조하여 병원을 잘 꾸리도록 하라"는 훈시를 내렸기 때문이었다. 나중에야 관리의 입을 통해 듣게 되었다.

"우리는 남녀노소를 막론하고 토요일마다 외워야 하는 훈시가 있습네다. 지난 번에 김일성 주석이 '박세록 선생이 주동이 되어 조국을 사랑하는 재미 동포 의사들이 평양제3병원을 도와 개원해 주었습니다.' 하는 훈시를 내리셨습네다."

이 말을 들은 지 얼마 안 돼, 우리 일행은 사리원을 방문한 적이 있었다. 친구의 여동생을 만나기 위해서였다.

우리 식구가 원산에서 살았기 때문에 나도 물론 북에 살고 있는 외가 가족이 있었다. 하지만 북한에 들어가서 이제까지 한 번도 내 친지를 찾거나 만나러 다녔던 적은 없다. 그들이 궁금하지 않아서가 아니었다. 내가 북한에 들어온 것은 내 사사로운 육정을 채우기 위해서가 아니라, 주님의 뜻을 이루기 위해서라는 생각 때문에 그래서는 안 된다고 생각했던 탓이다. 하지만 나와 같이 미국에 살고 있는 친구들이 북한의 가족들을 찾아 달라고 부탁하면 외면하기가 쉽지 않았다.

사리원에서 나는 우리를 기다리고 있는 호호백발 꼬부랑 할머니 한 분을 만났다. 속으로 나는 아마 여동생은 나오지 못하고 어머니가 대신 나왔나 보다고 생각했다. 안내원이 그 노파에게 우리를 소개했다.

"미국에서 온 의사 선생이라요."

그랬더니 노파는 대뜸 이렇게 물었다.

"우리 조국에 큰일을 해 주신 의사 박세록 선생을 아십네까?"

"이 선생이 바로 그분이라여."

관리의 대답에, 노파는 깜짝 놀라며 내 손을 잡고 눈물을 흘리는 게 아닌가.

우리 일행 모두가 북한의 훈시 효과를 실감한 순간이었다.

키가 작달막한 이 노파는 자기의 나무 그루터기 같은 거친 손으로 내 손을 잡고 문지르며 마치 친형제를 만난 듯 반가워했다. 가슴이 뭉클해졌다. 그런데 노파의 입에서 의외의 말이 나왔다.

"오라버니는 안녕하십니까?"

'아, 그렇다면 바로 이분이 여동생이었구나.'

그제야 나는 그 노파가 친구의 여동생인 줄 알고 깜짝 놀랐다. 얼마나 고생을 했으면 저토록 늙었을까, 하는 생각에 가슴이 아팠다. 이 노파가 자기 곁에 있는 한 중년 남자의 손을 잡아 내 손에다 쥐어 주며, 자기 막내 남동생이라고 소개했다. 그 남동생은 첫눈에 보기에도 벌써 폐병 말기 환자임을 알 수 있었다.

"선생님, 선생님은 우리 조국을 위해 큰일을 많이 한 분이니, 선생님이 부탁하면 높은 사람들이 들어 줄 것이네. 이 동생이 밤만 되면 기침을 하고 피를 토하면서 잠을 이루지 못하니 곧 죽을 것 같습네. 그런데 이 동생은 철을 깎는 제철 공장에서 일을 합네. 높은 사람들에게 부탁해서 좀 먼지가 덜 나는 곳에서 일할 수 있게 다른 곳으로 옮겨 주시라요."

나의 손을 잡고 하소연을 하는 늙은 누님의 눈에 어느새 눈물이 고였다. 나는 그 늙은 누님의 눈에서 혈육을 살리고자 애타게 외치는 피붙이의 끈끈한 사랑을 보았다.

'내가 내 피붙이를 살리지 않으면 어느 누가 살릴 수 있단 말인가.'

같이 갔던 관리가 잘 선처하겠다는 말을 했지만, 확인할 길이 없었다.

이런 일이 있은 뒤, 나는 미국에 살고 있는 김일성 주석의 어릴 적 친구라고 하여 북한에서 대대적인 환영을 받고 있는 의사 손 박사를 모시고 북한에 갔었다. 북한 사람들과 상대하고 줄다리기하기가 하도 힘이 들어 혹시 이분이 함께하면 도움이 될 수 있겠다고 판단을 했던 것이다.

늘 북한에 갔다가 주기만 하고, 들어가면서부터 나올 때까지 모든 것을 그들이 원하는 대로 움직여야 하는 일은 그래도 견딜 만했다. 하지만 약속을 밥 먹듯이 뒤집고 갑자기 취소하고, 자기네들에 대해서 좋지 않은 말만 한다면서 트집을 잡는 일은 참으로 견디기 어려웠다.

또 북한 선교를 한다면서 성경 한 권 제대로 전달하지 못하는 것이 늘 마음에 부담이 되었다. 과연 내가 올바른 사역을 하고 있는지 확신이 서지 않을 때도 있었다. 그러다 보니, 물건을 전달하는 일이라도 제대로 하고 싶었다. 나는 늘 이 물건이 누가 쓰며 어디로 가는지 확인하자고 꼬치꼬치 대들기도 많이 했다. 그러니 자연히 북한 관리와 사이가 편할 리 없었다.

그런데 내 기대와 달리, 손 박사와 함께 방문한 것이 그들에게 평양제3병원의 설립 추진자를 자기들의 영웅 손 박사로 이름을 바꾸는 계기를 만들어 주고 말았다. 늘 부담스러운 기독교인 박세록 대신 손 박사의 이름을 올리는 것이 그들에게는 여러 모로 유익한 일이었을 것이다. 어쨌든 이 일로 인해 그 다음부터는 평양제3병원은 손 박사가 주가 되어 하는 것으로 꾸며졌다.

:: 우리가 아니면 누가

그 다음 해에 장마, 가뭄, 해일 등의 연속된 재해로 전 국토가 쑥대밭이 되었다. 장질부사가 생겨서 이질 환자가 급속도로 늘어나고 있다고 했다. 우리는 급하게

20만 달러를 모아서 수액을 사 날랐다. 장질부사 환자들은 1병에 1달러 27센트 하는 수액을 주면 살아날 수 있기 때문이다. 수액 수천 병과 항생제를 사 모으고, 봉지라면 30만 개도 가져갔다. 약으로 환자를 살리고, 라면을 끓여서 먹여야겠다는 생각뿐이었다.

우리가 북한에 들어갔을 때 관리가 말했다.

"수해가 나고 가뭄이 들어 일부 지역이 어렵긴 해도 다른 곳은 아무 일 없습니다."

서방 언론은 북한의 어려운 형편을 경쟁이나 하듯 보도하고 있었다. 서방 통신에 의하면 북한에서는 현재 200만 명이 굶어 죽고 거의 같은 수의 사람들이 심각한 기아 상태에서 하루하루를 연명하고 있다고 했다. 진작 위기를 호소하고 나섰어야 할 북한의 실무자들은 태연하기만 했다. 대화를 해 보면 인식의 차이라는 말을 실감하지 않을 수 없었다.

"군인 100만, 평양 시민 200만, 이렇게 300만 명만 살고 그 나머지는 다 굶어 죽어도 우리는 승리할 것이오."

"우리는 괜찮다는데 왜 당신들이 자꾸 와서 도와주겠다고 그러느냐 말이오."

"도와주려면 조용히 놓고 나가시오. 우리가 알아서 분배하겠소."

나는 서양 언론이 떠드는 것처럼 북한이 그렇게 쉽게 무너지지 않으리라는 것을 직감했다. 마음이 지척이면 천리도 지척이라는데 우리와 그들 사이에 패인 인식의 웅덩이는 이처럼 깊고 넓었다.

문덕은 북한의 가장 큰 곡창지대의 하나인데, 이곳이 장마에 큰 해일까지 겹쳐 논밭은 말할 것도 없고 온 동네가 물에 떠내려가 마을의 형상만 앙상하게 남아 있었다. 수많은 사람들이 길가에 나와서 초점 잃은 눈으로 멀거니 하늘을 쳐다보며 누워 있었다. 그들은 자동차가 앞이 안 보일 만큼 먼지를 일으키며 지나가도 벌린 입을 다물 기력조차 없어 보였다.

우리는 그 모습이 너무 안타까워서 의약품과 식량을 그곳으로 싣고 갔다. 그리고 팔을 걷어 올리고 환자들을 진찰하고 생명을 살리자고 고집했다. 그런데 북한 측은 환자를 돌보지 못하게 했다.

"우리가 알아서 하니까네 두고 가시라요."

우리는 기가 막혔다. 누가 환자를 돌보는 것이 뭐가 그렇게 중요한가. 지금 당장 사람의 생명이 죽어 가고 있는데. 나는 따지고 들었다.

"우리가 왜 환자를 보지 못합니까?"

하지만 그들은 막무가내였다. 우리는 눈물을 흘리며 그 자리를 떠날 수밖에 없었다. 그때 나는 이들을 반드시 우리 손으로 살려야 한다고 눈물로 다짐했다. 사리원에서 만난 늙은 남매의 모습이 내 머릿속에 떠올랐다. 그리고 그때 다짐했던 말도 뚜렷이 되살아났다.

'우리 동족을 우리가 살리지 않으면 어느 누가 살릴 수 있단 말인가.'

나는 돌아오는 길에 서울에 들러 서울에서 가장 큰 교회 중 하나인 Y교회에서 간증 집회를 하며 눈물로 호소했다.

"동족을 도웁시다. 불쌍한 생명들을 살립시다."

"소돔과 고모라는 의인 열 명이 없어서 불바다가 되었는데, 하나님은 지금 우리 동족들을 살리기 위해 열 명의 의인을 찾고 있습니다."

한참 뜨거워져 금방 큰일이라도 날 것 같더니 결국은 자기들이 자기 교회 이름으로 해야 한다며 열기가 식어 버리고 말았다.

:: 산더미 같은 침대 5백 개

기자재를 나르면서 가장 큰 난관은 병상 침대 500개를 북한에 들여놓는 일이었다. 우리 선교회 가족들은 고민에 빠졌다. 우선 미국에서 만들면 도저히 북한으로 가져갈 엄두가 나지 않았기에, 침대는 서울에서 만들기로 했다.

제작 주문한 침대가 만들어져서 인천 앞바다에 산더미처럼 쌓였는데, 이것을 평양으로 보낼 길이 없었다.

침대 때문에 한국 통일원의 고위 관리를 만났다.

"우리 동역자들이 눈물로 기도하며 열심히 노력해 침대 500개를 만들었습니다. 이걸 북한에 보낼 수 있도록 정부에서 허가를 내 주십시오. 이것은 군수물자도 아니고 병들어 죽어 가는 동포들의 생명을 살리기 위한 것이니 인도적인 차원에서 좋게 생각하고 속히 보낼 수 있게 협조해 주시면 고맙겠습니다."

"예, 잘 알겠습니다."

"그런데 한 가지 문제가 있습니다."

"무엇입니까?"

"워낙 부피가 크고 무거워 보낼 길이 없습니다. DMZ를 통해 직접 수송하도록 허락해 주시기를 바랍니다."

"먼저 북한에서 받겠다는 약속을 받아 오십시오."

우리는 한국 정부와 여기까지 진전시켜 놓고 평양으로 달려갔다.

그러나 평양의 관리들도 서울 관리들과 같은 대답이었다.

"먼저 남쪽에서 이 일을 언론에 공개하지 않고 보내겠다는 약속을 받아 오면 우리도 받겠습니다."

다시 남쪽으로 내려 왔다.

"허락은 저쪽에서 먼저 해야 하고 또 언론에 공개하지 않는다는 것은 자유 국가에서 불가능합니다. 최선은 다하지만 보장은 못합니다."

남북의 줄다리기에 우리는 시간과 정력만 허비했다. 그리고도 합의점을 찾아내는데 실패하고 말았다. 어쩌면 남북한 정부의 시각과 처방이 이렇게 한결같이 똑같을 수 있을까.

어린 시절, 한국에서 반공 교육을 받고 자랄 때 나는 한국은 천사의 나라고 북한은 악마의 나라라는 생각을 했지만, 이렇게 남북을 오가며 '죽어 가는 생명을 살립시다' 하고 외치는 동안 나를 포함해 남북의 모든 사람들은 다 같은 족속임을 깨닫게 되었다.

그래도 어떻게든 평양으로 들어가야 하니까, 인천 앞바다에서 여기저기 수소문을 해 보았다. 하지만 가뭄에 콩 나듯 그것도 비공식적으로 있다는, 평양으로 들어가는 배편을 구하기는 그야말로 하늘의 별 따기였다.

우리는 침대 500개가 쌓여 있는 부둣가에서 아침마다 기도회를 가졌다.

"하나님, 평양으로 들어갈 수 있는 길을 열어 주세요."

2주 동안 기도하며 여기저기 알아보았지만, 길은 열리지 않았다. 우리는 침대 더미를 볼 때마다 한숨이 푹푹 나왔다. 이렇게 놔두는 것도 하루이틀이었다. 비가 오면 어떻게 할 수도 없이 비를 쫄딱 맞아야 했다. 더 이상 무작정 기다릴 수 없었다.

결국 나는 미국으로 이것을 보냈다가, 네덜란드와 홍콩을 거쳐 대련으로 그리고 남포로 들여보내는 수밖에 없다는 판단을 내렸다. 침대 500개가 본의 아니게 6개월에 걸친 세계 일주를 하게 된 셈이다. 그렇게 결정을 내리고 나는 미국으로 돌아왔다.

미국에 도착해 여기저기 알아보고 있는데, 그날 아침 전화가 왔다. 서울에서 물건을 싣고 평양으로 갔다가 평양에서 다시 물건을 싣고 비밀리에 다니며 장사를 하는 남미의 혼두라스 상선 선장이었다. 스케줄대로라면 인천에 와서 물건을 싣고 남포로 가야 하는데, 갑자기 평양에 갈 물건이 취소되었다고 했다.

"여기 와서 듣자 하니, 평양으로 침대 좀 보내게 해 달라고 매일 아침 기도하는 사람들이 있다고 해서요. 이왕 빈 배로 가는 거, 우리가 실어다 드리겠습니다."

나는 이게 웬일인가 싶었다. 왜 갑자기 그 물건이 취소됐는지는 하나님만 아신다. 아니 나도 물론 안다.

'감사합니다. 하나님! 정말 하나님은 못하는 일이 없으시군요.'

그렇게 해서 침대는 6개월이 아니라 단 사흘 만에 인천에서 남포로 옮겨졌다.

그 다음부터 나는 두려움이 없어졌다. 못할 일이 하나도 없었다. 하나님이 친히 일하시니까. 그 뒤로 모두 150만 달러 상당의 평양 병원의 내부 의료 기구와 기자재를 다 갖출 수 있도록 하신 걸 보면, 정말 그렇다.

:: 제3의 존재, 하나님이 세우신 평양제3병원

개원식 전에 가서 병원을 대충 둘러보니, 우리가 보낸 담요가 보이질 않았다. 관리인을 붙들고 물어보았다.

"담요가 어디 있습니까?"

"어디서 개도 덮지 못할 담요를 보냈수까?"

오히려 역정을 냈다. 나는 도무지 이해가 되질 않았다. 평양 병원 설립을 지원하기 위해 한국의 많은 사람들이 정성을 다해 장만한 담요 1천 장을 개도 덮지 못하는 것이라고 비난하는 데는 그냥 지나칠 수 없었다. 따지고 들었다.

"어느 정도인지 그 담요 좀 봅시다."

"다 버렸다고 하지 않았습네까."

"그러지 말고 당장 가지고 오시오."

나는 강경하게 말했다. 잘못하면 2천여 명이 참석한 개원식 분위기가 냉랭해질 수 있는 순간이었다. 이러한 상황을 인식해서인지 그제야 마지못해 담요를 가지고 왔다. 파란색의 고급 담요가 그렇게 질이 좋을 수 없었다. 실무자는 난처한 표정을 지었다. 나는 일단 개원식을 마치고 자초지종을 듣기로 했다.

주님이 북한에 병원을 세우라는 비전을 주신 지 햇수로 6년 만에, 공사를 시작한 지 4년 만에 드디어 1995년 11월 22일 '평양제3병원' 개원식을 했다.

처음 병원 개원을 돕기로 하고 나서 병원 이름 때문에 실랑이가 있었다. 원래이 병원은 '김○○혁명투사병원'이란 이름으로 시작되었다 했다. 우리는 '사랑병원, 평화병원, 누가병원, 통일병원' 가운데 하나를 택하자고 했다. 하지만 북한측은 그것은 곤란하다며 난색을 표했다. 그런데 북한은 평양에 제1, 2병원이 있으니 제3병원으로 하자고 했고, 우리도 혁명투사병원보다는 훨씬 중립적인 이름이라 생각해서 받아들였다.

이 병원이 나를 비롯한 북미기독의료선교회 회원들의 것도 아니고, 북한의 것도 아니고, 당연히 '제3의 그분', 하나님의 것이라고 생각했기 때문이다. 평양제3병원의 간판은 그래서 나를 더 감격시켰다. 정말 주님이 하신 일임을 알기에….

2천여 명이 넘는 병원 일꾼들이 줄을 지어 서 있었고, 대형 깃발들이 군악대의음악에 맞추어 펄럭거렸다. 병원 정문 옆에 세워진 "이 병원은 위대한 수령님의사랑으로 북미의료협회의(그들은 그렇게 불렀다)의 도움을 받아 병원을 열게 되었다."는 자그마한 격려비도 눈에 들어왔다.

이 개원식을 위해 미국에서 네 분의 동역자와 한국에서 이동원 목사님, 이렇게다섯 분이 참석하셨다. 개원식 테이프를 자르는 나의 감회는 남다른 것이었다.

'북한에 이런 큰 병원을 세우다니…. 이 병원이야말로 주님이 세우게 하신 것이다. 이 병원의 개원을 위해 얼마나 많은 분들이 기도해 주시고, 후원해 주셨는가.성도들의 눈물 기도와 피와 땀 같은 헌금으로 세워진 것을 저들이 알 것인가.'

북한의 끄나풀이냐는 소리를 들어가며 모금 운동을 하던 일이며, 기자재와 의약품을 져 나르고 몸살이 났던 일이며, 기자재를 꼬투리 잡던 북한 측 인사들과 실랑이를 벌인 일까지도 그날에는 다 감격스럽기만 했다.

개원식에서 평양의 최고위 인사와 함께 근사하게 테이프 커팅을 한 다음이었다. 그 자리에서 나는 병원 내에 예배실을 설치해 달라고 진지하게 요구했다. '예배실' 이란 간판을 달게 해 달라고 요구한 것이다. 그러나 병원 실무자들은 그것만은 곤란하다며 난색을 표하고 그 대신 방 하나를 명예원장실(그들은 나를 평양제3병원 명예원장이라 불렀다.)이라 칭해도 좋으니 마음대로 잘 꾸며 보라고 했다.

당분간은 이동 십자가를 만들어 우리가 있을 때는 걸어 놓고 예배를 드리고, 우리가 떠날 때는 잠시 내려놓을 수 있도록 해야겠다고 생각했는데 실천에 옮기지 못했다. 우리는 그 방에 모여 찬송을 부르고 기도도 했다. 나는 이 예배실이 장차 교회가 될 뿐 아니라 북한 선교의 요람이 될 것으로 믿고 있었다.

공식적인 개원식이 끝난 다음, 우리 일행과 북한기독교연맹 목사님들 세 분, 이렇게 8명은 정문 앞에서 찬송을 부르며 눈물과 감격 속에서 감사 예배를 드렸다. 우리가 예배를 드리기 시작했을 때 우리를 둘러싸고 있던 관중들 모두가 순식간에 사라져 버렸다. 아쉬웠지만 우리 일행은 한마음으로 기도했다.

"하나님, 주님이 친히 세우신 병원이 오늘 개원을 했습니다. 이 병원을 통해 북한의 병든 영혼들이 살아나며, 주님의 사랑을 깨닫게 하옵소서. 복음이 전파되게 하옵소서. 남북이 화해하게 하옵소서."

개원식이 끝난 다음 실무자가 와서 담요가 처리된 경위에 대해 설명해 주었다. "당초 한국에서 제조했다는 표식은 다 떼고 보내기로 하지 않았습네까? 그런데 1천 장 중에 세 장이 한국 상표가 붙은 그대로 들어왔다 이겁네다. 누구 목 달아나는 꼴을 보자는 겁네까?"

그들은 한국은 모두 못 살고 어렵다고 가르쳤는데 이처럼 질 좋은 담요가 한국에서 만들어진다는 것을 알면 지금까지의 모든 교육이 허구로 드러난다는 것을 염려하고 있었던 것이다. 나는 실무자를 더 채근하지 않았다. 이것이 북쪽의 한계라고 생각되었기 때문이었다.

:: 영생관에서의 주기도문

평양 제3병원 개원식을 마친 다음, 우리 일행 5명은 '금수동산 영생관' 으로 인도되었다. 이곳은 한국의 청와대 같은 곳으로, 김 주석이 생전에 집무를 보던 곳인데, 김 주석 사후에는 그 시체를 안치해 놓은 곳이었다. 날마다 북한 전역에서 모인 수많은 인민들이 김 주석에게 절하고 방문하는데 우리가 도착한 그날도 사람들이 입장하기 위해 길게 줄을 서서 기다리고 있었다.

우리 일행은 귀한 손님 대접을 받고 그들보다 먼저 들어갔다. 문으로 들어가는 순간, 위에서 압축된 공기가 나와 공기 샤워를 시켰다. 옷이나 머리에 붙어 있는 먼지나 균을 제거하는 과정이라고 했다.

웅장한 동상과 대리석들로 장식된 화려한 입구들을 지나면서 잔뜩 위축되어 있던 우리는 공기 샤워를 하면서 더욱 쪼그라들고 말았다. 방 안을 들어가니 커다란 유리관이 보였다. 김 주석은 유리관 속에 양복저고리를 입고 조선 베개를 베고 있었다. 완전 무장을 한 수십 명의 군인이 총 끝에 날카로운 칼을 꽂은 채 쥐새끼 한 마리도 얼씬 못하게 삼엄한 경계를 하고 있었다.

안내자가 일러주었다.

"다섯 명씩 그룹을 지어 오른손 쪽에서 절하고, 머리, 왼손 쪽으로 돌아가며 하되 발쪽에서는 하지 않아도 됩니다."

우리는 앞이 캄캄해졌다. 총칼과 매서운 감시 속에서 우상에게 절을 해야 하는 것이었다. 절을 못한다고 고집을 부릴 형편이 아니었다. 완전 무장한 군인들의 칼 끝이 유난히 뾰족해 보이고, 몸은 사시나무 떨리듯 떨렸다. 동유럽에서 온 것으로 보이는, 키가 장대같이 큰 서양 사람들은 안내자의 지시에 따라 시키는 대로 절을 꾸뻑꾸뻑하면서 돌아갔다. 곧이어 우리 차례가 되었다.

북한 관리들이, "자 이제 절을 하십시다." 하면서 허리를 굽혔다. 그때 우리는 서로 약속이나 한 듯 손을 꽉 잡고 주기도문을 외우기 시작했다.

"하늘에 계신 우리 아버지, 우리 아버지…."

그런데 이게 어쩐 일인가. 얼마나 긴장을 했던지 그렇게 밤낮으로 외우던 주기도문이 도무지 생각이 나지 않았다. 그렇게 외워지지도 않는 주기도문을 중얼대면서 '죽는구나' 하는 생각뿐이었다.

옆에서 관리들이 툭툭 쳐서 이번에는 머리 쪽으로 갔다. 이젠 숫제 주기도문의 첫 대목조차 생각나지 않았다. 그 짧은 순간 머릿속으로 별별 생각이 다 났다. '북한 선교', '민족 통일'을 외치며 목숨까지 바쳐 헌신한다고 정신없이 뛰어다니던 일, 북한에서 부모님을 따라 남쪽으로 피난 내려와 지금까지 고생하며 살아온 일들, 그리고 이렇게 내 생이 끝날지도 모른다는 불안이 눈앞을 획획 지나갔다.

'아, 이렇게 허망하게 죽게 되면 어떡하나? 나 없으면 세상 물정 모르는 집사람은 어떻게 살 것인가? 혹시라도 아비가 빨갱이라 하여 아이들 시집 장가 가는 길이 막히면 어떡하지? 아흔 살이 다 되신 우리 어머니, 주위에서 권사님은 아들이 성공한 의사이자 교수로 명성도 있고 돈도 잘 벌고 하니 축복받은 사람이라며 부러워들 한다는데, 그런 아들이 밥 먹듯이 북한만 드나들고 얼굴을 보여 주지 않는다며 새벽만 되면 우리 아들 북한에서 죽지 않고 살아 나오게 해 달라고 눈물로 기도한다는데…. 내가 북한에서 감쪽같이 죽게 되었다는 소식을 들으면 우리 어머니는 얼마나 충격을 받으실 것인가.'

그런 상념에 빠진 채 다시 떠밀려서 왼손 쪽으로 갔다. 이제는 아예 사지가 뻣뻣하게 굳어지고, 머릿속은 하얗게 텅 비어 버려서 무슨 생각을 할 수도 없었다.

그런데 바로 그때, 갑자기 그 많은 군인들이

"철커덩!"

하면서 일제히 총을 들어올렸다.

"아이쿠!"

나는 그만 혼비백산이 되어 아득한 낭떠러지로 굴러 떨어지는 것 같았다. 아무 것도 들리지 않았고, 아무것도 보이지 않았다. 정신이 나가 있는 우리에게 누가 갑자기 등을 툭 쳤다. 소스라치게 놀란 나의 입에서 "어이쿠!" 하는 비명이 저절로 나왔다. 그런데 안내를 맡은 관리의 입에서는 의외의 말이 나왔다.

"이제 다 끝났수다."

우리는 정신없는 상태에서도 "걸음아 날 살려라" 하며 그곳을 빠져 나왔다. 그런데 이게 또 무슨 소린가.

"박 선생, 박 선생!"

나만 따로 부르는 소리가 들린 것이었다.

나는 영생관에서보다 더 크게 실망을 했다.

'목을 치려면 모두 다섯 명을 함께 치지 왜 나만 또 따로 부르나.'

내 머릿속에 이런 한탄과 원망과 불안이 들어찼다.

"박 선생님이 대표로 방명록에다 추모의 글을 좀 써 주시라요."

방명록에다 추모의 글을 써 달라고 나를 부른 것이라는 말에 안도의 숨을 몰아쉬었다. 나는 다음과 같이 방명록을 작성했다.

'진정한 의미의 남북 화해가 하루 속히 오기를 기원합니다.'

북한 관리는 그 방명록 내용을 걸고 넘어졌다.

"추모의 말을 쓰라는데 왜 남북 화해라는 말이 나옵니까?"

무엇을 또 어떻게 트집 잡을지 알 수 없는 상황이었지만, 정신없는 가운데서도 나는 이렇게 말할 수 있었다.

"나는 평생에 나를 찾아오는 환자들을 치료하고, 학생들을 가르치는 일 이외에는 세상에 대해 아는 것이 하나도 없습니다. 그래서 이렇게 쓴 것입니다."

나의 해명에 그들은 "그래도 그렇지…." 하며 불만을 표시했다. 그런 북한 관리들을 뒤로 하고, 나는 다른 일행들이 기다리고 있는 곳으로 쏜살같이 달려갔다. 일행들은 내가 살아서 나오는 모습이 신기한 듯 두 팔 벌려 나를 환영했다. 우리는 함께 뒤엉켜서 울었다.

'하나님이 죽지 않게 또 살려 주셨구나.'

그날 내가 그렇게 울었던 진정한 이유가 있다.

세상 속에 묻혀 살면서 나는 '나 하나, 내 몸뚱이, 내 가족'만 귀한 줄 알고 살았다. 이렇게 나만 알고 살 수밖에 없었던 부족한 사람에게 작은 믿음을 갖게 하시고, 그 알량한 믿음으로 죽음을 무릅쓰고 하나님께 소망을 두며 세상 것에 절하지 않고 신앙을 지킬 수 있게 해 주셨구나, 하는 생각에 너무나 감격스럽고 기뻤던 것이다.

나중에 관리들에게 이야기를 들으니 우리가 다 잊어 먹은 주기도문을 외우느라 땀을 뻘뻘 흘리고 있을 때, 북한 인사들끼리 긴급 전화 회의가 열렸다고 했다. 지금 5명이 시키는 절은 하지 않고 뻣뻣하게 서서 돌아가고 있으니 이들을 어떻게 처리할 것인가 하는 것이 회의 내용이었다.

"그들이 누구냐?"

"박세록과 그 일당입니다."

"그것은 좀 곤란한데…."

김 주석 훈시에 등장하는 인물이어서 북한의 인민이 다 아는 사람을, 절을 하지 않았다는 이유 하나로 목을 칠 수는 없는 형편이었던 것이다. 드디어 제일 높은 곳에서 지시가 떨어졌다.

"그들은 기독교인들이니 절을 하는 대신 기도하는 것으로 봐 주고 넘어가라!"

그 다음부터는 세상에 겁날 것이 없어졌다. 올바른 것에 소망을 두고 사는 삶이야말로 목숨보다도 더 귀한 것임을 알게 된 까닭이다.

그 다음부터 나는 북한 인사들 앞에서 자신 있게 기도하고, 또 우리가 기독교 단체임을 항상 강조했다. 하지만 결코 타협할 수 없는 이런 나의 종교적인 신념이 나를 상대하는 관리들에게는 꽤 큰 부담이 되었던 모양이다. 그들은 자기들이 문책을 당하고 엄청난 해가 되어 올가미가 될지도 모른다는 것을 두려워했다.

하지만 나는 나의 신념을 포기할 수 없었다. 그것은 내가 북한에 들어간 진정한 이유, 즉 선교를 포기하는 것이기 때문이었다.

희생 없는 사랑은 거짓이다

6장

:: 임무는 끝나지 않았다

병원을 세우는 것으로 우리 할 일을 다한 것이 아니었다. 중요한 것은 이제 평양제3병원을 지원하는 일이라는 것을 우리 선교회는 잘 알고 있었다. 처음 북한 병원을 방문했을 때, 건물 뼈대는 멀쩡한데 운영 자금이 없다는 이유로 내부 기자재와 의료품도, 환자들도 없어서 마치 흉물처럼만 느껴졌던 기억 때문이다.

우리는 '사랑의 의료품 나누기 운동'을 병원 짓기 전보다 더욱 새로운 마음으로 시작하고, 의료 기자재도 계속 보냈다. 한국에서는 조인제 장로가 창구 역할을 톡톡히 해 주었다. 내가 한국에 집회를 하러 왔을 때 몇몇 분들이 내게 말했다.

"한국에 와서 집회만 할 것이 아니라, 교회를 묶어 봅시다."

앞으로 평양제3병원을 비롯해 북한을 계속 지원해야 한다면, 한국 교회의 힘을 모을 수 있는 단체가 필요하다는 판단은 너무나 적절한 것이었다.

그래서 한국에서는 '한민족통일준비모임'이란 가칭 아래 S씨에게 실무를 맡겼고 박은조 목사님과 같이 우리가 알던 교회와 주위의 친구들까지 다 묶었다. 이제까지 사랑의 의료품 나누기 운동이나 집회를 다녔던 교회들에게도 우리 뜻을 알리고 동참해 줄 것을 호소했다.

또 미국에서도 1996년 7월 내가 우리 민족 서로 돕기 운동 미주총본부 준비위원 상임대표를 맡으면서 북한돕기운동을 미주 전역으로 확대하기로 했다.

'한민족통일준비모임'은 그 이름을 '한민족복지재단'으로 바꾸고 그동안 평양제3병원과 북한을 도왔던 경력을 인정받아 외무부(현 외교통상부)에서 법인 허가를 받았다. 대표인 내가 외국인 신분이어서 외무부에서도 허가를 내 주었다고 했다. 그렇게 해서 1996년 9월 한민족복지재단이 창설되었다.

나는 국제 총재직을 맡아 112만 달러 상당의 의약품을 확보했다. 그 중 약 50만 달러 상당은 1차로 보냈고, 나머지는 남북간의 주장이 서로 엇갈리는 일이 생겨 보내는 데는 실패했다.

극심한 장마로 발생한 전염병 환자들을 위해 20만여 달러 상당의 의료품을 긴급 수송하고, 환자 담요 1천 장과 밀가루 등을 보내는 등 수차례에 걸쳐 지원 활동을 벌였다. 그외에도 수십 개의 의료품과 의약품들을 미국의 유수한 자선 단체들의 협조로 실어서 날랐다.

그런데 막상 병원을 개원해 놓고 나니 더 큰 어려움이 시작되었다. 평양제3병원은 우리 병원인데도 북측이 데려다 주어야 갈 수 있고, 또 조금 있다가 북측 관리가 가자고 하면 돌아올 수밖에 다른 도리가 없었다.

우리가 죽자고 병원을 도와 개원한 이유는 우리 병원만 완성되면 그곳에서는 자유롭게 환자를 치료할 수 있고, 직접 전도는 못할지라도 그래도 사랑을 나눌 수 있을 것이라 생각했기 때문이다. 눈짓 몸짓으로 그들에게 우리는 기독교인들임을 알려서 예수님의 사랑을 전할 수 있을 것이라고, 그리하여 사랑으로 마음이 녹아 문을 열면 그때 민족 화해도 있고, 북한 복음화도 있을 것이란 신념이 있었다. 그 희망으로 이제껏 달려왔는데, 허탈했다.

내 기억 속에는 언제나 재작년 홍수 났을 때 하늘을 멀거니 쳐다보며 누워 있는 북한 주민들의 표정이 사라지지 않았다. 다시는 환자를 두고 돌아설 수 없었다. 사람들이 죽어 가는데, 미국에서도 손꼽히는 의료진들에게 환자를 맡기지 못하는 이유가 무엇인지를 나는 이해할 수 없었다. 그대로 있을 수는 없었다. 이때부터 북측과의 실랑이가 시작되었다.

"우리 병원에 자유롭게 수술도 하고 생명 살리는 일을 하게 해 주십시오."

하지만 북측의 태도는 언제나 냉담했다. 직접 환자를 치료하게 해 달라고 모든 노력을 기울여 요구했지만 허사였다. 하지만 이들을 설득하기란 그렇게 쉬운 일이 아니었다. 우리로서는 오직 기도의 불을 더욱 당길 뿐이었다.

:: 내레 지하 교인입네다

우리 팀 8명이 북한을 방문하고 떠나는 날 고려호텔 로비에서 간단히 기도할 때였다. 북한 주민 한 남자가 내 팔소매를 잡아당기며 구석으로 데리고 갔다. 그는 주위를 살피더니, 주머니에서 작고 누런 종이 하나를 집어 내게 보여 주었다. 그 종이 위에는 다음과 같이 적혀 있었다.

하나님을 사랑하는 자 곧 그 뜻대로 부르심을 입은 자들에게는 모든 것이 합력하여 선을 이루느니라

그때 한창 지하 교인이 있다, 없다 하고 시비가 시작되던 시기라, 나는 곧 그가 지하 교인임을 알아차렸다.

"한 달에 한 번 앞동산에 올라가 바위 밑에서 찾아오고, 같은 것을 10장씩 써서 그 다음 달 같은 장소에다 갔다 둡네다."

그분은 쪽지에 쓴 성경 말씀을 외우고 있었다. 그러면서도 이것이 로마서 8장 28절 말씀이란 것을 몰랐다. 굶주림과 억압 속에서도 한 손에는 말씀을 들고 신앙을 지켜 온 분들이 있다는 것을, 하나님은 이분을 통해 내게 명확히 보여 주셨다.

'이들은 세계 선교를 위해 준비된 자들이다! 하나님이 하나님 때에 세계 선교를 하시기 위해 준비시키시는 백성이다.'

이 생각이 든 것은 바로 그때였다. 이들이 복음을 전한다면 얼마나 막강할 것인가? 극심한 굶주림과 질병의 고통 속에서 복음만 붙들고 50여 년을 지낸 이들의 믿음 증거는 얼마나 큰 영향력이 있을 것인가.

지하 교인은 분명히 있었다. 우리가 이들에게 할 수 있는 역할은 그들이 굶어 죽지 않고, 병들어 죽지 않고 살 수 있도록 먹여 주고 치료해 주는 것이다. 그러니

분명한 것은 누구도 큰소리칠 것도 없고, 자랑할 것도 없고, 교만할 것도 없다. 우리가 주역이 아니기 때문이다. 모든 것은 하나님이 계획하시고 이루어 가시고 주관하고 계셨다. 복음 전파의 첨병으로 쓰실 사람은 우리가 아니라 바로 북한 동포들이었다. 우리는 때에 이를 때까지 사랑으로 그들을 돌볼 책임을 받았을 뿐이다.

'선교를 하는 것은 나도 아니고, 우리 교회도 아니고, 선교회도 아니었구나.'

어떻게 생각하면 다행이다. 내 것인 양 목숨 걸고 싸우고 아우성칠 필요도 없다. 내가 해야 한다고 경쟁할 필요도 없다. 우리를 여기까지 보내시고, 작은 일에 헌신하게 하신 것이 오직 하나님의 풍성한 은혜이기 때문이다.

:: 아버지 보셨지요, 제가 이런 사람입니다

그동안 수차례 북한을 드나들면서 한 번도 혼자서 북한에 간 적은 없었다. 북한에 물건 하나를 보내려고 해도 미국과 한국을 왔다 갔다 해야 하는 나로서는 특히 조심해야 했다. 혹시라도 내가 만약 어느 한쪽을 찬양했다고 소문이 나면 나를 믿고 도장을 찍어 준 한국과 미국 인사들에게 피해가 갈까 봐 늘 걱정이 되었기 때문이다. 혼자 갔다가는 어떤 누명을 받아도 해명할 길이 없기에 늘 누군가와 같이 다녔던 것이다.

그런데 딱 한 번, 다들 여의치 않아서 나 혼자 급히 북한에 들어간 적이 있었다.

북한에 가면 나는 주로 고려호텔에서 묵는다. 그날 나는 29층에 묵었는데, 그 층에 묵는 손님이 나 혼자밖에 없어서 그런지, 아니면 에너지 절약 차원에서 불을 다 꺼서 그런지, 엘리베이터에서 내렸는데 온 천지가 칠흑같이 깜깜했다.

방 안에 들어가서 자려고 누웠는데, 어찌나 무섭든지 정말 사지가 벌벌 떨렸다. 별의별 생각도 다 들었다. 조만간 누군가 문을 부수고 들어와 나를 소리 소문 없이 죽여 버릴 것만 같았다.

'어쩌다가 내가 여기를 혼자 찾아왔는가.'

후회가 밀려들었다. 정말이지 두려워 미칠 지경이었다.

"주여! 아버지!"

나도 모르게 외쳤다. 그야말로 비명 소리에 가깝게 나는 아버지를 부르짖으면서 밤새도록 기도했다. 사실 그 전까지만 해도 나는 큰소리로, 그것도 막 목청껏 기도하는 사람들을 보면 늘 '점잖지 못하게 왜들 저렇게 시끄럽게 믿을까' 하는 생각을 했었다. 그런데 그날에야 그런 내가 얼마나 위선자였던가를 절실히 깨달았다. 내가 죽게 생기니까, 교양이고 점잔이고 아무 소용없었다. 밤새도록 "주여 주여" 부르짖는 기도를 하면서 두려움을 간신히 이겨낼 수 있었다.

다음날 아침에는 북한 고위 관리 6명과 오찬을 했다. 밤잠을 한 잠도 못 잔데다가, 긴장을 늦출 수 없던 나는 그저 가만히 앉아 있었다. 식사를 시작하기 전에 북한 측 관리가 내게 인사말을 하라고 했다.

"예, 잘 맞아 주시고 잘 먹여 주셔서 감사합니다."

가뜩이나 주눅이 들어 있던 나는 짧게 말하고 자리에 얼른 앉았다.

"거, 박 선생님 두 손 모으고 하는 인사 있지 않습네까. 그거 하시라요."

나는 그제야, 무슨 말인지를 알아들었다. 그들이 기도를 하라는 것이었다.

그때 내가 얼마나 부끄러웠는지 모른다. 세상 만물의 창조주, 하나님을 믿는다는 사람이 한낱 내 목숨 하나 부지하지 못할까 봐 두려워서 밤잠도 못 자고, 식사 기도도 할 생각을 못했다는 걸 그제야 알았기 때문이다.

'지금이 그들에게 복음을 전할 수 있는 얼마나 좋은 기회인데 그저 내 목숨 하나 살자고 내가 이러고 있었구나.'

주님 앞에 부끄러운 마음으로 자리에서 일어나 기도하기 시작했다.

"아버지, 보셨지요. 저 믿으시면 안 됩니다. 저 이런 사람입니다. 제가 이분들

구원을 위해 밤새도록 기도해도 모자랄 텐데, 제 목숨이 두려워서 이분들 앞에서 식사 기도조차 못하는 나약한 사람입니다. 그런데도 주님이 저를 북한 땅에 보내셔서 이분들에게 주님의 사랑을 알게 하시니 감사합니다. 주님, 저는 주님이 도와주시지 않으면 아무것도 할 수 없습니다. 성령님이 이분들을 녹여 주시고, 북한에 사랑을 부어 주시옵소서. 남북 화해를 이루어 주옵소서. 동양의 예루살렘으로 불렸던 평양이 다시 복음의 도시가 되게 해 주옵소서."

내가 기도를 마쳤을 때 그들 중에서 "아멘!" 하는 소리가 들렸다. 나는 그 "아멘!" 소리를 듣고 깜짝 놀랐다. 그 사이에 여러 번 이 사람들 앞에서 기도도 하고 찬양도 했지만, 이제껏 "아멘" 했던 사람은 한 사람도 없었기 때문이다. 내 믿음의 연약함을 뼈저리게 깨달은 날, 주님은 이렇게 역사해 주신 것이다.

'세록아, 북한 선교는 박 아무개라는 사람이 하는 것이 아니란다. 나 여호와 하나님이 하는 것이란다!'

나중에 들은 이야기지만, 이들 고급 관리들은 가끔 미국으로 여행을 할 때 교포들을 만나면, 주일에는 늘 교회에 가곤 했다는 것이다. 교회에서 목사님이 크게 기도하면 모두 "아멘"으로 대답하는 것을 듣고 이것이 예의인 줄 알았다고 했다.

이 일을 겪은 뒤로 나는 북한에서 어느 누구의 눈치도 보지 않고 하나님 앞에 기도할 수 있게 되었다. 식사 때마다, 또는 병원을 방문한 사람들과 함께 손을 잡고 뜨겁게 기도했다.

:: 디트로이트여 안녕!

그 즈음 간절한 기도 제목이 생겼다. 후방 지원 센터를 주시라는 것! 오랜 세월 북한 의료 선교 사역을 하다 보니, 당장 현장에 가서 하는 것도 중요하지만, 뒤에서 의료품을 지원하는 것이 더 중요하다는 것을 날이 가면 갈수록 알게 된 것이다.

이 기도 제목을 놓고 간절히 기도하던 1996년 말 무렵, 나는 어느 목사님에게서 뜻하지 않은 제안 하나를 받았다. 샌프란시스코에 폐쇄된 해군 기지를 정부에서 1달러에 불하하는데, 그것을 받아서 거기에 기독교 민족 교육 대학과 의료 복지센터를 세워 보자는 제안이었다.

후방 지원 센터를 위해서 절실히 기도하던 나로서는 그야말로 이것이 주님이 주신 응답이라는 확신을 갖게 되었다. 아내는 이번에도 묵묵히 내 뜻을 따라 주었다.

목사님 네 분과 나를 포함해서 5명이 모였다. 정부에서도 허가가 나서 'Pan Pacific University'가 구체적으로 진행이 될 즈음해서 나는 샌프란시스코로 이사하기로 결정을 했다. 그때가 1997년 2월이었다.

30여 년 동안 살았던, 의사로서 그리고 신앙인으로서 자라날 수 있었던 내 영혼의 고향과 같은 디트로이트를 떠난다는 것, 그동안 이곳에 살면서 섬겼던 교회 가족들과 헤어진다는 것 때문에 쉬운 결정은 아니었다.

하지만 주님의 일이라면 해야 한다고 결정을 내렸다. 이것은 내 평생의 가장 큰 변화였다. 서울에서 미국으로 올 때는 더 높은 곳을 향해서 온 것이지만, 이제는 내가 가지고 누리고 있던 모든 것을 포기하고 더 낮은 곳을 향해 내 삶을 완전히 던지러 가는 것이었기 때문이었다.

게다가 아이들과 떨어져야 했다. 아이들은 학교에 다니고 있어서 옮길 수 없는 형편이었다. 이사하기 2주 전, 그리고 그동안 섬겨 온 디트로이트 한인장로교회 목사님께 이 사실을 알렸을 때, 아무도 믿으려 하지 않았다. 깜짝 놀란 목사님은 주일 오후 강단을 내게 주셨다.

"내가 선한 싸움을 다 싸우고 나의 달려갈 길을 마치고 믿음을 지켰으니 이제 후로는 나를 위하여 의의 면류관이 예비되었으므로 주 곧 의로우신 재판장이 그 날에 내게 주실 것이니 내게만 아니라 주의 나타나심을 사모하는 모든 자에게니라."(디모데후서 4:7-8)는 말씀으로 내가 떠나는 이유와 그동안 받은 사랑에 감사한 마음을 교우들과 나눴다.

"벌써 7년이나 되었습니다만 이제 성경 공부도 인도하지 못하겠네요. 여러분과 이별하고 제가 샌프란시스코로 이사 갑니다. 그동안 제가 알게 모르게 실망시켜 드린 게 있다면 사랑으로 용서해 주세요."

그날 교회 안에 있던 사람들 전부가 다같이 울었다.

"박 장로 없는 교회는 상상할 수도 없어요."

나의 든든한 기도 후원자인 장로님, 권사님들이 우리 내외를 붙잡고 말했다. 특별히 이분들은 내가 선교 단체를 시작하자마자 같이 동참해 주시고 기도해 주셨던 분들이다.

나는 오래 봉직해 온 학교에도 사직서를 냈다.

병원에서도 오랫동안 나를 믿고 따라 준 수많은 환자들이 눈물을 흘리면서 아쉬워했다. 어떤 환자들은 이 세상에서 유일하게 믿었던 남자를 떠나보낸다며 눈물을 흘리기도 했다. 그 환자들은 오랫동안 산부인과 의사인 나를 신뢰하고, 누구에게도 말 못할 모든 것을 의논할 수 있었던 좋은 관계를 가지고 있었던 사람들이었다.

나도 아쉽고 섭섭했지만, 그 깊은 정과 아쉬움을 떨쳐 버려야 했다. 하나님의 인도하시는 섭리만 의지해야 했다.

학장 선생님이 극구 말렸다.

"그동안 예수에 미쳐 날마다 정신없이 다니더니 이제는 무슨 일로 사표까지 내는 겁니까? 일자리는 있습니까?"

"없습니다."

"그러면 생활은 어떻게 하려고요?"

"모르겠습니다."

내가 어떤 말을 해도 그분들에게는 황당하게만 들렸을 것이다. 이런 나를 걱정하던 그분은 UC 데이비스(Davis) 의과대학 학장에게 연락해 주었다.

"우리 교수 중에 꽤 괜찮은 교수 한 친구가 선교사로 간다면서 갑자기 사임을 하고 그쪽으로 이사를 가는데 혹시 자리가 하나 있습니까?"

"글쎄 지금 학교에서 관리하는 VA 노던 캘리포니아 메디컬 센터(Northern California Medical Center)의 파견 교수가 파트타임으로 필요하기는 한데…"

이렇게 해서 나중에 나는 UC 데이비스 교수로 가게 되었다. 하지만 그때 내 목적은 다른 데 있었으니 그저 건성으로 고맙다는 인사를 하고 나왔다.

"6개월은 당신 자리를 그대로 두고 기다릴 테니 언제든지 돌아오시오."

어쩐지 이 말이 무척 위로가 되었다.

학교까지 사직서를 내고 나니 모처럼 시간이 생겼다. 이제껏 일만 하느라 아내와 여행 한 번 제대로 하지 못한 나로서는, 이번 기회에 자동차로 대륙 횡단을 하고 싶은 생각이 들었다.

디트로이트에서 샌프란시스코까지 자동차로 달리면 1주일이 걸린다는데, 앞으로 언제 시간을 내서 이런 여행을 해 보겠냐는 생각이 들었던 것이다. 자동차 한 대로 대륙을 횡단하며 디트로이트에서 샌프란시스코까지 가는 것은 너무 낭만적이고 멋이 있을 것 같았다. 나를 찾는 전화도 없고 호출도 없는 자유를 누리며 아름다운 자연을 벗 삼아 정처 없이 떠나고 싶었다.

"나물 먹고 물 마시고, 사랑하는 여인이 있고 건강이 있으니 대장부 살림살이 이만하면 족하다"는 옛 어른들의 말을 생각하면서 맘껏 깊은 사색에 빠져 보고 싶었다. 사실은 그보다 하늘을 지붕 삼아 넓은 대지 위에서 깊은 묵상 속에 빠져 하나님과 나의 영혼, 단둘이서만 깊이 대화를 나누고 싶은 것이 진짜 이유였다. 낮에는 해를 보고 밤에는 별을 보고 운전을 하면서 도대체 하나님이 가장 원하시는 일이 무엇인지 하나님의 세미한 음성을 듣고 싶은 간절함이 있었다.

자동차 여행 계획에 아내는 뜬금없다는 듯한 표정으로 나를 바라보았다.

"당신처럼 바쁜 사람이 어떻게 자동차로 대륙 횡단을 하겠어요? 그냥 비행기로 갑시다."

아내는 완강했다. 나의 건강을 생각해서라도 꼭 비행기로 가자는 것이었다. 하지만 나는 뜻을 굽힐 수 없었다. 이때가 아니면 언제 다시 올지 모르는 절호의 기회였으니까.

나는 가까스로 아내를 설득할 수 있었다. 항상 그렇지만, 아내는 내가 일을 한다면 한 번도 끝까지 거부한 적이 없었다. 이것이 늘 고마웠다. 이삿짐 꾸려서 부치랴, 꽁꽁 얼어붙은 2월의 겨울 길을 일주일 밤낮 없이 달려도 무리가 없도록 차량을 준비하랴 시간이 바쁘게 흘러갔다.

그런데 탈이 났다. 마지막 떠날 준비를 점검하고 있는데 갑자기 한국 교회에서 집회를 해 달라는 연락이 온 것이다. 그 바람에 나는 한국으로 날아갔다. 대신 자동차 여행은 그토록 반대했던 아내가 혼자서 아들을 데리고 해야만 했다. 마침 시기적으로 한겨울인지라 아내는 직선으로 대륙을 횡단하지 못하고, 남쪽으로 돌아서 텍사스, 뉴멕시코를 거쳐 달려가는 대장정의 레이스를 펼쳐야 했다.

결과적으로 하기 싫다는 사람은 억지로 등이 떠밀려 대장정의 자동차 여행을 해야 했고, 정작 바람을 잡았던 나는 그 대열에 끼지 못하고 말았다.

:: 머리털 하나 상치 않게 하시니

내가 한국에 집회를 다녀오는 동안 아내가 집을 얻어 놓았다. 샌프란시스코 지리를 전연 모르는 아내는 지도를 펼쳐 놓고 대강 우리가 살아야 할 곳이라 생각되는 동네의 하이웨이 바로 옆에 집을 얻은 것이다. (나중에 동료들에게 그곳에다 아파트를 구했다고 하니 모두들 놀라면서 빨리 그곳에서 나오라고 했다. 알고 보니 이 지역은 흑인촌 중에서도 가장 위험한 곳 중 하나로 밤만 되면 경찰차들이 사이렌을 울리면서 달려오는 동네였다. 하지만 이 험한 곳에서 우리는 머리털 하나 다치지 않고 일 년을 살았다.)

아파트 문을 열고 들어갔는데 얼마나 썰렁하든지. 단칸방 아파트에는 가구도 책상도 없었다. 우리 부부가 냄비 밥을 방바닥에 놓고 마주 앉을 때에는 눈물이 앞을 가렸다. 너무나 갑작스러운 환경 변화가 주는 두려움과 외로움이 한꺼번에 몰려왔기 때문이다. 당장 디트로이트로 돌아가야겠다는 생각이 수십 번도 더 들었다. 그곳에 두고 온 아이들이 걱정되고 미안해서 견딜 수 없었다.

"우리 디트로이트로 다시 돌아갈까?"

내가 슬며시 이렇게 말했을 때, 아내는 심각한 얼굴로 말했다.

"남들은 선교하러 아프리카로 남아메리카로 나가 똥물도 마시고 구더기도 먹는다는데, 하나님은 우리를 경치 좋고 날씨 좋은 이곳으로 보내 주셨으니 얼마나 감사한 일이에요?"

나는 아내의 말에 회개하고 용기를 얻었다.

하지만 이 단칸방 아파트에 살면서 우리 부부는 너무나 큰일을 많이 겪었다. 우선은 폐쇄된 해군 기지를 우리에게 주겠다던 미국 정부 측이 갑자기 태도를 바꾸었다. 외국인인 우리에게는 그 건물을 줄 수 없다는 거였다. 그 지역 주민들이 들고 일어나서

"그 아름다운 곳을 왜 외국 사람에게 주느냐, 우리 시민들이 사용할 수 있도록 하라."

항의를 했기 때문이다. 공청회가 17번씩이나 열리는 동안, 우리 다섯 명은 입 안이 바짝 타들어 갔다. 우리들은 이 건물을 어느 단체보다도 더 잘 활용할 것이

라고 열띤 공방전을 펼쳤지만, 정부는 결국 주민들의 손을 들어주고 말았다.

우리는 크게 실망했다. 이 프로젝트를 믿고 디트로이트의 생활을 모두 청산하고 온 나로서는 더욱 앞이 깜깜했다.

"주님, 저는 분명히 주님의 뜻으로 알고 이곳에 왔습니다. 주님이 하시는 일을 저로서는 알 수가 없지만, 주님 길을 보여 주소서. 인도해 주소서."

그러나 현실은 냉혹했다.

수입이 없다 보니 매일 생활비도 당장 문제이고, 특히 정기적으로 물어야 하는 물세, 전기세, 세금 등이 문제였다. 디트로이트에 있는 집은 워낙 덩치가 커서 사겠다는 작자가 나타나지 않았다. 불안해진 우리는 값을 계속 내렸다. 결국은 시세보다 훨씬 싼값에 집을 팔았다.

아이들 남은 학비를 우선 빼놓고 그동안 물어야 할 빚을 다 청산했다. 남은 돈으로는 우리 내외가 앞으로 몸만 두고 살 작은 집 한 채를 장만했다.

이렇게 6개월이 지나니 학교에서 전화가 왔다.

"아직도 당신 자리는 그대로 있습니다. 하지만 더 이상은 지체할 수 없습니다. 우리는 당신이 돌아오길 바랍니다."

마음에 혼란이 오기 시작했다. 그날 저녁 우리는 목사님을 모시고 가정 예배를 드리면서 기도했다.

"보내신 이도 하나님이시오, 남게 하시는 이도 하나님이십니다."

이 말씀이 가슴을 스쳐 갔다.

그래서 웨인주립대 의대의 유례없는 배려와 사랑을 거절하고 샌프란시스코에 남기로 작정했다. 우선 아내가 무척 기뻐했다. 샌프란시스코가 좋다는 것이다. 하나님이 보내신 확신이 있다고 했다.

주님의 뜻은 분명히 다른 데 있었다. 우리가 해군 기지를 불하받지 못하는 대신에, 그 대가로 프로젝트 큐어라는 곳과 연결이 된 것이다. 프로젝트 큐어는 세계 107개국에 구호 물품을 보내는 국제적 규모의 자선 복지 기관이다. 미국이라는 나라는 제약 회사나 심지어 식품 공장들에서도 아예 물건을 생산할 때 자선할 몫을 정해 놓고 물건을 뽑아내는데, 프로젝트 큐어는 그 몫을 받아다가 세계에 나눠 주는 역할을 하는 단체였다. 그 프로젝트 큐어와 연결되면서, 나는 북한에 의약품을 어느 정도 조달해 줄 수 있게 되었다.

한번은 나이키에서 디자인대로 제품 생산이 안 되어 폐기 처분해야 할 운동화 1만 켤레를 프로젝트 큐어를 통해 공급받아서, 북한에 전달해 주기도 했다. 디자인에만 문제가 있었을 뿐, 신고 다니는 데는 전혀 정상 제품과 다를 바 없는 나이키 신발 1만 켤레를 북한에 전해 주었을 때 나는 얼마나 기뻤는지 모른다.

일단 UC 데이비스 의대에 일주일에 3일씩 나가서 강의와 외래 환자를 보다가 VA 노던 캘리포니아 메디컬 센터 부인과 과장을 겸하게 되어 생활도 안정되었다.

양쪽을 같이 근무하다 보니, 내가 보이지 않아도 학교에서는 병원에, 병원에서는 학교에 가 있을 것이라 생각하고 찾는 사람이 없었다. 그러니 강의만 빠지지 않으면 자유롭게 시간을 내어 선교 일에 더 열심을 냈다.

돌이켜 보면 Pan Pacific University가 실패한 것도 하나님의 은혜다. 만약에 그 프로젝트가 이루어졌다면 교만과 자랑거리는 됐을지 모르겠다. 하지만 하루하루의 생활을 걱정하고 흑인촌 지하방 아파트의 곰팡이 냄새에 코를 막고 잠을 잤던, 가장 낮은 자리까지 내려갔다가 만난 하나님의 풍성한 사랑은 경험하지 못했을 것이다. 하나님이 미리 예비하신 은혜와 사랑으로 시작된 오늘날의 풍성한 축복은 없었을 것이다.

:: 처음 시술한 외국인 의사

평양제3병원을 개원한 다음 2년 동안 우리는 끈질기게 북한 측에 요구했다. 우리 병원에서 우리 의료 팀들이 시술도 하고 환자를 치료하게 해 달라고 지치지 않고 말했다. 사실 이 2년 동안은 우리 선교회와 북한 측 둘 다에게 혼돈의 시절이었다.

그들이 나에 대한 부담을 느끼기 시작했기 때문이다. 이런 시기에 나는 나대로 그들에게 강력히 요구했다. 우리는 우리대로 배신감을 느껴 불편한 심기를 쏟아 놓곤 했다.

그 결과 마침내 북한은 우리 의료팀에게 수술을 하고 환자를 치료할 수 있는 기회를 만들어 주었다. 우리와 다시 관계를 회복해 보려는 노력이었는지도 모른다.

1997년 9월 27일, 우리 의료 팀은 평양제3병원에서 환자를 마취시키고 난소에 혹을 떼어 내는 개복 수술을 하게 되었다. 수술 직전에 나와 여인의 눈이 마주쳤다. 그 순간, 그곳에는 공산주의도 없었고 남과 북도 없었다. 처음 만나는 환자이니 진단이 맞는지 어떤 상태인지도 모르는 환자와 의사 사이였지만, 오로지 끈끈한 신뢰와 위로의 감정이 있을 뿐이었다.

여인이 눈으로 인사를 했고, 나도 눈으로 정성을 다할 것을 약속해 주었다. 이 환자의 배를 열어 놓고 우리는 한동안 감격의 눈물을 흘렸다.

동족의 생명을 살리는 일에 우리를 써 주시는 하나님의 은혜가 감사했기 때문이었다. 굶어 죽어 가는 동포를 내 손으로 살릴 수 있다는 것은 너무나 큰 은혜다.

개복을 해 놓고 보니 난소의 물혹은 이미 없어졌고, 염증이 있는 맹장만 떼어 냈다. 수술은 비록 간단하게 끝났지만, 외국인 의사로서 또 같은 동족 의사로서 처음으로 수술을 한 역사적 순간이기 때문에 감회가 남달랐다. 북한 의료 선교의 새로운 장이 열렸다고 해도 지나친 말이 아니었다.

우리가 수술을 하는 동안 또 한 팀은 외래에서 환자를 보고 있었다. 수술이 끝 난 다음 병동을 돌며 회진할 때 환자들이 내 손을 잡고 고맙다는 인사를 건네 왔다.

"선생님 덕분에 우리는 살았습니다."

"선생님 덕분에 고통이 없어졌습니다."

허리를 굽혀 정성껏 인사를 하며 내 손을 잡고 놓지를 않았다. 그들의 눈에 맺힌 눈물을 보자 나도 그만 같이 울고 말았다.

"우리는 예수님을 믿는 사람들입니다."

나는 그 말밖에는 달리 할 말이 없었다. 우리는 평양제3병원에서 170여 명의 환자를 돌보았다. 병원을 세워서 이 사람들을 직접 돕게 되기까지, 이것을 이루기까지 2년이 훨씬 넘는 세월이 걸렸다. 이제 앞으로 여기서 예배도 볼 수 있고, 많은 사람들에게 복음을 전하는 통로로 사용할 수 있을 것이라는 희망 때문에 우리는 가슴이 부풀었다.

수술을 마치고 우리는 평양의 칠골교회를 방문했다. 이 교회는 약 2년 전에 세워졌다고 했다. '골'이란 말은 평양의 1골, 2골 즉 한국의 종로구, 영등포구 등과 같이 행정구역을 말하는 것인데, 7골에 있다 해서 칠골교회로 부른다고 했다.

우리가 이 교회를 방문할 때는 베이징에서 라면 1만 개를 준비하느라 미국으로 돌아갈 차비 정도만 남기고 모든 자금을 털어 사용한 뒤였다. 교회에 들어가면서 우리는 네 명이 함께 100달러를 헌금하기로 미리 합의했다. 그 이상은 우리가 미국으로 돌아가는 여비에 지장이 있기 때문이다. 교회 안에는 약 100여 명의 성도가 자리를 잡고 있었다.

담임 목사는 봉수교회의 부목사로 있던 이성봉 목사님이었다. 이 목사는 이날 설교를 하면서 기침을 몹시 해서 사람을 안타깝게 만들었다. 이 교회에도 성가대가 있었다. 특히 두 자매의 이중창은 여간 은혜롭지가 않았다. 그들의 찬송을 들고 있으면서 마음 한쪽에서는 이런 생각이 들었다.

'저 사람들이 끼니는 때우고 나왔을까? 무엇을 먹었을까?'

가슴이 아팠다. 나는 그들에게 인사말을 했다.

"여러분, 피는 물보다 진하다는 말은 진리임에 틀림이 없습니다. 우리는 하나입니다. 우리는 특별히 예수님의 피로 살아난 사람들입니다. 이 교회에서 성령님의 역사가 불꽃처럼 뜨겁게 일어나서 조국에 말씀을 바탕으로 한 진정한 의미의 화해가 올 수 있기를 간절히 기도합니다."

나의 인사가 끝나기 무섭게 온 회중이 "아멘"으로 화답해 주었다. 매번 교회를 방문할 때마다 우리는 새로운 은혜를 받고 감격했다. 그 감격으로 칠골교회에서도 처음 약속을 잊은 채 주머니를 털어 모두를 헌금했다. 내가 북한에 갔다 오면 많은 사람들이 북한 교인들에 대해 궁금한 것을 묻는다.

"진짜 교인입니까? 가짜 교인입니까?"

나도 그것까지는 모른다. 우리가 갈 때만 모이는지, 아니면 평소에도 정규적으로 모이는지 알 수가 없다. 하지만 눈으로 보기에, 그들이 교회에 와서 예배드리는 모습은 무척 익숙해 있다는 점이다. 반복해서 연습을 하는지는 모를 일이나 외견상 그들은 교인처럼 보였다.

그러나 그것은 큰 문제가 아니다. 그들이 설혹 가짜 교인일지라도 계속해서 찬송을 부르고 말씀을 듣노라면 성령님이 그들 마음을 감동시켜 언젠가 하나님의 백성으로 만들어 주실 것을 믿기 때문이다. 그들이 진짜 교인이라면 우리의 힘도 필요 없을 것이다. 만약 그들이 가짜 교인이라면 하나님이 말씀으로 그들의 영혼을 구원해 주실 것이니 아무래도 좋다. 결국 그들은 하나님의 자녀가 될 것을 믿으니까.

북한의 심장이라는 평양, 이 심장에 교회가 섰고 찬송과 기도 소리가 들린다는 것은 성령님이 북한의 심장을 사로잡았다는 증거다. 그렇다면 시간 문제다. 그들이 진리를 깨닫고 하늘에 참 소망을 두는 날은 결코 멀지 않다는 것을 나는 확신한다. 지금은 미약하지만 이를 원동력으로 북한에 성령의 불길이 무섭게 일어날 날을 기대하고 있다. 그 힘이 바로 통일을 불러 올 수 있기 때문이다.

분단 45년 만에 어떤 경우에서든 북한의 심장부에 교회가 세워지고 기도와 찬송 소리가 들리게 된 것은 희망이 아닐 수 없다. 그렇기 때문에 많은 선교의 동역자들이 이러한 희망에 소망을 걸고 이 모양 저 모양으로 평양에 들어가 하나님의 이름으로 식량과 약품을 전달하고 환자들을 치료하는 일은 한강에 돌을 던지는 행위가 아니다. 사실 그동안 북한의 상층부에서도 상당한 이해가 이루어지고 있었다.

"그래도 기독교인들만이 아무 조건 없이 실제로 조국을 돕는 사람들입네다."

북녘의 고위 관리 입에서 나온 말이었다.

하지만 결국 그들은 내게 평양 출입 금지 명령을 내렸다. 평양에서 수술을 한 직후였다.

사랑 안에서
능치 못함이 없습니다

7장

:: 예수 대장 되시니

주님의 인도에 따라 두만강과 압록강을 따라 삼천리 의료 선교를 떠난 것이 벌써 세 번째였다. 세 번째 선교 여행길에도 이동 치과용 장비와 6박스의 의약품을 어떻게 러시아 세관을 통과하고 또 중국으로 반입할 수 있나 하는 것이 처음부터의 기도 제목이자 가장 큰 관심사였다.

중국과 러시아, 모두 국가법으로 외국에서 의료 기자재나 의약품을 들여 오는 것을 엄격하게 금지하고 있었기 때문이었다. 우리가 여러 번 공식적인 통로를 통해 허가를 받으려 했지만, 답은 항상 마찬가지였다.

그래서 늘 하던 대로 이번에도 개인 짐 속에 의약품과 의료 기자재를 감추고 비공식적으로 들여가야 했다. 물론 이것이 발각되면 몰수당하는 것은 물론 법적인 제재를 받을 수 있기 때문에 떠나기 전에 이것이 가장 큰 기도 제목 중 하나였다.

아니나 다를까, 러시아 세관은 난색을 표했다. 지금은 중국과 러시아의 국경 세관에 우리를 돕는 사람들도 있어서 그전보다는 사정이 훨씬 좋아졌지만, 그때는 초창기라 모든 것이 확실치 못했다.

"러시아 사람 돕는 데 사용할 겁니다. 또 사용한 다음에는 우리가 다시 가지고 나갈 겁니다."

아무리 말해도 소용없었다. 첫째 장비 박스를 자세히 검사하고, 자기들끼리 토론을 벌이고, 또 상부에 연락을 해댔다. 그들에게는 생전 처음 보는 것들이라 어디다 법을 적용해야 하는지 아는 사람이 없었다. 그러는 동안 다른 사람들은 수속을 마치고 공항을 빠져 나갔다. 공항은 한산해졌다. 우리 선교 팀의 막내, 닥터 임이 볼모가 되어 세관 사무실에 끝까지 남게 되어, 되느니 안 되느니 실랑이를 계속했다. 그러는 가운데, 나머지 의약품 6박스는 얼떨결에 검사도 받지 않은 채 통과가 됐다.

우리는 최악의 경우 세관에 기증한다는 마음의 준비도 하고 있었는데, 결국은 하나도 빠짐없이 모든 의약품이 무사통과 되었다. 아무리 연락을 해도 이 장비를 아는 전문가를 찾을 수 없었던 그들은 엉겁결에 통과를 시켜 준 것이었다.

처음부터 우리 팀은 신이 났다.

'아! 하나님이 동행하셔서 직접 주관하시는구나.'

우수리스크에서 처음 들른 곳은 러시아 구식 건물의 강당이었다. 컴컴한 계단을 올라가자 찬송 부르는 소리가 들려왔다. 약 1천 명쯤 되는 러시아 사람들이 모여서 'SAM 1999년 러시아 집회'라고 러시아말로 쓴 플래카드를 앞에다 내걸고 우리를 환영하는 예배를 시작하고 있었던 것이다.

손뼉을 치기도 하고 손을 높이 들고 하나님을 찬양하는 모습, 찬양팀이 앞에서 은혜롭게 찬양을 인도하는 모습, 그리고 "아민(아멘)"과 "알렐루야(할렐루야)"로 두 손 모아 화답하는 성도들의 간절한 모습이 감격스러웠다.

'중앙아시아에서 온 고려인들을 통해 모슬렘권 선교의 문이 열릴 것이다.'

내가 영어로 말씀을 전하자 통역관이 유창하게 러시아말로 회중에 전했다. 내가 뛰니 1천 명이 함께 뛰었다. 많은 사람들이 고개를 끄떡이며 "아민(아멘)" 하는 것을 보면서, 뜻과 마음이 통한 것을 알았다.

그 다음날은 의료 봉사와 제자 양육이 이어졌다. 우리가 들고 간 장비와 의료품을 펼쳐 놓고 의료 팀과 또 이를 보조하는 팀들이 일체가 되어 땀을 흘려 가며 열심히 환자를 치료했다. 고려인은 말할 것도 없고 러시아인 환자가 수도 없이 몰려왔다. 의료 진료가 되고 있는 동안 다른 한쪽에서는 압록강, 두만강에서 생명의 위협도 두려워하지 않으며 탈북자를 도와주고 있는 우리 동역자를 모아 놓고 제자 양육을 정성껏 실시했다.

어떻게 하면 고려인, 조선족 그리고 탈북자들의 영혼을 구원할 수 있을까 하는 진지한 토론이 계속되었다. 우리의 사역에 감동된 현지 의사 20명이 자기들도 의료 사역에 같이 동참하기를 원했다. 우리는 그들과 다음 의료 활동부터 긴밀히 연락해서 힘을 합치기로 손을 잡았다.

이곳에 작은 진료실을 세울 수 있게 된 것이다.

"이곳에 진료실이 세워지다니 꿈만 같아요."

통역을 해 주던 마리아는 말을 잇지 못했다. 현지 의사와 간호사를 고용했고, 우리가 의약품을 지원하기로 했다. 주님이 보여 주신 선교의 환상에 따라 세운 것이지만, 이것이 우리의 진료소 사역의 시작이 될 줄은 몰랐다.

블라디보스톡에서 3박 4일의 일정을 마치고 아침 일찍 출발한 우리 일행은 온종일 연해주를 횡단했다. 오후 3시쯤에야 러시아 국경 초소에 도착했다. 여기서부터는 허가를 받은 지정된 차량만 통과할 수 있을 뿐, 일반 차량은 더 이상 갈 수 없었다.

하루에 한 번 지정된 버스가 러시아의 슬로바키아에서 중국의 훈춘까지 운행한다고 했다. 5시쯤 버스가 이 국경 초소에 도착한다고 하니, 우리는 그때부터 이 버스를 기다렸다. 그런데 5시에 온다던 버스가 6시가 다 되어 가는데도 나타나지 않았다. 이게 어떻게 된 일인가 싶어서 초소에 물어보았더니, 초소병이 귀띔해 주었다. 그제야 손님이 없으면 그나마 오지 않기도 한다는 것을 알게 되었다. 세관이 문을 닫는 6시까지 버스가 오지 않으면, 우리는 이 허허벌판에서 밤을 새워야 할 판이었다.

애타게 버스 오기만을 기다리며 먼 산길을 쳐다보던 우리에게 마침내 버스 한 대가 나타났다. 그런데 6시가 다 된 시각에 극적으로 나타난 버스는 50명의 중국 사람들이 하루 관광으로 러시아를 다녀오는 버스였다. 우리가 기다리던 버스가 아니었던 것이다. 땅이 꺼져라 한숨이 나왔다. 우리 일행의 사정을 설명했더니, 이 사람들이 우리 일행을 받아 주겠다고 했다. 다들 환호성을 질렀다.

이 버스를 타고 러시아 세관에 검사를 받으러 갔다. 원래 러시아 세관원들은 개인 지갑까지 일일이 뒤지는 것으로 유명하다. 의료 장비와 약품 가방을 가지고 있는 우리로서는 여기서도 그저 마음을 졸이며 기도할 뿐이었다. 기도 응답은 곧 왔다. 이날은 시간이 너무 늦었다며 대강대강 넘어가는 듯하더니, 뒤에 가서는 아예 보지도 않고 그냥 통과시켜 버리는 게 아닌가. 놀랍게도 우리는 약 한 알 잃어버리지 않고 러시아 세관을 무사히 빠져나올 수 있었다. 하나님께 또 감사!

또 다른 걱정은 중국 세관이었다. 천신만고 끝에 다시 버스를 타고 중국 세관에 도착했을 때는 이미 저녁 7시가 넘어 세관은 문을 닫고 다 퇴근한 뒤였다. 우리는 중국 세관원을 불러 다시 문을 열 때까지 중국과 러시아 국경 비무장지대에 2시간 이상을 갇혀 있어야 했다. 지루하고 피곤한 시간이었다. 버스 안에 있던 중국 관광객들은 사실 우리 때문에 시간에 차질이 빚어졌는데도, 불평하지 않고 오히려 친절하게 대해 주었다. 여간 감사한 게 아니었다.

드디어 세관 문이 다시 열리고, 먼저 중국인 관광객들부터 검사가 시작되었다. 우리 일행은 맨 뒤에 서서 차례를 기다렸다. 늦은 시간에 불려 나온 세관원은 얼굴을 잔뜩 찡그리고 귀찮다는 게 역력한 표정으로 불평하며 검사를 하니, 검사가 제대로 이루어질 리 없었다.

우리 차례가 되자 세관원은 우리를 아래위로 훑어본 다음 밀수품이 없느냐고 묻고는 "모두 통과" 하고 그대로 통과시켜 주었다. 이렇게 해서 그렇게도 걱정하던 약품과 의료 장비들이 중국과 러시아 국경을 무사히 통과하는 이변이 생겼다!

날이 어둡고 배고픔도 잊은 채 우리 팀들은 모두 성령 충만했다. 하나님의 은혜와 우리처럼 부족한 사람들을 통해 이루어 가시는 기적을 체험하면, 세상의 자질구레한 일들이 문제될 수 없었다.

이렇게 가져온 의료 장비와 의료품들이 중국에서 수많은 환자를 치료하는데 얼마나 요긴하게 썼는지 모른다. 가는 곳마다 이동 치과 진료실과 일반 의료실을 설치하고, 시간 가는 줄도 모르게 몰려드는 환자들을 치료했다. 환자를 볼 때는 고무장갑을 끼고 마스크를 사용하는 것이 보통이지만 여기서는 그럴 여유가 없었다. 맨손으로 환자를 만지고 그들의 아픈 곳을 치료해 주었다.

환자들의 손을 잡고 위로하면, "아멘"과 "할렐루야"로 대답해 오히려 우리가 더 큰 은혜를 받았다.

:: 성찬이

장백에서 우리는 두만강 강변의 한 작은 교회와 연결이 되었다. 그 교회는 여러 가지 현장의 어려움을 이야기하며 도와 달라는 부탁을 했다. 여기는 두만강을 사이에 두고 그 맞은 편 '혜산'이란 북한 도시와 접해 있어서 강을 건너 먹을 것을 찾아오는 북한 사람들이 자주 있다고 했다.

그곳 목사님이 어떤 아이 상태를 좀 봐 달라고 했다. 가서 보았더니 머리는 꽤 큰데, 몸은 10살 정도로밖에는 보이지 않는 빼빼 마른 아이였다. 이 아이를 안을 때 몸은 아이고, 머리는 어른이어서 마음이 선뜩했다.

"저 아이가 17살이랍니다."

"17살이라고요?"

우리 일행은 다들 입을 다물 줄 몰랐다. 교회에서 돌보기 전에는 영양실조가 심해 상태가 더 심각했다고 한다. 자기 힘으로는 칡뿌리 하나 캐 먹지 못할 정도로 연약했다고 했다. 그 교회와 연결되지 않았다면 이 아이는 영락없이 굶어 죽었을 것이다. 우리는 성찬이를 위해 영양제를 주고, 조금의 후원금을 내놓는 것으로

밖에는 마음을 표현할 길이 없었다.

그러는 중에 우리와 동역하는 선교사 한 분이 임신 8개월째라는 한 여인을 데려왔다.

"아, 글쎄 기차 안에서 중국 남자가 이 여자를 막 끌고 가잖아요. 그래서 무슨 일이냐고 물어 보았더니, 자기가 이 여자를 샀다는 겁니다. 일단 막아야 하잖아요. 아니 임신한 여자를 팔아먹는 놈들이 어디에 있습니까?"

결국 우리들이 200위엔(25달러)을 물어 주고 이 여인을 다시 샀다. 여자한테 사연을 들어보니 참 기가 막혔다.

"저…산속에서 생활하기가 쉽지 않았시요. 북한으로 다시 돌아갈 수도 없고… 먹을 걸 찾아 두만강가를 전전하다가 중국 남자한테 팔려 가게 됐던 거디요."

이 여인은 그 뒤 한 달 정도 지하실에 숨어서 안정을 취하다가 아기를 낳았다. 우리는 이 아기의 이름을 '주일생'이라고 지었다. 평생 동안 주님을 잊지 않고 살라는 뜻이었다. 그곳에서 살면서 이 여인은 자연스럽게 예수님을 만났다.

얼마 뒤에 나는 여인한테 이런 내용의 편지를 받았다.

저를 낳아 주신 부모도 나를 버리고 갔는데, 우리 하나님 아버지는 저에게 새 생명을 주시고, 믿음을 주셨습니다. 또한 늘 저를 안전하게 지켜 주시는 풍성하신 은혜를 주셨습니다. 이 놀라운 은혜가 너무나 고마워서 매일 눈물을 흘리며 하나님 아버지께 감사의 기도를 드립니다. 이처럼 고마우신 하나님 아버지의 사랑에 어긋나지 않게 아버지의 말씀을 잘 학습해서 북한의 불쌍한 우리 민족을 구원하는 데 저의 한 몸을 모두 바치겠습니다. 또한 저를 하나님의 사랑이 있는 안전하고 따뜻한 곳으로 보내 주시고, 보호해 주시는 박세록 장로님께 감사의 말씀을 드립니다.

우리는 장백에서 조선족들을 많이 만났다. 이곳 산골 오지에는 3~4대째 강을 따라 가며 80세대, 100세대씩 모여 살고 있는 마을들이 많았다. 모두 농사를 짓고 살았는데, 다들 아프지 않은 곳이 없다. 굶지는 않지만, 농사 시절이 아니면 무료한 탓인지 술과 담배로 세월을 보내는 사람들이 많았다. 그러니 모두 간질환, 기관지염, 폐결핵, 관절염, 고혈압, 당뇨병 등 만성 질환을 앓고 있는 셈이었다.

가끔 이곳에서 북한에서 먹을 것을 찾아 나온 사람들이나 지하 교인들을 만날 수 있었다. 이들이 성경 공부를 하고 제자 양육을 받는 모습은 참으로 눈물겨운 광경이었다. 우리는 이들에게 의약품을 나누어 주면서 말했다.

"당신 동네에서 기침하는 사람은 무조건 폐결핵 약을 주세요."

"배 아프고 설사하는 사람에게는 이 항생제를 먹이십시오."

"이 약은 열이 나고 기침하여 폐렴이 있는 사람에게 주시오."

"그리고 다시 나오면 약은 얼마든지 줄 테니 아끼지 마시오."

약을 받아 들고 돌아서는 그들의 눈에는 감사의 눈물이 그렁그렁 고였다.

"감사합니다. 이 은혜 잊지 않겠습니다."

나는 이들이 복음의 기병이 될 것이라는 희망에 사로잡히곤 했다. 복음을 전해 받은 이들이 북한에 들어가서 복음을 전파하다 보면 언젠가는 동토의 땅에도 복음의 생명들이 새싹처럼 돋아나고 천지를 뒤덮을 것이다. 북한 선교는 정말 어렵지만, 이들이 있는 한 어렵지 않았다.

:: 태산을 넘어 험곡에 가도

아침 8시에 버스를 타고 연변을 출발해 목적지인 장백에 도착한 것은, 15시간 뒤인 밤 11시였다. 길이란 길은 모두 파헤쳐지고 그나마 중간중간 끊겨 말 그대로 악전고투였다.

오지 산길이라 표시판 하나 없는 이 험한 길을 덜컹거리며 달려가던 버스가 갑자기 '딱' 소리를 내고는 멈추어 섰다. 내려서 보니 오일 필터가 부서져 기름이 새고 있었다. 운전기사는 이 버스로는 안 되겠다며 우리를 버려 둔 채 마을을 찾아 내려갔다.

남은 우리들은 불안한 마음으로 사람을 치료하려고 가지고 갔던 치과 기자재를 이용하여 오일 필터를 펴 맞추는 등 손을 써 보았지만 허사였다. 장백산맥의 깊은 산골에서 우리는 이러지도 저러지도 못하는 딱한 처지가 되고 말았다. 날씨는 무더운데다가 작은 잠자리 만한 모기를 비롯한 온갖 곤충들이 달려들었다.

깊은 산속이라 땅거미가 빨리 떨어져 우리들은 동물들의 습격이 두려워 불을 켤 수도 없었다. 그런 가운데도 우리 일행은 어느 누구도 불평함이 없이 성령 충만하여 기도하고 찬송을 불렀다. 마치 두려움이 무엇인지도 모르는 철부지 아이들처럼 마음이 평안했다.

하나님이 어려운 상황에 처한 우리에게 어떻게 역사하실지 한편으로 기대가 되는 순간이었다. 모두가 큰소리로 찬송을 부르는데 갑자기 앞이 환해지더니 버스 한 대가 후진으로 소리를 내며 달려오는 게 아닌가. 마을로 내려간 운전기사가 버스를 구했는데, 길이 좁아 차를 돌릴 수가 없으니까 뒤로 차를 1시간 이상 몰고 우리를 데리러 여기까지 온 것이다.

"와!"

다들 함성을 질렀다. 누군가가 찬송을 선창하자 모두 큰소리로 따라 불렀다.

태산을 넘어 험곡에 가도 빛 가운데로 걸어가면
주께서 항상 지키시기로 약속한 말씀 변치 않네

감사한 마음에 목이 메었다.

한참 정신없이 3시간을 달리던 버스가 갑자기 또 섰다. 버스 기사는 이곳에 사는 현지인이었는데도, 길이 막힌 것을 모르고 들어갔던 것이다.

낭떠러지 외길에서 차를 돌리지 못하고 또 뒤로 곡예 같은 운전을 해서 계곡을 빠져나가기 시작했다. 차 안에서 내려다보니 양쪽이 모두 깊은 낭떠러지라 큰 나무들이 저 밑으로 내려다 보였다.

'이크! 여기서 구르는 날에는 뼈도 못 찾겠구나.'

가슴이 조여들었다.

어쩔 수 없이 우리는 3시간 동안 이렇게 뒤로 달리는 차 안에서 버스 천장만을 쳐다보며 "주여"를 외칠 뿐이었다.

그 지루하고 마음 졸이던 곡예를 끝내고 버스가 드디어 장백에 도착했다. 이곳은 압록강 상류에서도 폭이 좁은 곳으로 맞은 편 북한 땅이 한눈에 모두 내려다 보였다.

:: 우리의 브니엘, 단동

장백에서 3박 4일 일정이 끝나고 우리는 다시 압록강을 따라 신의주 방향으로 긴 대장정의 버스 여행을 시작했다.

필요한 것을 미리 준비해 주시고 시간 시간 풍성한 은혜를 내려 주시는 하나님. 때마다 우리 일행은 다음에는 어떤 은혜를 주실까 하는 또 다른 기대에 부풀어 다음 행선지로 떠날 수 있었다.

아침 예배를 드리고 아침 6시에 출발하기로 했었는데, 자동차 타이어에 이상이 생겨 두 시간이나 늦은 8시에야 겨우 출발할 수 있었다.

"야, 여기 군밤도 파네!"

조선족 자치현인 장백에는 군밤 장사도 있었다. 말이 군밤이지 그 시골에서 군밤을 사 먹는 사람이 있을 리 없었다. 그러니 식으면 굽고, 식으면 또 굽고 해서 밤이 아니라 아예 불에 새까맣게 탄 숯 덩어리처럼 보였다. 장백에서 떠날 때 누군가 군밤을 한 봉지 샀지만, 아무도 그것을 쳐다보는 사람이 없었다.

그때는 포장되기 전이라 길도 제대로 없었고, 있더라도 무척 험한 시골 산길이었다. 그러니 버스가 마치 미친 말처럼 튀었다. 의사가 아닌 어떤 분이 내게 귓속말로 물었다.

"장로님, 사람이 이렇게 오랫동안 튀어도 오장육부가 제대로 붙어 있습니까?"

지금 생각하면 우스운 말이지만, 그때는 그만큼 심각했다. 어느 순간 길이 없어지기도 했다. 때로는 버스로 강을 건너야 할 때도 있었다. 그러니 자동차는 자주 고장이 나서 섰고 밑에선 기름이 줄줄 샜다. 이번에도 치과 의사들이 치료 기계들을 들고 버스 밑으로 들어가 흰 곳을 고쳐야 할 형편이었다. 타고 가는 시간보다 밀고 가는 시간이 더 많았다.

산길을 헤매고 강을 가로 질러가다가 그 큰 차가 남의 집 화장실(말이 화장실이지 사실은 똥구덩이였다)을 밀고 들어가는 사고도 일어났다. 때로는 우리가 차에서 내려 자동차를 밀고 가기도 했고, 타이어가 펑크 나서 교체한 것만 해도 여러 번이었다. 산속을 헤맬 때는 여기서 살아 나갈 수 있겠나 하는 마음이 들기도 했다.

'만삭이 된 둘째 딸은 아이를 낳았나? 내가 산부인과 의사인데 한 번도 딸의 임신 기간 중 도움을 주지도 못하고 이제 거의 출산 날짜가 가까이 온 것 같은데… . 내가 손주 놈 얼굴 한 번 못 보고 하늘나라 가는 게 아닌가 몰라.'

갑자기 별의별 생각이 다 들어, 유언 기도를 나도 모르게 많이 했다.

모두 지칠 대로 지쳤지만 그런 가운데도 계속 운전을 하는 운전기사가 고맙기만 했다.

세 끼를 굶은 데다 고장 난 차 밀랴, 또 콩 볶듯 튀는 차를 따라 움직이랴 너무도 지쳤다. 마치 축 늘어진 개구리들처럼 우리들은 말할 기운조차 없었다. 배가너무 고파서 죽을 것만 같았다.

아무리 가도 길은 나오지 않았고, 길이 없으니 먹을 데도 없었다. 기사들이 한시간을 쉰 것 이외에는 줄곧 달리기만 했던 것이다.

그때 누군가가 생각난 듯 말했다.

"아, 아까 군밤 샀잖아!"

누군가 군밤을 몇 개씩 나눠 주었다. 날은 저물어 캄캄하고 버스는 미친 듯 요동을 치는데 그 속에서 군밤을 까 먹느라고 정신들이 없었다. 이게 탄 것인지, 아니면 벌레 먹은 것인지 따져 볼 새도 없이 입에 넣기에 바빴다.

한 알 먹고, 두 알 먹고… 이렇게 서너 알을 먹었는데 어찌나 놀랍던지. 흰 쌀밥에 고기 미역국을 먹은 게 아니라, 다 타서 비틀어진 군밤 몇 개를 먹었는데도 배고픔이 사라졌다! 배고픔에 창자가 비틀어지는 것 같은 고통이 없어진 것이다.

좋으신 하나님 좋으신 하나님 참 좋으신 나의 하나님
좋으신 하나님 좋으신 하나님 참 좋으신 나의 하나님

누군가 울음 섞인 찬양을 불렀다. 이 사람이 목이 메어 찬양을 더 하지 못하면그 옆에 사람이 다시 찬양을 이어 갔다. 버스 안은 온통 울음바다가 됐다.

'그렇지, 우리 하나님은 좋은 하나님이지.'

그들은 모두 박사, 교수, 장로, 목사… 모두 세상에서 바쁘기로 두 번째 가라면서러운 사람들이었다. 뭐 할 일이 없어 이 오지를 굶어 가며 헤매다가, 타 버린 밤

몇 톨을 먹고는 이렇게 감격하여 울음바다가 되는지 도저히 세상 사람들은 모를 것이다.

'성령님이 임재하셨구나. 예수님이 여기에도 동행하셨구나!'

나는 신음하듯 말을 내뱉었다.

작은 천국이었다.

먹지 않아도 배부르게 하시는 하나님! 쉬지 않아도 피곤치 않게 하시는 하나님! 예전에는 먹을 걸 먹어야 배가 부르고, 잠을 자야 피곤하지 않고, 집을 가지고 있어야만 안정된 생활을 할 수 있다고만 생각했는데, 그게 아니었다. 먹지 않아도 배 부르는 방법이 있었고, 마시지 않아도 목마르지 않는 방법이 있었다. 바로 주님이 함께하신다면, 좋으신 하나님이 함께하신다면….

그 찬양을 부르면서 얼마나 울었는지 모른다. 맛있는 걸 보고도 더 맛있는 걸 찾으러 다닌 것, 좋은 집을 두고도 더 좋은 집을 갖고 싶었던 것, 남들보다 더 잘나고 싶어서 미쳐 살았던 것…. 주님을 따라 살겠다고 했던 이제까지의 모든 고백이 이 순간 얼마나 부끄러웠든지.

그렇게 가고 가도 끝이 없는 험한 산길을 하도 오래 달리다 보니, 이제 아무 생각도 나지 않았다. 그래도 새벽이 오고 날이 밝아 오니 새 기운이 돌았다. 갑자기 핸드폰이 울렸다.

"와, 우리가 세상과 다시 접속되었구나!"

"이제 살았구나!"

감탄이 절로 나왔다. 다들 안도의 숨을 내쉬었다. 전화를 받은 분이 큰소리로 외쳤다.

"박 장로님이 드디어 할아버지가 되었습니다. 박 장로님 따님이 아들을 순산

하셨답니다.”

“와!”

일행들이 나를 향해 박수를 보냈다.

모두 지치고 힘이 빠져 있던 때에 이 소식 하나가 모두에게 얼마나 큰 기쁨과 용기를 주었는지 모른다. 그렇지 않아도 산속을 헤맬 때 만삭이 된 둘째 딸 생각이 나 기도를 했는데 첫 아기를 순산했다는 소식이 응답처럼 들려온 것이다.

‘내가 드디어 할아버지가 되었구나.’

순간 두 눈에 눈물이 핑 돌았다. 아내가 아이를 낳았을 때는 세상을 정신없이 사느라 좋은 줄도 몰랐는데, 손자의 출생 소식을 들으니 그렇게 반갑고 좋을 수가 없었다. 나도 이제 손자 녀석과 함께 뒹굴면서 놀 수 있다는 것을 생각하니 벌써부터 마음이 날아갈 것 같았다.

무엇보다도 감사한 것은 손자의 출생 소식을 통해서 우리 열두 사람에게 희망을 갖도록 용기를 주신 하나님의 은혜였다. 모두가 마치 자기가 할아버지가 되고 부모가 된 것처럼 새로운 힘을 얻었다.

가도 가도 끝없는 길, 장백을 떠난 지 무려 26시간이나 지나 있었다.

우리는 허기진 배를 껴안고, 중국 기사에게 물었다.

“여기가 어디입니까?”

“단동입니다.”

다들 ‘단동’은 들어본 적이 없다고 했다. 하지만 성령님이 인도해 주신 곳이니까, 이곳에 야곱처럼 제단을 쌓기로 했다. 우리 일행은 차에서 내려 주님 앞에 예배를 드렸다.

“주님이 저희를 눈물 흘리게 하시고, 배고픔을 알게 하시고, 오랫동안 험한 길을 지나도록 이곳으로 인도하셨습니다.”

우리 일행은 그때부터 그곳, 단동에 대해 알아보았다. 그러는 중에 여기가 그 전에 '안동' 이라고 부르던 곳임을 알게 되었다. 단동, 그곳은 놀랍게도 바로 신의 주 건너편이었던 것이다!

우리 모두는 하나님의 그 치밀하신 인도하심에 혀를 내두르지 않을 수 없었다. 지난 의료 봉사 기간 동안 주님은 우리에게 끊임없이 말씀하고 계셨고, 이제 단동으로 직접 인도하셔서, 이곳을 전초기지로 삼으라고 말씀하시는 게 분명했던 것이다. 주님은 우리에게 이렇게 말씀하시는 것 같았다.

"더 이상 북측에 이끌려 다니지 말고, 이곳에서 북에서 나오는 사람들을 도와주어라. 이곳에서 내 사랑을 저들에게 베풀고 전해라!"

멋진 사역이 될 것이라는 예감이 들었다. 우리 일행은 이곳에 병원을 세우기로 결심했다.

:: 깨어나라, 내 영혼아!

하나님의 커다란 선교 계획을 몸으로 뼈저리게 느끼고 돌아온 우리는 단동병원 개원을 위해 또다시 피 말리는 전투태세를 갖춰야 했다.

단동병원 설립을 위한 구체적인 작업 준비에 들어갔다. 마침 동역자 한 사람이 중국에서 사업을 하고 있었는데, 자기와 사업으로 연결된 사람 중에 단동에서 사업을 하는 조선족이 있다고 했다.

"그럼, 그 사람을 찾아보세요!"

그렇게 해서 그 조선족을 만났고, 그가 우리를 단동시 위생국 관리들과 만날 수 있도록 주선해 주었다

"나는 미국 사람입니다. 그런데 단동에 병원을 하나 짓고 싶습니다."

한국 사람이라고 하는 것보다 훨씬 일하기가 편해서 나를 미국 사람이라고 한

것이다. 관리들은 마침 비어 있는 병원 건물 하나가 있다고 했다. 막상 그곳에 가 보니 시내와는 좀 떨어져 있었다. 그때 우리는 중국 지리를 몰랐지만, 어딘지 모르게 우리한테 줘도 아깝지 않은 건물을 소개하고 있다는 것은 눈치 챌 수 있었다.

일단은 단동시 위생국 관리들이 지정해 준 그 건물에 병원을 짓기로 했다. 우리가 이곳에 병원을 지으려는 것은 지역 주민을 위해서이기도 했지만, 북한 주민 때문이었다. 그러니 오히려 복잡한 시내보다 조금 한적한 곳이 좋겠다는 판단이 들었다. 그때 내 마음에는 "주님이 인도하신 것이다" 하는 확고한 믿음이 있었다.

"여기에 합자 병원을 하나 합시다. 미국하고, 중국하고."

마침내, 1999년 2월 단동시와 SAM 의료복지재단은 단동 CMWM기독병원의 설립을 합의할 수 있었다. 우리는 병원 이름을 '단동기독병원'이라 주장했고, 중국 측은 '단동복지병원'이라 했다. 공식적으로는 CMWM(Christian Medical and Welfare Mission)으로 합의가 되었으니, 우리가 처음 원하는 것보다도 훨씬 좋았다. '기독' '복지' '선교'라는 말을 모두 그대로 넣게 되었으니 말이다.

말이 합자지, 중국은 찌그러져 가는 건물을 대고 우리가 내부 수리와 의료 기자재들을 채우는 일을 맡았으니, 우리의 부담이 컸다.

평양제3병원에 대한 부담을 이제 간신히 털어 버렸는데, 이번에는 중국 땅에 병원을 짓기 위해 피 말리는 싸움을 또다시 시작해야 한다는 생각에 나도 모르게 식은땀이 쭉 흘러내렸다.

우리는 단동병원 내부를 호텔식으로 꾸며서 치료와 휴양과 선교 답사를 함께 할 수 있는 코스가 되도록 만들기로 했다. 병상은 100개의 작은 규모이지만 양방과 한방을 고루 갖추고, 사우나실·마사지실·수치료실·찜질방 같은 다양한 부속 시설을 갖춘 깨끗한 병원을 만들기로 했다. 게다가 감사하게도 수질이 뛰어난 온천이 시설만 준비하면 바로 병원 건물 옆에 있어서 모든 병실과 숙소에 온천도 보급할 수 있었다.

병원을 짓기 위해서 하루에 1분씩, 이것이 힘들면 일주일에 5분 또는 한 달에 10분 이상씩 정기적으로 기도하기로 서원하는 '1만 명 기도 회원' 모으기 운동이 시작되었다. 그리고 단동병원과 현지 진료실, 그리고 예배 장소와 숙소 같은 부대시설을 짓는 데 필요한 벽돌과 자재를 위해 특별 헌금을 하는 분들은 병원 로비와 입구에 있는 벽에 이름을 올리는 '느헤미야 기도 운동' 도 시작했다.

내가 단동병원 설립의 취지를 알리고 모금 운동을 전개하기 시작했을 때 많은 사람들이 물었다.

"그 이전의 사역과 달라진 것이 무엇입니까?"

그러면 나는 이런 이야기를 들려주었다.

"동생들 밥을 해 먹이면서 달동네 꼭대기에서 어렵게 살아가는 13살 소년 가장의 모습이 방송됐습니다. 그 다음 주일날, 이 방송을 본 권사님들이 말합니다.

'우리가 가서 도와줘야 하지 않습니까?'

여전도회에서는 라면과 사과 상자를 준비했습니다. 대형 버스를 대절하고 구호품들을 잔뜩 싣고 그 소년 가장을 찾아갔습니다. 라면과 사과 상자를 내려 주고, 권사님들과 집사님들이 소년 가장을 앉혀 놓고 상자들을 전달하며, 이렇게 또 저렇게 사진을 찍었습니다. 기도했습니다. 그러고는 떠나갔습니다. 어른들이 가자 아이들은 울음을 터뜨렸습니다. '동물원의 원숭이가 된 것' 같았기 때문입니다. 엄마가 너무 보고 싶었기 때문입니다.

그런데 이 교회의 다른 권사님 한 분은, 이 분들이 가서 어떻게 할 것이라는 걸 뻔히 알았기 때문에 따라가지 않았습니다. 그 대신 집에서 밥을 하고 미역국을 끓여서 그날 저녁에 그 소년 가장의 집을 찾아갔습니다. 그 아이들을 씻겨 주고 감싸 주고 먹여 주고, 가슴에 품고 잠을 재웠습니다. 머리맡에서 성경을 읽어 주었습니다. 하룻밤이라도 같이 살았습니다.

'엄마가 보고 싶어요.' 하고 흐느끼는 아이들을 가슴에 안고 같이 울었습니다. 그리고 시간이 날 때마다 찾아갔습니다. 25년 뒤에 그 소년은 미국 LA에서 큰 한인교회의 담임 목사님이 되었습니다.

여러분 축복의 나눔은 이런 게 아니겠습니까? 저희도 이제 떠들고 눈에 보이는 나눔이 아니라, 마음과 마음으로 은혜를 나누겠다는 것입니다. 비록 우리는 요란한 뉴스거리는 되지 않더라도, 강변에서 한 생명이라도 살릴 수 있는 일을 열심히 할 것입니다. 무언가 큰일을 한 것처럼 떠들어대지 않아도 마음과 마음으로 은혜를 나눌 때 이처럼 생각하지 못했던 열매를 볼 것이기 때문입니다."

"언제까지입니까?"

"하나님이 시키시는 대로, 그리고 허락하시는 때까지입니다. 그리고 그만하라고 하시면 언제든지 그만둘 것입니다."

이것은 나의 솔직한 심정이었다.

그랬기에 더욱 단동병원은 좀더 대외적인 차원에서, 특히 국제적으로 일을 진행하고 싶었다. 평양제3병원을 설립할 때처럼 그저 숨어 고생하다가 결국은 힘없이 떨려 나온 전철을 다시 밟아서는 안 되겠다는 생각에서였다.

또 이 단동병원이 중국이라는 또 하나의 공산주의 국가에서 살아남고 주님의 뜻대로 움직이기 위해서는 개인의 후원뿐만 아니라, 국제적 기구의 후원이 필요하다는 판단도 들었다.

:: 당신은 무엇을 하고 있습니까?

'병원을 짓는 일 외에 어떻게 탈북자들을 살리는 방법이 없을까?'

기도는 날이 갈수록 깊어만 가고 마음의 부담은 커져 갔다. 잘 차려 놓은 음식상을 앞에다 놓고도 마음이 편하지 않았다.

하루는 기도하는데 보트피플이 생각났다. 그 전에 베트남이 함락되고 보트피플들이 보트를 타고 바다에서 헤매고 있을 때, UN고등판무관실(UNHCR)에서 그들을 난민으로 판정을 내려 미국을 비롯한 세계 각국에서 이들을 받아들이고 살려 주었던 일 말이다.

'그래, UN에 도움을 청하는 것이 좋겠다!'

마침 이재철 목사님이 시무하시던 '주님의교회'를 사임하고 선교사로 파송받아 제네바한인교회에서 사역하고 계셨다. 나는 이재철 목사님께 도움을 청했다.

목사님은 흔쾌히 승락하시고 필요한 정보를 입수해서 알려 주셨다. UNHCR, UN인권위원회, 국제적십자사와 미리 연락을 했더니, 우리를 좋게 생각했다. 특히 UNHCR에서 나를 초청해 주었다. 이왕 외유를 하는 김에 국경없는의사회(MSF)에도 들르기로 했다.

MSF는 세계 최대의 비군사, 비정부 국제 민간의료 구호 단체이다. 1971년 파리에서 '중립, 공평, 자원'이라는 3대 원칙과 '정치·종교·경제적' 권력으로부터의 자유라는 슬로건 아래 전쟁, 기아, 질병, 자연 재해 등으로 고통받는 세계 각 지역의 주민들을 돕고 있어서 인도주의의 꽃으로 불릴 만큼 정평이 나 있는 단체였다. 1995년 북한 수해 때 민간 기구로서는 유일하게 의료 활동을 펼친 바 있고, 1997년에는 서울시가 제정한 서울평화상을 수상한 단체이기도 하다.(그들은 1999년 노벨평화상을 수상했다.)

우리가 유엔에 도착했을 때, 유엔의 여러 기관들이 자리잡고 있는 모습들은 마치 잘 정돈되고 질서가 있는 작은 세계를 보는 것 같았다. 피부 색깔이 다른 사람들이 모여 각자 자기의 고유 악센트로 영어를 말하는 것이 마치 인종 전시장을 보는 것 같기도 했다.

이곳에 세계 일꾼들이 다 모여 있는 것 같아 보였다. 그 중에는 덴마크에서 온 젊은 여자 변호사도 있었다. 덴마크에서는 매년 30명의 젊고 유능한 변호사, 과학자, 민권 운동가들을 국비로 UN에 보내 인턴으로 일하게 하면서 세계를 배우게 한다는 것이다. 이들은 젊어서부터 세계를 이해하고 세계를 상대로 하는 활동을 해 나가고 있다는 것이 부럽기도 했다.

건물 밖에서 끊임없는 데모가 진행되고 있는 것도 인상적이었다. 각기 다른 인종들이 고유의 의상을 입고 순서에 따라 시위를 하고 있어서 지켜보는 것만으로도 흥미로웠다.

연일 끊임없이 계속되는 데모로 UN 건물 앞 광장에는 잔디가 자랄 틈이 없어 모래밭처럼 되었다. 이 광장에는 한쪽 다리가 부러진 큼직한 의자 하나가 놓여 있었다. 지뢰 퇴치 운동가들이 지뢰로 인해 생긴 희생자들을 상기시키기 위해 이 의자를 세웠다고 했다.

밖에서는 데모대 시위로 혼란스럽지만 건물 안에서는 세계 시민들이 의견을 교환하며, 시계의 톱니바퀴가 맞물려 돌아가듯 세계의 여러 가지 복잡한 문제들을 풀어 가고 있다.

세계를 모르면 어느 나라든 살아남기가 어렵다는 것을 이곳에서 느낄 수 있었다. 지금까지 우리 민족이 어떻게 살아 왔으며 또 어떻게 살아가고 있는지, 우리는 너무 우물 안 개구리처럼 세상을 모르고 살고 있다는 충격이 무겁게 다가왔다.

마침 코소보가 전쟁 중이어서 많은 나라들이 코소보에 구호물자를 보낸다, 의료진을 파송한다 야단이었다. 그 소란 속에 우리 민족, 내 핏줄을 도와 달라는 말을 해야 하는 내 처지가 서글펐다. '우리 한국도 의료진을 파송하겠습니다.' 하고 멋지게 외칠 날이 올 수 있을 것인지….

드디어 내 차례가 되었다.

"탈북자들은 그 수를 명확히 알 수는 없지만, 대략 30만 명이나 된다고 알려져 있습니다. 여러분이 이들을 돕지 않는다면, 굶주림에 지쳐 도망 나오다 강가에서 굶어 죽는 사람들은 점점 늘어날 것이고, 여성들은 중국 남성들의 성노리개로 희생당하다가 그 귀중한 생명을 끊는 일이 멈추지 않을 것입니다. 여러분이 도와주지 않는다면 누가 이들을 도와주겠습니까. 도와주십시오."

보고를 다 들은 다음 UNHCR 회장이 내게 세 가지 질문을 던졌다.

"당신은 그들을 위해 무엇을 하고 있습니까?"

갑자기 물대포라도 맞은 듯했다. 나는 아무 말도 하지 못하고 말았다.

"당신 나라는 그들을 위해 무엇을 하고 있습니까?"

할 말이 많았지만 참았다. 자기 얼굴에 스스로 침 뱉는 격이었기 때문이다.

"한국에는 그 교회들이 많다는데 그 많은 교회는 그들을 위해 무엇을 하고 있습니까?"

속에서는 여러 가지 말이 끓어 넘치고 있었지만, 차마 말할 수 없었다. '예, 지금 우리 민족 교회들은요 남아메리카, 아프리카, 동남아시아 선교하느라고 동족은 돌볼 겨를이 없습니다.' 하고 말할 수는 없었기 때문이었다.

지금 세계는 우리 민족더러 우리 동포를 구하라고 외쳐 대는데, 유독 우리 민족만 모른 체하고 있는 것이다. 우리 민족의 일을 우리가 돌보지 않는다면 누가 돌볼 것인가. 결국은 이것은 우리가 해결해야지 다른 나라 사람이 해결할 일이 아니었다. 우리가 해야 할 우리의 몫이었다.

회의가 끝난 뒤에 우리는 UNHCR 회장과 면담을 했다.

"탈북자들을 유엔 난민으로 지정해 주십시오."

하지만 UNHCR 회장은 할 수 없는 일이라고 딱 잘라 말했다.

"중국 정부에서 협조를 안 합니다. 우리가 탈북자 실태를 조사하러 들어가겠다고 해도 못 들어가게 합니다. 그런 일이 없다고 하고요. 우리는 어떻게 할 수 없는 일이고, 오히려 민간단체들이 나서서 할 수 있는 일이 많을 겁니다."

게다가 UNHCR의 상임 변호사가 우리에게 가슴 아픈 말을 했다. 며칠 전 서울에서 온 3개 민간단체 대표들과 만났다고 했다. 그런데 이들 단체마다 자기 단체가 제일 크고 정통성을 가진 단체라고 장황하게 설명을 하더라는 것이었다. 정작찾아온 용건에 대해서는 이렇다 할 의견은 내놓지 않고, 도대체 무슨 이야기를 하는 건지 이해할 수 없는 말만 되풀이해서 듣기가 곤혹스러웠다고 했다. 그러면서우리가 이들을 모두 하나로 묶어 주었으면 고맙겠다는 부탁도 잊지 않았다. 듣기에 민망했다.

북한의 굶주림과 탈북자 문제가 매스컴을 통해 전 세계에 매일같이 알려지고 있는 것도 가슴 아픈데, 이 사정을 호소하러 왔다는 사람들이 듣는 사람들을 힘들게 만들었다니, 마음이 무거웠다.

비록 탈북자를 유엔 난민으로 지정해 주는 것은 통과되지 않았지만, UNHCR은 우리 SAM을 NGO 파트너로 가입하는 것에 합의해 주었다.

:: 센 강은 알고 있다

파리에서 국경없는의사회(MSF) 회장을 만나 우리 사역을 설명했더니 참으로놀랍다면서 즐겁게 동참하겠다고 약속을 해 주기도 했다.

파리에서 만남을 성공적으로 마치고 돌아올 때는 마음이 하늘을 나를 듯 가벼웠다. 선교적인 사역을 잘 마칠 수 있게 해 주신 것도 감사하지만, 사실은 철모르는 대학 시절에서부터 오늘의 MSF와의 만남에 이르기까지 오랫동안 계획하시고참고 기다리시는 엄청난 하나님의 은혜가 나를 흥분시키기에 충분했다.

젊은 시절, 꿈과 낭만의 향기 그 마로니에의 도시 파리에 내가 와 있다는 것이 믿기지 않았다.

의예과 마로니에 정원과 의대 동산을 올라가는 라일락 꽃핀 함춘원. 그때 문리과 대학 정문 앞에 작은 개천이 흐르고 있었다. 우리는 그 개천을 센 강이라 부르며, 마로니에 노래를 부르며 낭만을 즐기곤 했다.

"아 청춘도 사랑도 다 마셔 버렸네 그 길에 마로니에 꽃이 피던 날…."

이렇듯 나도 노래 하나에 심취했던 시절이 있었다. 그때 그곳의 라일락 향기가 코끝을 스쳐 지나가면 마취된 환자처럼 현실의 어려움을 모두 잊을 수 있었다. 그 향기는 있으면 먹고 없으면 굶는 가난한 의대생의 찌들어 지친 현실 속에서도 하늘을 보는 꿈을 갖게 했고, 시험 준비에 쫓기는 내게 포근한 휴식을 주었다.

간신히 의과대학 6년 과정을 마쳤다. 없으면 굶고, 있으면 먹는 생활의 연속이었다. 그중에서 마지막 두 해 동안은 그야말로 최악이었다. 가방 속에 담요 한 장 넣고 서울대 의대 병원을 돌아다니다가 환자가 없는 병상에서 풀썩 거꾸려져 잠이 들곤 했다.

그렇게 해서 눈물겨운 공부를 마치고 졸업하는 날 서울에는 폭설이 내렸다. 나는 남산을 올랐다. 온통 눈 속에 파묻힌 서울을 내려다보다가, 춥고 배고프던 지난 6년 동안의 생활이 하도 서러워 소리 내어 울었다. 지금도 의문이 난다. 어떻게 6년을 죽지 않고 살면서 그 어려운 의과대학 공부를 마쳤는지.

대학을 들어가는 날부터 가정교사를 하다가 나중에는 '잘 가르치는 선생'으로 소문이 나서 그룹 과외도 하고 학원 강사도 했다. 원래 수학을 좋아했기 때문에 그 실력을 인정받고 대학 2학년 때는 고3 수학반을 가르치기도 했다.

하지만 의과대학 졸업반 때는 달랐다. 그동안 학업에 충실하지 못하다 보니 성적이 그다지 좋지 못했고, 또 미국을 가려면 미국 의사 자격시험을 보아야 하니 그 준비가 만만치 않았다. 그래서 1년 동안은 공부에만 파고들었다. 물론 수입이 없었으니 그 생활이 말이 아니었다. 강의실에서 받아 쓸 노트와 펜이 없어서 수업도 제대로 받을 수 없었다. 끼니를 제대로 먹지 못하니 의욕도 없어졌다. 할 수 없이 그 당시 나를 사위 삼으려고 친절하게 돌보아 주시던 처녀 집 어머니를 찾아갔다.

"돈 5천 원만 꾸어 주세요."

"그래, 물론이지."

아주머니는 그렇게 넉넉지 못한 형편에도 선선히 돈을 꾸어 주셨다.

"꼭 갚을 게요."

"걱정하지 않아도 돼."

그 길로 나는 사거리 구석에 있는 식당에 달려가 비빔밥 한 그릇을 게 눈 감추듯이 해치웠다. 그제야 눈앞이 보이기 시작했다. 결국 그 돈은 갚지 못했다. (한동안은 잊어버리고 살았고, 나중에는 시간이 너무 흘러 미안하고 죄송스러워 갚을 수 없었다. 더욱이 그 처녀는 그후 다른 사람과 결혼해서 살다가 유방암으로 세상을 일찍 떠났다니 그 어머니를 찾아 뵐 면목이 없었다. 이 이야기를 아내에게 했더니, 그 몫으로 아내가 대신 교회에 헌금을 했다.)

등록금을 낼 때마다 홍역을 치르는 모습을 보시던 친구 어머니가 보시다 못해 내게 재벌 집 마나님을 소개시켜 주셨다. 물론 그 댁에도 과년한 처녀가 있었다.

"그까짓 의사는 해서 뭘 하나. 차라리 결혼하고 사업 훈련을 받아 기업을 맡아 볼 생각은 없나?"

칼날과 같은 자존심 하나로 죽지 않고 버텨 온 내게 이 말 한마디는 뼈에 사무치도록 슬프게 들렸다. 아니나 다를까, 등록 때가 되니 넉넉한 돈 봉투가 내게 전해졌다. 나는 그 돈 봉투를 고스란히 돌려 드렸다.

정신없이 다니며 그룹 과외를 해서 돈을 조금 모았다. 이것으로 이자 놀이를 하고 1년은 공부만 할 계획을 세웠다. 그런데 사고가 생겼다. 바로 밑에 동생이 다니던 공장에 이 돈의 일부를 빌려 주었는데, 그 사람들이 몽땅 떼어 먹고 달아나 버린 것이었다.

"이것으로 우리 오빠 공부해야 하는데…."

동생이 목이 메어 쉰 목소리로 외치던 모습이 지금도 눈에 선하다.

학원 강의를 끝내고 아현동 자취방까지 오는 데 30분이 걸렸다. 집에 오면 방에는 이미 그룹 과외를 받는 초등학교 6학년 학생들이 와 있었다. 그러면 저녁 먹을 시간이 없었다. 그래서 아침에 집을 나서기 전 냄비에다 밥을 해 두었다. 그리고 저녁에 돌아오면 아이들 자습을 잠시 시켜 놓고 아이들 앞에서 저녁을 먹었다.

그때는 지금과 달리 쌀에 돌이 많이 섞여 있어서 어머니들이 기술껏 쌀을 잘 씻지 않으면 돌이 씹히는 경우가 많았다. 나는 쌀을 잘 씻을 재간도 없었고 또 시간도 없었다. 그래서 나는 무조건 냄비 밥에다 물을 부어 말아 먹었다. 먹으면서 살살 흔들면 돌이 밑으로 가라앉아 냄비 바닥에서 딸그락 딸그락 소리가 났다. 그러면 돌이 어디에 몇 개쯤 있다는 것을 알고 조심해서 먹으면 되었다. 반찬은 늘 간단하게 생오이를 고추장에 찍어 먹었다.(그런데 지금은 건강식이라고 생오이를 먹는 시대가 되었으니 모든 것이 다시 제자리로 돌아온 셈이라고나 할까. 이때 공부한 학생 중에 지금은 한국에서 첫째 가는 회사의 사장이 된 사람이 있다. 지금도 사제간의 각별한 정을 나누며 그때의 일들을 이야기하며 웃곤 한다.)

돌이켜 보면 라일락의 향기 속에서 위로를 찾고 죽지 않고 살 수 있었던 것도 바로 그분의 은혜였다. 라일락 향기가 바로 그분의 향기였다는 것을 요즘은 실감하고 있었다. 주님의 향기가 더 뜨겁게 나를 감싸주셨다.

센 강변에 서서 지난날 함춘원에서 내가 다하지 못한 나의 환상 날개를 다시 달아보았다. 하지만 그날 내가 단 환상의 날개는 풋내기 대학 시절의 감상적인 것과는 차원이 다른 것이었다. 세상의 경륜을 쌓을 만큼 쌓았고 시행착오를 거쳐 얻은 귀한 경험을 통해 삶의 목적이 하늘에 있음을 소망하게 된 지금, 예전의 낭만이나 환상과는 그 가치가 분명 달랐다.

그때의 꿈이 겁 없이 하늘을 나는 것이었다면, 지금의 꿈은 내 힘이 아니라 하나님이 주시는 은혜로 감격하여 하늘을 나는 것이다. 예전의 꿈이 현실에서 벗어나기 위해 몸부림치는 것이었다면, 지금의 꿈은 "착하고 충성된 종"이라 칭찬받기 위해 인생을 잘 마감하는 것이다.

돌아오는 길에 나는 한국을 들러 통일원 장관을 만났다.

"국가적으로 도와주십시오. 제가 중국과 비공식적으로 협상하겠습니다. 탈북자들을 수용하고 농사짓는 법을 가르치겠습니다. 스스로 자립해서 생활할 수 있도록 훈련시킨 다음, 이들을 다시 북한으로 보내기 위한 프로그램을 만들어 보겠습니다.

"필요한 천막 정도는 도와드릴 수 있겠는데요…."

정부의 무관심한 태도를 듣고, 나는 이 일은 세계에서도, 우리 정부도 관심이 없는 사역이니 비록 힘은 없고 큰일은 못하지만 그래도 우리 같은 사람들만이 할 수 있다는 생각이 들었다. 그래야 더 늦기 전에 한 생명이라도 살릴 수 있을 테니까. 그래 단동병원을 열심히 짓자.'

:: 출판 기념회

1999년 10월 드디어 단동병원 건축 공사가 시작되었다. 그러면서 우리 집 전화벨이 바쁘게 울리기 시작했다.

"여보세요?"

"저 장로님! 돈이 말입니다~!"

나는 진이 쫙 빠졌다. 중국 단동과 내가 살고 있는 샌프란시스코는 그야말로 시간상 정반대이다. 그러니까 이쪽이 한낮이면, 저쪽은 한밤중이다. 단동병원 공사 현장이 바쁘게 돌아가고 또 돌발적인 사고가 많이 생기면서, 시차고 뭐고 봐 주지 않았다.

한밤중에도 시시때때로 전화가 울렸다. 막 단잠이 들었는데, 나는 입맛을 쩍쩍 다시며 없는 예산을 짜내느라 있는 머리털도 다 빠질 지경이었다.

단동병원을 시작할 때 맨주먹으로 시작하면서 걱정을 많이 했다. 우리에게는 너무 벅찬 사역이라는 생각도 들었지만, 무엇보다도 '평양제3병원'을 짓고 두 번째로 짓는 병원이라 정신적으로도 피곤해 있었다. 하나님이 어여삐 보시지 않는다면, 어떻게 이 사역을 감당할 수 있었겠는가.

그런데 막상 일을 시작해 놓고 보니 예상보다 훨씬 더 많이 드는 재정을 감당할 길이 막연했다. 궁여지책으로 그동안 일간신문에 오랫동안 연재되어 오던 건강 칼럼과 사역 이야기를 모아 책을 출판하기로 했다. 출판 기념회를 선교 헌신의 밤과 연결시켜 모금을 하려는 계획이었다. 일단 서울과 미국에서 차례로 열기로 했다.

우선 1999년 9월17일, 한국 SAM 동역자들과 힐튼호텔에서 출판 기념회 일정을 잡고 모금 디너를 준비했다. 사흘밖에 남지 않았는데, 불과 다섯 명만 참석하겠다는 통보가 왔다. 마음이 불안했다. 서울까지 와서 망신을 하면 어떻게 하나 걱정이 되었던 것이다.

하지만 막상 그날 행사장에는 무려 150여 명이 모여서 행사장을 가득 채웠고, 식사가 모자라 다른 식당에서 더 가져오기까지 했다. 박은조 목사님의 눈물어린 호소, 예종탁 목사님의 간곡한 말씀, 그리고 나의 정성어린 간증으로 분위기는 뜨거워졌다. 행사를 마치고 정리를 하고 있는데, 모든 준비를 주관했던 박 권사님에게서 전화가 왔다.

"헌금이 얼마나 들어 왔어요, 장로님?"

"아직 집계하지 못했습니다."

평소에 전혀 조바심을 내지 않는 분인데, 이분이 왜 이럴까 싶을 정도로 세 번이나 계속해서 똑같은 전화를 주셨다. 드디어는 단도직입적으로 물었다.

"저, 혹시 5만 달러 헌금하신 분이 있나요?"

"예, 한 분이 5만 달러 헌금하셨던대요."

"할렐루야!"

전화기 너머에서 함성 소리가 들리더니 곧 잠잠해졌다.

"장로님, 하나님이 이 일을 기뻐하십니다."

박 권사님의 목소리는 어느새 젖어 있었다.

"제가 행사 시작되기 전에 하나님께 확신을 요구하는 기도를 드렸지요. 지금 진행되고 있는 사역도 너무 벅찬데, 또 단동병원을 새로 시작하다니요. 이 큰 사역을 감당하기는 너무 벅차니 하나님이 오늘 저녁 5만 달러를 헌금하는 동역자가 나와서 우리를 감동시켜 주시면 분명히 하나님이 기뻐하시는 사역이라 확신을 가지고 열심히 하겠습니다, 하고 서원 기도를 하지 않았겠어요?"

박 권사님의 기도 응답은 그분만의 것이 아니었기에, 우리 모두 오늘도 살아 계셔서 역사하시는 하나님의 풍성한 은혜를 체험할 수 있었다.

한 여 집사님은 은행에서 미리 만 달러를 대출받아 헌금하고 앞으로 일년 동안 매달 갚아 갈 계획이라면서 헌금해 주시기도 했다. 그날 밤 헌금 집계를 마쳤을 때, 5만 달러와 만 달러를 비롯해 무려 15만 달러 가까이나 모금이 되었다.

지난 10여 년 동안 미국은 물론 한국과 유럽과 중국을 다니며 모금을 하느라, 우리는 모든 노력을 다 기울였다. 모금하는 것이 얼마나 힘들고 피를 말리는 일이란 것을 누구보다도 잘 알지만, 하나님이 하시니 이렇게 쉽게 된다.

:: 이전에도 없었고 앞으로도 없을 기적

미국 출판 기념회 일정은 이틀을 잡았다. 사람들은 이를 말렸다.

"이 살기 바쁘고 힘든 이민 생활에 출판 기념회를, 그것도 2일씩 연달아 한다는 말입니까? 얼마 전에 이곳에서 유명한 작가 출판 기념회를 했는데도 30명이 모였대요. 그 정도만 해도 잘 모인 것이지요. 일찌감치 꿈 깨세요."

유명 작가가 그렇다니 나 같은 무명 작가가 오죽하겠는가. 하지만 속으로 은근히 오기가 생겼다. 나 먹고 살자고 하는 것 아니고, 하나님 사역을 위해 하는 행사니까, 하나님이 책임져 주시지 않겠는가. 300명을 목표로 기도하기 시작했다.

그런데 날짜가 가까워 올수록 자신이 없어졌다. 목표가 250명, 200명, 150명, 그 전날에는 30명이 되고 말았다.

"하나님, 30명이라도 와서 제 체면이라도 유지할 수 있도록 허락해 주시기를 바랍니다."

내가 속절없이 이런 기도를 하고 있을 때, 하나님의 음성이 내 마음을 스쳐 갔다.

"너의 체면이 뭐 그렇게 대단한 것이냐?"

"단 한 명이 오더라도 그 한 명과 진정으로 기도하면 기적이 일어날 것을 왜 믿지 못하느냐?"

주님의 심정을 알고 나서야 마음이 편해졌다. 그래도 우리는 믿음으로 250명 분의 식사를 준비했다.

첫째 날은 산호세에서 열렸다. 비가 쏟아지는 밤이라서 그런지 사람들이 모이지 않았다. 역시 무리한 욕심을 부린 것이 아닌가 하고 후회도 되었다. 비를 맞으며 문 밖까지 나가서 초조하게 기다리는 동역자들에게 미안한 마음이 들었다.

당일이 되어 막상 음식들이 산더미처럼 들어오는데 다시 걱정이 되었다.

"이 많은 음식을 누가 다 먹나?"

아내와 둘이서 조용한 방에 들어가 무릎을 꿇었다.

"예수님, 내가 또 예수님의 마음을 헤아리지 못하고 인간적인 지식으로 그 잘난 머리를 굴려 일을 벌였습니다. 오늘 이 체면, 교만의 탈을 완전히 벗게 하시고 예수님의 십자가의 고통에 조금이라도 동참하는 밤 되게 하옵소서."

그리고 우리는 찬송을 불렀다.

내 너를 위해 몸 버려 피 흘려 내 죄를 속하여 살 길을 주었다

너 위해 몸을 주건만 날 무엇 주느냐 너 위해 몸을 주건만 날 무엇 주느냐

"예수님, 이 기회에 완전히 부서지게 하소서. 다시는 일어나지도 못하게 망가지게 하시고, 이 사역을 계속하시기를 원하시면 다른 신실한 종을 세우소서."

한참 기도를 하고 나오니 시간이 이미 30분이나 지나 있었다.

그런데 그 새에 듣지도 알지도 못하는 사람들이 여기저기서 250명이 모여 행사가 시작되기를 기다리고 있는 게 아닌가.

"아이고, 예수님, 감사합니다."

우리는 서로를 바라보고 외쳤다. 그날 1만 달러씩을 낸 분들이 셋이나 되었다.

둘째 날에는 샌프란시스코에서 열었다. 시작 시간이 다 되었는데도 30~40여 명이 모였을 뿐이었다. 자리가 어찌나 썰렁하든지 나는 속으로 이렇게 생각했다.

'그래 기적은 어제 한 번으로 충분하다.'

그래도 안타깝고 속이 탔다. 우리 동역자들은 주차장까지 나가 초조하게 손님들을 기다렸다. 여자 동역자들은 오시는 손님마다 음식상으로 모시고 가서 음식을 듬뿍듬뿍 담아 드렸다. 그래도 좀처럼 음식은 줄어들지 않았다.

그런데 시간이 지날수록 30명, 100명, 150명씩 손님이 늘어나기 시작했다. 그때부터는 우리 자매님들이 음식을 아껴서 손님들에게 나누어 드리기 시작했다. 30분이 지나 예배가 시작되었을 때는, 이미 250여 명이 자리를 채워 주셨다. 그날 참석한 사람은 모두 400명이 넘었다.

놀라운 것은 250명 분의 음식으로 400명이 먹었는데도, 음식이 남아서 우리 동역자들이 갈 때 조금씩 나누어 갔다는 사실이다. 주님이 '오병이어'의 기적을 베풀어 주신 것이다!

하지만 그때는 그것을 깨닫지 못했다. 이날 행사는 많은 사람들이 헌신적인 봉사로 은혜스럽게 잘 끝났지만, 오히려 저녁 값을 충당할 길이 막연했다. 솔직히 말하면 이 모임에 참석한 사람 중에는 흔한 말로 재벌도 없었고, 헌금을 할 만한 사장이나 회장도 없었고 모두 평범한 보통 사람들만 모여 있었기 때문이었다.

'단동병원 공사를 시작하고 모자라는 재정 때문에 빚쟁이 아닌 빚쟁이가 되어서 빚을 갚으려고 출판 기념회를 열었는데, 빚을 갚기는커녕 이제 저녁 값까지 물게 되었으니….'

마음이 묵직하여 자정이 다 되도록 잠을 이룰 수 없었다. 그때 전화벨이 울렸다.

"할렐루야! 장로님, 하나님이 역사하셨습니다. 오늘 여섯 분이 각각 만 달러를 헌금하기로 작정했습니다."

'아, 하나님이 허락해 주셨구나.'

믿음이 약한 나는 그제야 안도의 숨을 내쉬었다.

우리는 전화로 하나님께 감사 기도를 드렸다. 더 놀라운 것은 헌금을 작정한 분들은 인간의 눈으로는 볼 때 모두 넉넉지 못한 분들이었다. 그분들의 사정을 나름대로 상상하다가, 그분들의 신앙을 보면서 오히려 내가 큰 은혜를 받았다.

20대부터 청상과부로 아이들을 키우며, 바느질이며 세탁소 일이며 가리지 않고 손톱이 닳도록 일하면서 틈틈이 모은 저금통장을 모두 털어 바친 여자 집사님도 계셨다. 그 눈물의 헌금을 받고 내 허약한 믿음을 다시 한번 돌이켰다.

그 다음날, 일반 신문에는 나의 출판 기념회가 큼직하게 보도되었다. 출판 기념회로 이렇게 많은 사람들이 모인 것은 이민 사회에서 전에도 없었고, 앞으로도 한동안은 없을 것이다, 라고.

출판 기념회와 선교 헌신의 밤이 지난 다음, 우리는 수없이 많은 격려의 전화와 편지를 받았다.

"이 답답한 이민 생활 속에서 나라를 위한 새로운 비전과 도전을 주신 것을 진심으로 감사합니다."

"언론에 보도되는 우리 조국 상황이 답답하기만 했는데, 그 가운데서 하나님의 새로운 섭리를 깨닫게 해 주셔서 감사합니다."

"많은 개인과 단체가 북한 선교를 한다고 마치 경쟁이나 하듯 과열된 상태인데, 진정한 북한 선교의 방법을 가르쳐 주셔서 감사합니다."

"통일을 위해 기도하라고 하신 것을 동감합니다."

이분들을 통해서 그때 받은 격려와 위로는 지금도 잊지 않고 있다. 그 뒤로도 1만 달러 이상 헌금한 분들이 여러 명 되었다. 많은 분들이 이 지역에서 이렇게 많은 액수의 헌금이 이토록 짧은 시간에 모여진 것은 이전에 없던 일이고 앞으로도 쉽지 않을 것이라며 모두 기적이라고 했다.

한동안은 누가 헌금하겠다면 내가 오히려 걱정이 되었다.

'모든 것이 실수 없이 계획대로 잘 되어야 할 텐데….'

두렵고 떨리는 마음이 앞섰다. 나는 이렇게 우리의 사역을 신뢰해 주는 많은 분들의 사랑이 눈물겹도록 감사했다. 이분들의 신뢰를 저버리지 않기 위해서라도 죽기 살기로 피곤한 것도 모른 채 더 몸을 움직였다. 내 육신이 피곤하다고 쉴 수는 없었다. '이것은 인간이 한 것이 아니다' 라는 것을 내가 잘 알기 때문이다.

:: 내가 죽지 않으려고 그랬시요

우리는 국제적인 지원을 받기 위한 노력도 꾸준히 기울였다.

일단 동역하기로 한 MSF(국경 없는 의사회)에서 삼천리 비전 트립을 함께하기로 했다. MSF 소속 의사 4명(프랑스, 네덜란드, 호주, 덴마크)을 포함한 우리 일행 25명이 대형 버스를 타고 장백으로 들어갔더니 마을이 발칵 뒤집혔다. 흔히 보는 풍경이 아니었기 때문이다. 거기다가 외국인 여자 의사가 버스에서 내리니까 더 난리가 났다. 진료를 시작하자 많은 주민들이 몰려들었다.

"그런데 왜 장갑도 안 끼고…."

여자 의사가 살짝 웃고 다시 환자들 아픈 곳을 맨손으로 만지며 진찰하기 시작했다. 그들은 참으로 소탈하고 겸손했다. 짐도 많지 않았다. 배낭 하나씩을 둘러메고 다니며 어디서든지 자고 먹고 할 수 있는 마음의 준비가 된 사람들이었다.

장백에는 아직도 화장실 문화라는 것이 없었다. 아무 데서나 볼일을 보았고, 가끔 지독한 재래식 화장실이 있다 해도 그 냄새며 청결 상태가 우리가 쓰기에도 여간 불편한 것이 아니었다. 우리에게 이 정도니 서양인들에게는 말할 것도 없었다. 그래도 그들은 불평 한마디 없이 즐겁게 일했다. 우리처럼 예배드리고 찬송은 부르지 않았지만 정성을 다해 환자들을 돌보고 사랑을 베풀었다.

여의사들의 준비된, 그리고 군말 없이 맡은 일들을 열심히 하는 모습에 나는 감탄했다. 그들은 한 사람 한 사람이 마치 봉사하고 이웃을 돕기 위해 태어난 사람들 같았다. MSF의 명성이 거저 얻어진 것이 아니라는 것을 실감했다.

우리는 10일 동안, 낮에는 진료를 하고 밤에는 탈북자에 대해서 함께 이야기를 나눴다. 앞으로 MSF와 동역하기 위해서는 이들이 탈북자 문제에 깊이 공감하는 것이 중요하다고 판단했다. 나는 이들에게 탈북자들의 이야기를 직접 들을 기회를 주고 싶었다. 그래서 하루 날을 잡아 탈북한 젊은 청년을 비밀리에 불러왔다. 우리 일행들에게 궁금한 것이 있으면 자연스럽게 물어보라고 했다.

그런데 탈북 청년이 갑자기 일어서더니 외쳤다.

"위대한 김일성 수령 동지 만세!"

다들 깜짝 놀랐다. 저들이 정말로 북한 정권 아래서 굶어 죽어 가고 있다면 저렇듯 자신의 체제에 경의를 표하지는 않을 것이니까 말이다. 더 놀란 것은 나였다. 그렇다면 저들이 혹시 탈북자들을 색출하기 위한 가짜 탈북자였나 하는 별의별 생각까지 들었다. 옆에서 질문이 마구 쏟아졌다.

"탈북자들이 죽어 가고 어렵다는 이야기를 듣고 왔는데 정말 그렇습니까?"

"절대 그런 일 없습네다. 위대한 장군님의 영도에 따라 우리 북한 인민은 이 땅에서 지상 낙원을 누리고 있습네다."

"듣던 것과 다르네요. 다들 굶어 죽고, 북한에 먹을 것이 없어서 탈북한다는 소리를 들었는데요?"

"그런 일 없습네다. 오해 마시라요."

나는 달려가서 그 청년의 뺨이라도 때리고 싶었다.

"아니, 닥터 박, 이게 무슨 일입니까? 말했던 것과 다르지 않습니까?"

MSF 의사들이 이렇게 물었을 때 나는 할 말이 없었다. 탈북자의 실상을 직접 체험하겠다며 벼르던 사람들이 다들 실망해서 돌아간 뒤에 나는 큰 허탈감에 빠졌다. 오늘처럼 좋은 기회가 없었다. 앞으로 압록강·두만강을 따라 진료소를 세우는데, MSF의 도움이 얼마나 절실하게 필요한 것인지, 과연 저 청년이 알기나 한단 말인가. 내 애타는 속을 알 것인가. 탈북자가 없다고 말한 순간에, 자신들에 대한 도움의 손길이 거두어진다는 것을 저 북한 청년은 정말 몰랐던 것일까.

내가 허탈감에 빠져 돌아서려는데, 이 청년이 뛰어와 내 손을 잡고 울었다.

"저, 선생님 죄송합네다. 제가 그만…."

청년의 울음은 좀처럼 그치지 않았다.

"제가 안 죽으려고 구호를 외쳤시요.…그렇잖아도 생명의 위협을 늘 받고 있는데, 저는 박 선생님이 이야기 좀 해 달라기에 한 두서너 명이 모인 줄 알았지, 이렇게 많이, 게다가 외국 사람도 있는 줄은 몰랐디요. 그래서 이젠 죽었구나 하고 무서워서 그랬시요. 제가 죽일 놈입네다."

목숨을 얻기 위해 목숨을 내놓아야 하는 상황, 생명을 얻기 위해 생명을 거부해야 하는 일이 이곳에서는 이처럼 너무도 자주 일어났다.

"제가 선생님을 찾아온 이유는… 약 좀 구했으면…. 제 아우가 폐병에 걸려서 죽어 갑네다. 선생님, 제발 약 좀 주시라요. 우리 어머니, 우리 아우 제발 좀 살려 주시라요."

속에서는 미움이 들끓었지만 그 청년을 도저히 미워할 수 없었다.

'오죽했으면, 오죽했으면 저 청년이 저랬을 것인가….'

그 청년을 껴안고 울 수밖에 없었다. 그 청년은 내 품 안에서 흐느껴 울었다.

다음날 아침 큐티를 인도했다. 그러면서 어젯밤 그 청년의 이야기를 나누었다. 사람들은 다시 한 번 놀랐다. MSF 소속 의사들도, 우리 일행도 모두 눈물범벅이 되었다. 국경없는의사회 소속 의사들이 그날 내게 말했다.

"본부에 전화했습니다. 샘 복지재단과 함께 이 일을 하자고요."

그날 얼마나 감사했는지 모른다. 여호와께서 기뻐하시면, 안 되는 일이 없다.

:: 만만디, 엿장수 맘대로

말도 제대로 통하지 않고 문화도 다른 중국이라는 땅에서 건물을 짓다 보니, 어려운 것이 한두 가지가 아니었다. 중국 사람들을 상대하는 것이 북한 사람들 상대하는 것 못지 않게 어렵다는 것을 매번 절감했다.

처음에는 중국 사람들을 잘 몰라서 그들과 싸우느라 많은 애를 먹고 시간을 허비했다. 오랜 사회주의 습성에 젖어 있는 이들은, 특히 중화사상에 젖어 있어서 모든 것이 자기중심적이다. 나는 '만만디'라는 말이 모든 것을 천천히 늦게 하는 것으로만 알았었다. 그런데 알고 보니 이것은 천천히 늦게 하는 것뿐 아니라 한 달이든 6개월이든 자기들이 원하는 때에 일을 하겠다는 뜻도 포함되는 말이었다.

워낙 공산주의 사회에서 생활하던 사람들이라 일을 하는 데 기한이 없었다. 일을 준 우리가 기약도 없이, 이들의 처분만 바라보고 있어야 했다. 잘했든, 못했든 자기들이 항상 옳았다. 다른 나라, 다른 문화는 알지도 못하고 알려고도 하지 않았다. 중국에 왔으면 우리 말 들으라는 것이다. '엿장수 맘대로'라는 말이 이들에게 꼭 들어맞았다.

병원을 지으면서 수없이 속았다. 영수증은 모두가 가짜였고, 눈감지 않아도 코를 베어 가는 세상이 어떤 세상인지 톡톡히 맛보았다.

겨울에 공사를 하니까 사고도 잦았다. 유난히 추운 겨울이라 새로 설치한 파이프가 얼어 터져서 다시 설치하기도 했다. 또 외부 벽에 바른 페인트가 잘 마르지 않아 일곱 번이나 다시 칠하기도 했다.

세상 물정 모르고 말이 안 통하는 곳이니까, 알고도 속고 모르고도 속아서 지불해야 하는 수업료가 만만치 않았다. 중국 땅에 병원을 짓게 해 주는 것만도 큰 혜택을 베푸는 것처럼 입만 열면 돈을 요구했다. 돈을 주지 않으면 '함흥차사'라 아예 관리들을 볼 수 없었다.

단동병원을 짓기 시작할 때 미국에서 페인트를 수백 통 보내 주었다. 이번만이 아니라, 2-3년마다 한 번씩 새로 단장하라고 한꺼번에 많이 보내 준 것이다. 그런데 딱 한번 페인트를 칠했는데 공사 관리자가 와서 페인트가 다 없어졌다고 했다. 그럴 리가 없었다. 하지만 아무리 찾아도 찾을 길이 없었다. 참 황당한 일이었지만, 페인트를 새로 사서 칠하는 수밖에는 없었다.

나중에 우리를 도와주던 사람 집 창고에 페인트가 산더미처럼 쌓여 있더라는 소문을 들었다. 2주 전에 직접 봤다니까, 한 번 가 보자고 해서 그 사람 집에 찾아갔다. 창고를 열어 보았더니 페인트 통이 한 개도 없었다. 어디로 숨기지 않았느냐고 따질 여력도 없이 돌아서고 말았다.

애초에 병원을 짓는 예산이 80만 달러였는데, 이렇게 예상치 않은 수업료가 지불되는 바람에 돈에 많이 허덕였다.

그래도 가짜 영수증이라는 것도 없이 컨테이너째로 사라지는 북한보다 낫다고 해야 하는지…. 북한은 아예 보지도 못하고 듣지도 못하니 처음부터 포기했다. 하지만 중국은 번연히 눈에 보고 듣고 하면서 내가 할 수 있는 것은 아무것도 없고 그저 '엿장수'들의 처분만 바라고 매달려 사정을 해야 했다. 어느 편이 더 나은 것인지, 내 생각에는 막상막하인 것 같다.

:: 단동병원, 그 애증의 강

한 번은 이런 일도 있었다.

"장로님! 그거 알고 계세요?"

어느 집사님이었다. 목소리가 날카로웠다. 나는 일부러 느긋한 척했다.

"뭐 말입니까?"

"글쎄, 단동병원 건축장은 완전히 술판이래요. 사람들이 중국 땅 그것도 북한과 접경 지역에 병원을 짓는 게 처음부터 믿을 수 없는 일이었다고 막 그래요."

기절초풍할 노릇이었다. 내 목소리가 높아졌다. 이 소문이 일파만파로 퍼져나갈 생각을 하니 눈앞이 캄캄했다.

"그게 무슨 소리입니까?"

"그 왜 공사장 현장감독으로 오신 전도사님이요, 술 잘 드신다면서요? 지난번에 한국에서 방문한 찬양 팀이 술 드신 걸 보고 기겁한 모양이에요."

'어이쿠' 신음이 절로 나왔다. 그 전도사님은 단동병원 공사 현장을 총지휘하기 위해 한국에서 파송된 분이었다. 선교에 대한 확고한 마음이 없는 분이라면 아예 중국 땅에 오시지도 않았을 분이고, 주님이 우리에게 붙여 주셨을 리 없었다. 뭔가 잘못됐다. 어떻게 된 일인지 알아봐야겠다는 생각에 단동에 전화를 넣었다.

"장로님, 그게…, 면목이 없습니다. 제가 중국을 잘 몰라서 그랬습니다. 일하자고 하면 배고프다고 하고 목마르다고 하고 온갖 투정을 다 해대니, 일을 도통 시켜 먹을 수가 있어야지요. 이 사람들한테 술을 사 주면 일을 좀 하려나 해서, 술을 한 잔씩 사 먹였어요.

그런데 이 중국 술 문화라는 게 사람 죽이는 거드라구요. 중국 사람들은 같이 코가 비뚤어지도록 술을 먹어 주지 않으면 사람을 무시한다고 생각한다네요. 나는 절대 술 못 먹는 사람이다, 아무리 말해도 들어 먹어야지요. 하도 강권을 해서 술 몇 잔 받아 마셨습니다. 제가 원래 술 먹는 사람이 아니니 얼굴이 벌개졌지요. 중국 사람들이 제 얼굴을 보면서 막 웃고요. 그러는데 그때 마침… 단기 선교 팀한테 들킨 겁니다. 저 정말 술자리 만들어서 놀고 그런 사람은 아닙니다…."

전도사님의 말을 듣고 뭐라 말할지 한동안 가만히 있었다. 이 순진하고 우직한 양반이 중국 사람들 하고 같이 자고 먹고 살면서 상대하기가 오죽이나 힘들었으면 그랬겠나 하는 생각이 들었다. 하지만 이 소문을 어떻게 뒷감당할 것인지, 암담했다.

그 뒤로 한동안은 공사장에서 우리 전도사가 술을 마시고 있다는 소문에 곤혹을 치렀다. 이 일로 한국에서 그나마 간신히 얻은 후원자들 대부분이 떨어져 나가고 말았다.

하지만 이 어려움은 시작에 불과했다.

:: 주 안에서 내게 능치 못함이 없습니다

여러 어려움 속에서도 1999년 말까지 보수 공사를 거의 끝낼 수 있었다.

두 개의 벽돌 건물이 새로 아담하게 단장한 단동병원을 보기만 해도 뿌듯했다. 두 건물 중간에는 '단동CMWM병원'이라는 네온사인 간판이 캄캄한 밤에 환히 비치는 등대와 같이 빛나고 있었다.

단동병원 현관 한쪽 벽에는 병원 건립을 위해 헌금한 분들의 이름이 대리석 판에 새겨졌다. 중국 관례에 따르면 이런 현판 위에는 제목을 붙인다고 했다.

중국 사람은 중국말로, 한국 사람들은 한국말로, 미국 사람들은 미국말로 달자 했다. 하지만 아무래도 이것은 중국 것도, 한국 것도, 미국 것도 아니고 바로 하나님 것이라는 생각이 들었다. 그래서 우리는 그 제목을 이렇게 적어 놓았다.

"I can do everything through who strengthen me 내게 능력 주시는 자 안에서 내가 모든 것을 할 수 있느니라"(빌립보서 4:13).

그 안에서 부족한 우리와 같은 사람들에게도 능치 못함이 없다는 것, 이것이 단동병원의 비전이요, 우리의 고백이었다.

내가 가르치던 미국 주립대학교 의과대학은 성경 말씀을 직접적으로 가르치는 것은 금지되어 있었다. 하지만 새 학기가 시작되는 첫날은 우리 학생들에게 항상 선배 의사로서 또 인생 선배로서 그들에게 두 가지를 꼭 전해 주었다.

한 가지는 미국 젊은이들이 많이 쓰는 말 가운데 "Heck with it."(도대체 그게 어떻단 말이냐?) 라는 말이 있다. 보이는 세상이 마치 다인 것으로 착각하고 그것에 죽고 살고 하는 인생을 살지 말라는 것이다. 재물, 명예, 힘… 세상적인 것들이 별것 아니라는 말이다. '보이지 않는' 깊고 심오한 것에 우리의 소망을 두고 살자는 말이다.

또 한 가지가 바로 "I can do everything through who strengthen me."였다. 학생들이 의학 지식을 잘 배워서 좋은 의사가 되는 것은 참 중요한 일이다. 그래서 나는 한때 공부하지 않으면 절대로 학점을 주지 않은 까다로운 교수 중에 한 사람이었다.

하지만 내가 주님을 만나 인생을 새롭게 살아보니, 성공한 사람보다는 훌륭한 사람이 낫고, 지식보다는 하나님에게서 오는 지혜가 비교 할 수 없이 중요한 것을 알았다. 그래서 이 말씀을 학생들에게 거듭거듭 강조했다. 그래서 어떤 영리한 학생들은 리포트 끝에 "I can do everything through who strengthen me!"를 써서 내기도 했다. 그러면 그 학생은 무조건 통과시켜 주었다.

단동병원의 비전도 이와 같았다. 우리는 단동병원이 유명한 병원이 되는 것보다, 이곳에 들어오는 사람마다 부족한 사람들에게 베풀어 주신 예수님의 사랑을 기억하는 곳이 되기를 기도했다. 주님의 계획과 사랑을 볼 수 있는 눈을 주시기를 기도했다.

두려움 없이 사랑하라

8장

:: 내겐 가나안

2000년 4월 13일, 단동병원 개원식을 위해 미국과 한국에서 우리 동역자 200여 명이 중국 심양에 도착했다. 단동으로 들어가기 전에 일단 심양에 여장을 풀고, 그동안 우리가 도와주던 북한 동포들과 같이 조용하게 예배를 드렸다.

나는 그때 마치 우리가 40년 동안 광야에서 헤매다가 이제 막 약속의 땅 가나안에 들어가기 위해서 모여 있는 것과 같다는 생각을 했다.

어떻게 보면 단동은 가나안이었다.

흔히 광야 생활 40년은 우리가 살고 있는 세상, 그러니까 육신 생활에 비교되곤 한다. 애굽에서 가나안까지 지름길로 가면 11일 거리밖에 되지 않는 곳을 40년 동안이나 방황한 이스라엘 백성들···. 주님이 가나안을 향해 가는 지름길로 그 길로 인도하지 않으신 것은, 아마도 하나님이 이 백성이 전쟁을 하다가 마음이 변하여 다시 애굽으로 돌아갈 것을 아셨기 때문일지도 모르겠다.

지난 10년 가까이 20번이 넘도록, 적게는 2명 많게는 20명의 동역자들을 인도해서 평양과 나진을 드나들었다. 평양 관리들과 동역자들 사이에 끼여 피 말리는 줄다리기를 할 때마다 이번이 마지막이라는 다짐을 여러 번 하기도 했다.

한편으로는 여러 가지 시행착오도 있었다. 믿었던 동역자들이 배신하여 모함을 받는 뼈를 깎는 아픔을 경험하기도 했다. 개인적으로는 천직으로 알고 온갖 정열을 다 바쳐 봉사해 오던 의사 생활을 정리하고, 30년을 살던 미시간 지역을 떠나야 했다. 사랑하는 아이들만 남겨 둔 채, 인생의 황혼 길에 뿌리째 뽑아 다른 지역으로 옮겨 새로운 생활을 시작하는 일이 쉽지는 않았다.

주님은 언제나 신령한 만나와 메추라기로 먹여 주셨는데 늘 애굽에서 먹던 고기를 생각하며 불평하던 이스라엘 사람들처럼, 하나님이 처음부터 불기둥, 구름기둥으로 떠나지 않고 인도해 주셨는데도 눈에 보이는 육신의 풍부함만을 좇아 세상에 묻혀 살지 않았는가. 그 모습이 바로 나였다.

기회만 있으면 피하고 달아나려는 나를 하나님은 다시 달래어 올바른 길로 인도하셨다. 떼를 쓰고 하나님께 반항할 때는 오래 참으시고 결국에는 사랑의 손길로 덮어 주셨다. 돌이켜 보면 이 모두가 하나님의 원대한 계획 아래 미리 예정된 과정이었지만 나는 이것을 알지 못하고 슬퍼하고 괴로워하기만 했었다. 이 사랑을 일찍 알았으면 그때의 어려움을 괴로워하기보다는 오히려 감사하고 잘 견딜 수 있었을 텐데, 알지 못할 후회가 밀려 들었다.

북한 내부 사역의 한계를 깨닫고 이제부터는 북한 사람들에게 끌려다니는 것이 아니라 필요한 사람들이 우리에게 나와서 도움을 요청하고 제자 양육을 받아 현지 선교를 할 수 있어야 한다는 것을 깨닫게 하신 주님, 압록강과 두만강 삼천리 지역의 우리 민족에게 복음 사역을 새로운 비전으로 주신 주님. 50만의 고려족, 200만의 조선족, 30만의 북한 불법 이주자들이 바로 하나님이 북한 선교, 남북통일 그리고 세계 선교를 위해 미리 예비해 두신 선교사라는 것을 깨닫게 하신 주님!

그래서 단동은 내게 가나안이었다.

의사로서 돈이나 벌어 잘 먹고 잘 사는 것이 아니라 사랑하고 베푸는 삶이 주는 평화를 누릴 수 있는 가나안이었다. 북한과 중국과 러시아의 동포들, 오랜 광야 생활에 지친 영혼과 몸이 안식을 얻을 수 있는 가나안이었다. 이곳을 통해 압록강과 두만강 강변에 살고 있는 우리 동포들을 복음화해서 이들을 다시 세계로 내보내는 세계 선교 현장의 뿌리가 될 가나안이었다.

여호와께서 기뻐하시면 우리를 그 땅으로 인도하시리라고 확신, 여기서 놀라운 사역이 이루어지리라는 확신이 있는 가나안이었다. 주님은 그런 내게 "두려워 말고, 겁내지 말라"고 일러 주셨다.

그랬기에 개원식 당일, 새벽 기도회는 중국 사람들을 사랑하고 섬기기를 다짐하는 눈물의 기도 시간이 되었다. 주님이 여러 돕는 손길을 보내시고, 그런 가운데서도 우리를 기도로 하나 되게 하셨기에, 병원 문을 열 수 있었던 것을 우리 일행은 잘 알고 있었다.

이렇게 마치 가나안으로 들어가기를 앞둔 이스라엘 백성들처럼 가슴 설레며 예배를 드리던 우리에게 하나님은 뜻 깊은 사역을 허락해 주셨다.

그때 동참했던 목사님 30여 명이 함께 모여 연변에서 온 '주일생'의 영아 세례식을 하기로 한 것이다. 8개월 된 만삭의 배를 안고 중국으로 넘어 와 중국 남자에게 팔려 갈 뻔했던 여인이 낳았던 바로 그 아이. 박은조 목사님이 집례를 하고 모든 목사님들이 안수를 해 줄 때 우리는 소리 없이 울었다.

지난 세월 이들 모자가 겪었던 힘든 시간들을 주님이 기억하시고, 이 가족의 상처를 치유하시며 축복의 통로로 삼아 주시기를 얼마나 간절히 기도했는지 모른다. 방긋방긋 웃기 시작하는 사내 녀석이 얼마나 예쁜지, 꼭 끌어안아 주었다. 손자만큼 예뻤다. 아니 어떻게 보면 이 녀석은 내 손자다. 주님이 내게 허락하신 영의 자녀니까.

"그러고 보니까, 북한 선교 사상 탈북자에게 영아 세례를 준 것은 아마 우리가 처음이지?"

이 아이가 어떻게 커 갈 것인지 지금은 알 수 없다. 하지만 주님의 선한 계획을 신뢰한다. 우리를 단동으로 이끄시고, 이 아이를 만나게 하신 것처럼 말이다.

:: 두려워 말라, 내가 함께하니

단동병원 개원식. 2000년 4월 13일, 드디어 중국 단동에 100개의 병상을 갖춘 현대식 병원이 들어선 것이다.

개원식에는 세상에서 바쁘기로 쳐서 둘째 가라면 서러워할 만한 목사님과 선교사님, 후원자들 250여 명이 참석했다. 여기에는 MSF의 중국과 프랑스와 일본 대표 5명도 와 주었다.

개원 기념으로 현지인들을 위한 의료 봉사도 함께 열기로 했다. 이 의료 봉사에는 50여 명이 참석했다. 병원이 열리는 날, 벌써 소문을 듣고 현지인 70여 명이 찾아와 있었다.(그 다음날은 아침에 이미 200명이 와서 기다리고 있었다.)

인사말을 하는 나의 목소리는 조금 떨렸다.

"비록 작은 규모의 병원이지만 이것은 우리끼리 하는 병원이 아닙니다. 이제 이곳은 중국, 한국, 미국 그리고 유럽 사람들이 함께 모여 세계적인 관심을 끌고 있는 병원입니다. 이 병원은 미국, 한국 그리고 세계에서 공급받은 의약품을 압록강과 두만강 삼천리에 전달하는 북방 의료 봉사의 근거지가 될 것입니다. 이 단동CMWM병원에는 앞으로 천연 온천수가 병실까지 들어옵니다. 이곳을 찾는 누구나 치료를 받는 영혼과 육신의 쉼터가 될 것입니다."

개원식을 하는 동안 또 한 곳에서는 그동안 우리가 정기적으로 보내고 있는 양식과 의약품을 실은 트럭들이 압록강 철교를 조용히 건너갔다. 압록강 철교 밑에서 우리는 이 양식이 '오병이어'의 기적을 일으켜 많은 생명을 살릴 수 있기를 기도했다. 강 건너에서 생명을 살리고, 강 건너편 동족들을 돕는 일이 함께 시작된 것이다!

"이곳은 우리의 기도 제목이 그대로 이루어진 곳입니다. 이제 평양에 병원을 짓고 운영해 보려고 애쓰지 않을 것입니다. 환자를 치료해 보지도 못하는 현실에 얽매여 시간을 허비하지 않을 것입니다. 북한 신의주에서 압록강만 건너면 되는 이곳, 단동에서 우리는 기다릴 것입니다. 치료가 필요하고 약이 필요한 사람들을 기다릴 것입니다."

단동병원 개원식의 3일 일정 중 마지막 날은 압록강을 따라 배를 타고 선상 기도회를 가졌다. 배가 단동에서 서서히 압록강으로 나아갈 때, 일행들은 다들 깜짝 놀란 표정이었다. 손을 펼치면 북한에 닿을 것만 같았기 때문이다.

배 위에서 우리는 눈물로 범벅이 된 채 예수님의 피와 살을 나누며 성찬식을 열었다. 바라보면 바라볼수록 우리의 시골 마을 풍경과 너무도 닮은 그곳에 북한 사람들이 시간이 정지된 것처럼 살고 있었다. 우리의 기막힌 심정을 아는지 모르는지, 물끄러미 표정 없이 우리를 쳐다보고 있는 강 건너 신의주 사람들, 우리의 동족….

"안녕하세요?"

일행들은 너도나도 북한 사람들을 향해 목이 터져라 외쳤다. 그들 가운데 아무도 우리에게 인사하지 않았다. 그러다 마침 강변으로 빨래하러 나왔던 한 아낙네가 자기 아이의 손을 들어 우리를 향해 흔들었을 때, 배 위에 있던 우리는 다같이 발을 굴렀다. 누가 먼저랄 것도 없이 말했다.

"우리는 같은 동족입니다. 당신을 사랑합니다."

발을 구르며 동동 뛰었다. 무엇이 우리를 이렇게 가로막고 있는지 그의 멱살이라도 붙잡고 싶은 충동이 가슴속에서 치밀었다.

"우리 동족들을 살려 주시고 그들의 영혼을 구원해 주세요."

눈물어린 통성 기도가 메아리쳐 넘실거리는 압록강 물에 부서졌다.

그날 저녁 우리는 여기가 중국 땅이고 북한 맞은편이란 것도 잊어버린 채 목이 터져라 찬송을 부르며 감사 예배를 드렸다.

5천 년이 넘는 역사 동안 1천 번이 넘는 외침을 당하고, 그것도 모자라 세계에서 유일한 분단국가로 남아 있는 우리 민족의 아픔과 상처가 고스란히 덮쳐 왔다. 그날 밤, 우리는 하나님 앞에 우리 민족의 구원을 위해 울지 않을 수 없었다. 그리고 우리 민족의 이 깊은 신음이 주님의 일을 위해 준비하시는 주님의 손길임을 어렴풋이 깨닫게 해 주시니 또 감사했다.

250명의 사람들이 모여서 가슴을 치며 기도를 하니, 그 일대가 떠들썩했을 것이다. 주님이 이 단동병원을 위해서 하실 일을 기대하며 그날 기도회를 마쳤을 때는 이미 한밤중이었다.

다음날, MSF 각 나라 대표들이 내게 다가와 정중히 말했다.

"저희들은 어젯밤 너무 놀랐습니다. 우리는 어느 특정 종교하고도 관계없는 단체입니다. 우리는 종교 단체와는 일을 함께할 수 없습니다. 샘과는 더 이상 일을 함께하기가 힘들 것 같습니다."

아쉬웠지만, 어쩔 수 없었다. 나는 알겠다고 했고 그들은 곧 돌아갔다.

게다가 이 결과로 중국 공안원(경찰)이 단동병원 사무실을 덮쳐 우리는 꼼짝없이 수색을 받았다. 그렇지만 우리는 두렵지 않았다. 우리와 함께하시고 지금도 두려워하지 말고 겁내지 말라고 일러 주시는 주님의 음성을 어젯밤에 분명히 들었기 때문이다. 어떤 일이 있어도 중국의 형제들을 열심히 사랑하고 그들을 돕는 것은 물론, 병들고 굶주린 우리의 동족을 살리고 그들의 영혼을 구하는 것이 우리의 가장 큰 사명임을 잊지 않겠다고 주님 앞에 다짐 또 다짐했다.

:: 공안 당국의 호출을 받고

우리는 단동병원을 무료로 운영할 생각이었다. 돈을 벌자고 하는 일이 아니라 생명을 살리려고 하는 것이니까, 돈을 받지 않기로 한 것이다.

무료 병원으로 문을 열고 나니까 사람들이 몰려오기 시작했다. 매일 몰려드는 환자들로 즐거운 비명을 올리고 있을 때, 우리는 중국 공안(경찰)의 철퇴를 맞았다.

"장로님, 오늘 중국 공안이 들이닥쳤어요."

그 소식을 전달 받은 날은 마침 내가 샌디에이고 감리교회에서 이틀 동안의 부흥회를 시작하는 첫날이었다. 첫날 첫 시간을 시작하려고 저녁을 먹고 나오는데 중국에서 전화가 온 것이다.

"왜 무료 진료냐, 돈 벌어야지, 결국은 전도하러 온 것 아니냐, 하면서 병원 이곳저곳을 샅샅이 뒤지고 다니며 우리 선생님들을 하나하나 불러다가 그동안 선교한 대상을 자세히 적으라고 협박했습니다. 그래도 아무것도 나오지 않으니까 원장님을 소환한 거예요. 어쩌지요?"

나는 걱정이 태산 같았다. 가슴이 철렁 내려앉았다.

정치는 공산주의고 경제는 자유주의인 중국은, 이 이중적인 체제를 경찰력으로 유지하고 있었다. 그래서 중국 공안의 파워는 막강했다. 한 번은 중국 공안이 시내 한복판에서 사형수를 공개 처형하는 것을 보았는데, 얼마나 끔찍했는지 모른다. 그 공안 당국의 호출을 받았으니 내가 얼마나 무서웠겠는가.

말도 하기 싫었다. 솔직히 숨도 쉬기 힘들었다. 속은 바짝바짝 타지만, 겉으로는 웃어야 되니 참 힘들었다. 할 수만 있으면 집회를 취소했으면 좋겠다는 생각을 수없이 했다. 우선 한국 대사관을 비롯한 여기저기 도움이 될 만한 곳에 연락을 했다.

강단에 설 시간이 점점 가까워졌다. 연약한 내 모습이 내가 보기에도 딱했다. 우리 내외는 다시 무릎을 꿇었다.

"예수님, 너무 무섭습니다. 내가 이 모양이니, 나의 말씀을 듣고자 모인 이 심령들을 어떻게 하시렵니까?"

기도 중에 하나님의 말씀이 가슴을 스쳐갔다.

"나이 60이 넘도록 큰 은혜 가운데서 살았으면 되었지 이제 죽는 것이 그렇게 무서우냐?”

예수님이 가시관 쓰시고 채찍에 수없이 맞으며 십자가를 지시고 골고다 언덕
으로 올라가시던 모습이 눈앞에 와서 닿았다. 그 예수님이 내게 말씀하셨다.

“내가 세상을 이기었으니 세상에서 담대해라.”

내 형편 잘 아시는 주님, 늘 돌보아 주실 것을 나는 확실히 아네….

찬송과 함께 눈물이 쏟아졌다. 실컷 기도하고 났더니 마음이 가라앉았다. 눈물
을 흘리면서 강단에 올라섰다.

“나는 제일 못난 사람입니다. 죄인입니다. 여러분 앞에 설 자격이 없습니다.”

회개의 눈물이 터져나왔다. 강사가 회개하고 은혜를 받고 시작되었으니 이틀
동안의 집회가 은혜 속에서 끝났다. 모두 같이 울고 웃고 우리는 감격으로 하나가
되었다.

부흥회를 마치고, 바로 심양으로 들어가서 자동차를 갈아타고 단동으로 들어
가는 길에 병원에서 연락이 왔다.

“원장님, 병원으로 오시면 안 됩니다. 오시면 바로 붙잡혀 가실 것 같습니다.”

그래서 우리는 병원으로 못 들어가고, 시내에서 떨어진 작은 호텔에 들어갔다.
발자국 소리만 나면 나 잡으러 오는 것 같고, 자동차 소리만 나도 경찰차인가 보
다 싶어서 잠도 못 잤다.

그래도 마음이 너무 불안해서 밤에 잠도 못 자고 기도를 하는데 내 마음에 갑자
기 이런 생각이 스치고 지나갔다.

‘그래도 내가 죽으면 죽으리라는 신앙으로 이곳에 찾아온 것인데, 고작 이만한
위협에 넘어지다니…. 예수님이 늘 함께하신다고 하셨는데, 동행하시는 예수님

은 위로가 안 되고 사람이 위로가 되니, 내가 아직도 멀었구나….'

자는 둥 마는 둥 하고 아침에 일어나서 아는 중국 사람 인맥을 총동원했다. 숨어 있는 게 아무 소용없는 짓이었다는 걸 사람들을 만나러 다니면서야 알았다. 호텔에서는 손님들의 패스포트 넘버를 반드시 한 시간 이내에 공안 당국에 보고를 해야 하는 시스템을 갖추고 있어서, 공안 당국은 내가 뭘 하는지 손바닥 들여다보듯 보고 있었던 것이다.

"제가 지금 붙잡혀 가게 생겼는데, 당신들이 좀 도와주십시오."

하나님이 그래도 도움이 될 만한 몇 사람들을 붙여 주셨다. 그렇게 다짐을 받아 놓고 용감하게 병원으로 들어갔다. 신기하게도 그렇게 으름장을 놓던 중국 공안이 수그러져 있었다. 내가 생각한 무시무시한 일은 일어나지 않았다.

우리들 안에서 열심히 일하던 사람들이 욕심이 나서 병원을 통째로 들어먹으려고 공안에 신고를 해서 이런 일이 벌어졌다는 것을 알게 된 것은 그후의 일이었다. 까딱하면 엉뚱한 사람 손에 병원을 통째로 빼앗길 뻔했던 것이다.

중국 공안 당국은 다만 무료 봉사를 계속하는 한 더 이상은 눈감아 줄 수 없으니까, 유료 병원으로 바꾸라고 했다. 어쩔 수 없이 그 말에 승복했다.

그런 어려운 고난을 겪고 지금까지 오면서 이제는 눈이 조금 뜨여 중국에서 살아가는 데 자신이 생겼다. 공안이라고 해도 그렇게 겁나지 않고, 중국에서 나가라고 해도, 병원을 달라고 해도 겁나지 않는다. 언제 어떻게 될지는 아무도 모른다. 오직 주님밖에는…. 오늘이라도 나가라면 나가는 수밖에 다른 도리가 없다. 모든 것이 하나님의 주관 아래 있으니, 순종하며 살면 되리라 작정하니 늘 마음은 편하다.

:: 분명히 삼합으로 들었는데…

단동병원이 무료에서 유료로 전환한 뒤로 병원은 개점휴업 상태가 되고 말았

다. 마침 사스(SARS) 전염병이 전 중국을 쑥대밭으로 만들었고, "병원 가면 죽는
다"는 말이 퍼졌으니 손님들의 발길이 뚝 끊어졌다. 게다가 한국 돈으로는 몇 백
원 안 되는 돈인데도, 환자들은 버스 값이 없어서 병원에 못 왔다.

할 수 없이 우리 의사 선생님들이 환자들을 찾아가 방문하고 진료하는 형태를
갖추어야 한다는 데 의견을 모았다. 강을 따라 진료실 세우는 일이 급해졌다. 원
래의 목적인 강 건너 북한을 돕는 일을 하려면 강변을 따라 가며 몇 군데 진료실을
내야 한다는 결론을 얻은 것이다.

그동안 몇 차례 강변을 따라 의료 봉사를 하고 돌아올 때마다, 늘 안타까운 것
이 있었다.

"강 이쪽뿐만 아니라 강 저쪽에도 가서 우리가 마음껏 진료도 하고 또 사랑을
나누었으면 얼마나 좋을까?"

"어떻게 하면 북한 선교가 이루어질 것인가?"

"언제 우리가 그들을 치료하며 사랑을 나누고 그들과 같이 기도할 수 있을까?"

이 문제를 놓고 기도하고 준비하던 가운데, 우리는 하나님이 주시는 비전 그대
로 실천하기로 했다. 두만강과 압록강을 따라, 러시아의 우수리스크 진료소처럼
곳곳에 진료소를 세우고 그곳에서 사람들 몸도 진료하고, 영혼도 보살피는 의료
사역을 시작하기로 결정을 보았다.

2000년 9월, 제5차 의료 봉사 때 우리는 동역자들과 함께 여러 국경 도시들을
다니며 어디에다가 진료소를 내면 좋을까 하고 유심히 살펴보기로 했다. 먼저 떠
오른 곳은 장백이었다. 하지만 길이 없는 곳이 많았고 있더라도 험하고 멀어서 다
니기에 무척 부담이 되는 곳이었다. 얼마나 길이 멀고 험한지 장백을 지나갈 때마
다 버스를 타고 가는 시간보다 버스를 밀고 가는 시간이 더 많았다는 느낌을 지울
수가 없었다. 여기는 한 번 올 곳이지 두 번 올 곳은 아니구나 하는 생각도 많이 들

었다.

하지만 그렇게 험한 곳이기에, 그래서 우리는 이곳에 진료실을 세우는 데 만장일치를 보았다. 이 험한 곳에 사는 사람들을 위해 정말 필요하다고 판단했기 때문이었다.

지난번 나진·선봉으로 의약품과 식량을 보낼 때 삼합이라는 도시에서 신의주 다리처럼 북한과 연결된 다리를 통해 보냈던 기억이 났다. 나는 이걸 기억해 내고, 그곳에다 진료소를 내는 것이 맞은편을 돕기에 좋겠다는 생각을 했다.

"그럼, 그쪽 형편 좀 알아보십시오."

그래서 우리는 단동으로 돌아오고, 두 동역자들을 삼합으로 보냈다.

그러는 중에 보고 전화가 왔다.

"장로님 집안이라는 데 가보니까… 역사적으로도 너무 귀중한 곳입니다. 집안에다가 진료실을 내실래요?"

전연 생각지도 않던 집안이란 곳을 추천하는 것이다. 하지만 흔들리는 차 속에서 한참 '삼합'에 진료실 낼 궁리를 하고 있는 나는 이 집안이라는 말을 '삼합'이라고 받아들였다.

"그곳에다 진료실을 내십시오."

나는 단번에 결정을 내렸다.

"그럼, 지금 여기 한 번 들렀다 가세요."

그런데 뭔가 이상했다. 전혀 이야기가 맞지 않았던 것이다.

"아니, 내가 알기로는 삼합은 북한 꼭대기의 나진과 회령 건너편에 있는데, 여기서 어떻게 거길 다시 들렀다 갑니까?"

"예? 아니요, 분명히 장로님 가시는 길에 있습니다."

뒤에 이분들을 만나 나는 따졌다. 뭔가 잘못된 게 분명했다.

"삼합이라 하지 않았습니까?"

"예? 삼합이라니요? 저는 분명히 집안으로 말씀 드렸는데요?"

"분명히 집안이라는 곳에 진료소를 내라고 하셨는데요."

내가 내 생각만 한 것이다.

"아니요…, 나는 삼합이라고 했습니다."

"아니요, 집안이라고 말씀하셨습니다."

"그러면 집안으로 차머리를 돌려 한번 가 봅시다."

가서 보니, 발길이 떨어지지 않았다. 언뜻 보아도 이곳은 한민족의 혼이 녹아 있고, 한민족이라면 피가 뜨거워지는 곳이었기 때문이다. 알고 보니 집안은 고구려 400년 동안의 수도, 국내성이었던 것이다.

"여기다 진료실을 냅시다"

"주저할 수 없는 또 하나의 사명을 주셨습니다."

광개토왕릉비 앞에서 바로 맞은편에 있는 북한 도시를 보니까, 내 가슴이 막 뛰었다. 피가 끓었다.

"오, 주님!"

주님의 세밀하신 인도하심에 감탄이 절로 나왔다. 어떻게 '삼합'이 '집안'으로 들렸는지는 지금으로서는 알 수 없다. 주님은 우리의 귀가 서로 헛듣도록 강권적으로 역사하셔서 우리를 집안에 보내셨다는 것밖에는.

:: 하나님의 마스터플랜

한번은 환인의 오녀산성 산꼭대기를 올라간 적이 있었다. 999개의 층계를 힘겹게 올라가니 그 위에 편편한 지경이 나왔다. 온 세계가 발 아래로 내려다 보였다. 하늘에서 온 세상을 내려다보는 것같이 가슴이 탁 트였다. 그런데 한 지점에서 내려다보니 발밑으로 까만 산봉우리들이 무리를 이루고 있고, 그 가운데를 은빛으로 반짝이는 강이 S자를 그리면서 흐르고 있는 게 아닌가.

"아, 태극기다!"

나도 모르게 소리를 쳤다. 그러고 보니 태극기의 궤가 있듯이 산봉우리들도 마치 줄을 서서 네 개의 모퉁이에 모여 있는 것처럼 보였다.

우리는 그제야 안내판을 둘러보았다.

"Tai Ji (타이지)"

우리말로 태극(太極)이었다. 태극이라는 지점이 그곳에 있는 것을 보고 다들 깜짝 놀랐다. 역사적으로 그 진실 여부가 증명된 것인지는 모르지만, 내 마음속에 우리 나라 태극기가 바로 여기에서 시작된 것이구나 하는 확신이 들었던 것이다.

이 고지는 고주몽이 고구려를 세웠다는 '졸본부여'였다. 이곳에는 고구려 군사들이 양식을 저장했던 저장 창고, 병기 창고 등의 흔적들이 아직도 남아 있었다. 이곳에 작은 연못이 있는데, 그 이름이 바로 '천지'였다. 층계를 설치하기 전 이곳은 가파른 절벽 바위틈으로 한사람 씩 줄을 서야 간신히 올라갈 수 있는 천하의 요새였다고 했다.

고구려는 한참 번창하던 광개토대왕과 그 아들 장수왕 때는 그 영토가 요동 요서 반도를 포함하여 중국 중원까지 이르렀던 대제국이었지만, 보장왕(705년) 때 연개소문의 아들들의 불화로 당나라와 신라 연합군을 끌어들여 망하고 말았다. 그동안 중국에서는 한나라를 비롯하여 당나라까지 37개의 나라가 세워졌다가 망했지만, 고구려는 북방의 맏형으로 동이족의 버팀목으로 우뚝 서 있었던 셈이다.

그러니까 이곳이 우리 나라 역사의 시발점이 되는 곳이었다. 지금은 중국 사람들이 '동북 공정'이라고 해서 오래 전부터 치밀한 과정을 거쳐 고구려의 역사를 중국의 한 개 변방의 역사로 흡수하려는 중이라고 했다. 그래서 이곳을 찾는 한국 사람들을 반가워하지 않는 형편이었다. 하지만 분명한 것은 이 지역에서 우리 나라의 뿌리라고 할 수 있는 고구려가 시작되었다는 역사적 사실은 변할 수 없는 것이다.

한국인으로서 '오녀산성'의 험한 계곡을 보니 감개무량했다. 우리 민족의 선조들의 심장 박동과 호흡의 소리가 아직도 들리는 것 같았다. 특히 그 당시 그들의 꿈이 내게까지 전해져 내려 왔다는 생각에 마음이 숙연해졌다.

그곳에서 땅 밑 세상을 바라보면서 나는 주님의 뜻을 찾았다. 주님이 나를 이곳까지 인도하신 데는 이유가 있다고 생각했기 때문이었다. 나는 과학을 전공한 사람으로서 굉장히 이성적이고 인간적인 해석에 능한 사람이지만, 감사하게도 주님은 그런 내게 은혜를 베풀어 주셔서 무슨 일을 보든 영적인 해석을 하도록 눈을 열어 주셨다는 것이다.

동북아의 대제국으로 불렸다는 고구려가 출발한 태극에 우뚝 섰을 때, 내 영적 레이더가 민감하게 작동하기 시작했다. 머릿속에는 초대 교회사가 펼쳐지기 시작했다.

'예수님이 오시기 37년 전, 우리 나라의 고구려 제국이 건설되었다. 이때 서양은 로마제국이었다? 아! 그리고 실크로드로 이 사이를 연결시켰다?'

이곳에 고구려 제국이 세워졌을 때, 서양에서는 로마제국이 세계를 지배하고 있을 때였다. 미천왕 때부터 장수왕에 이르기까지 고구려가 한창 번창할 때, 로마의 콘스탄티누스 대제가 '밀라노 칙령'을 313년(고구려 미천왕 14년)에 발표하여 기독교 신앙의 자유를 처음으로 인정하고 기독교인들의 탄압을 중단했던 획기적인 시기였다. 로마의 '디오데시우스' 왕은 그리스도교를 국교로 선포하는 놀라운 역사가 일어났다.

'그렇다. 하나님은 예수님이 오시기 20-30년 전에, 이미 서양에는 로마 제국을 동양에는 고구려 제국을 세우시고, 세계 복음화를 준비하셨던 것이다. 그리고 로마를 완전히 복음화시키셨으며, 이 두 나라 사이를 '실크로드'라는 통로로 연결해 주셨던 것이다. 로마를 통해 기독교가 서양으로 전파되었다면, 하나님은 고구려를 통해 동방에 복음을 전파하실 생각을 갖고 계셨음이 틀림없다. 그런데 고구려는 그 사역을 잘 감당하지 못하고 역사 속으로 사라진 게 아닐까? … 우리 민족은 고구려 때부터 선교의 사명을 받고 있었던 거야!'

그때 내 가슴에서는 뜨거운 강한 바람이 일었다. 이제까지 앞을 가리고 있던 뭔가가 갑자기 확 뚫리는 기분이 들었다. 하나님은 그날 내게 마스터플랜을 보여 주신 것이다. 처음에 하나님이 나를 북한에 들여보내셨을 때는, 민족 통일을 위해서 북한 동포를 도우라는 뜻인 줄 알았다.

그런데 평양에서 쫓겨나서 압록강·두만강에 가서야 우리 민족이 이렇게 숱하게 고난을 당한 이유가 주님의 세계 선교 때문이라는 것, 이 때문에 내가 북한을 도와야 한다는 것은 알게 되었다. 하지만 그 세계 선교 사명이 우리 민족을 만드실 때부터 계획된 것인지는 몰랐다. 밤이 되면 온통 빨간 십자가로 뒤덮이는 나라, 남북 인구 7천만 명에 교회가 3만 개가 넘는 민족, 우리 민족이 이렇게 유별난 것은, 세계 선교를 담당하기 위해 하나님이 택하신 백성의 사명이 있었기 때문이다!

'이 땅은 이제 빼앗겨서 남의 나라 땅이지만, 이제 말씀으로 복음으로 영적 고구려를 다시 건설하는 사명이 우리에게 있습니다. 저 만주 벌판에서 실크로드를 따라 새 예루살렘까지 복음의 말을 달려야 합니다! 그 엄청난 계획의 한 부분을 맡아 감당하게 하신 하나님의 은혜에 감사합니다.'

나는 그날 세상을 내 발 앞에 두고 오로지 주님만을 향해 그렇게 다짐했다.

:: 복음의 나팔수

우리 선교회에서 하는 큰일은, 의료 봉사였다. 하지만 이것은 주님의 사랑을 눈에 보이게 베푸는 작은 통로일 뿐이다. 사실 우리가 하는 가장 큰일은 이들이 우리의 사랑을 통해 주님의 사랑을 알게 하고, 그래서 복음을 받아들이게 하는 일이다. 몸과 마음이 동시에 치유되어 하나님을 온전히 알고 섬기는 사람이 되도록 하는 일이다.

그리고 또 다른 하나의 중요한 사역은 통일이 되어 북한에 교회를 짓기 위해서 때를 기다리는 것이 아니라, 지금 북한 안에서 복음의 나팔을 불 수 있는 나팔수들을 기르는 것이었다. 이들이 북한으로 친척을 방문하러 가거나 또는 돈벌이를 위해 드나들면서 복음의 나팔수 역할을 하도록 돕는 것이다.

"먹고 죽고 살고 하는 것보다도 더 중요한 복음이라는 것이 있습니다."

"복음으로만이 진정한 남북통일이 될 수 있습니다."

이렇게 외치며 복음을 전파하는 나팔수들을 키우는 것이 우리의 할 일이라고 생각했기 때문이었다. 하나님의 때가 와서 북한에 복음이 전달되기만 하면, 굶어 죽는 사람도, 병들어 죽는 사람들도 없을 것이고, 그러면 우리는 진정한 남북 화해를 할 수 있을 것이라고 믿었다.

그래서 우리는 강가 진료실에서 제자 양육을 정기적으로 열기로 했다. 아침부터 저녁까지 5일 동안 꼬박 말씀 공부를 했다. 그 모습이 얼마나 아름다운지 보지 않은 사람은 모를 것이다. 이 제자 양육반에서 한꺼번에 100명이 세례를 받은 역사가 일어난 적도 있었다.

"제가 놀라운 이야기 하나 들려 드리겠습니다."

한 진료소에서 의료 봉사를 하고 있는 중이었는데, 동역자 한 분이 내게 말했다. 나는 귀를 쫑긋 세웠다.

"한 여인이 북한에서 먹을 것을 찾아 강을 건너 중국 땅으로 넘어왔다가 우연찮게 저를 만났어요. 그 여인을 지하 방에서 돌보아 주면서 그 손에다가 성경책을 쥐어 주었지요. 이 여인이 갈 때도 없고 나가면 잡혀 가니까 앉아서 성경을 보고 또 보는 거예요. 하루 종일 말입니다. 그러더니 나중에는 제자 양육을 받겠다는 겁니다. 하루는 저한테 그래요.

'저요, 가물가물 생각이 납네다. 제가 어려서 할머니 손을 잡고 주일학교를 다녔디요.'

그러면서 복음을 받아들였습니다. 이 여인의 가슴이 얼마나 뜨거워졌는지, 나중에는 두만강에 다시 건너가겠다는 겁니다. 가족들을 두고 자신만 이렇게 있을 수 없다면서요. 먹을 걸 찾아 목숨을 걸고 왔던 그 여인이 먹을 것 대신 성경책을 가슴에 품고 목숨을 걸고 다시 강을 건너가기 전에 우리는 서로 손을 잡고 기도하면서 한참을 울었습니다."

강을 건너 세계 선교로 향하라는 주님의 비전은 이렇듯 조금씩 우리 눈에 보이기 시작했다.

"그 뒤로 저는 잊지 않고 계속해서 이 여인을 위해 기도해 왔지요. 인편에 편지라도 왔으면 하고 바랐지만, 통 소식이 없었습니다. 그러고 나서 한 1년쯤 지났을까요? 이 여인이 글쎄 저를 다시 찾아온 겁니다.

'잘 계셨습네까. 저 왔시오.'

우리가 다시 만났다는 게 기뻐 한동안 말을 못했습니다. 그래서 그동안 안부를 묻고 그랬는데, 이 여인이 흐느끼면서 고백했습니다.

'지난번에 강 건너 가다가 경비병에게 붙잡혔드래요. 몸을 수색하니까 품에서 성경책이 나왔디요. 그 성경책을 어디서 어떤 경로로 받아왔는지를 대라고 고문을 받기 시작했는데, 대면 안 되지요. 그래서 손톱 뽑히는 고문을 받을 때는 너무너무 아파서 그만 정신을 잃고 말았지요. 제가 다시 정신을 차려서 깨어났을 때는 더 이상 아픔을 느끼지 못하게 됐지요.

그런데 갑자기 고문하는 청년의 얼굴이 눈앞에 크게 보이면서, 이 청년도 나처럼 예수님을 영접하고 구원을 얻게 되면 얼마나 좋을까 하는 생각이 들지 않겠습네까. 그래 그 청년의 영혼을 위해 눈물을 흘리며 기도하기 시작했지요. 그러니까 그 청년의 얼굴이 눈물을 흘리고 계시는 예수님의 모습으로 보이는 겁네다. 제가 그 청년의 목을 얼싸안고 목놓아 울었지요.

그러고서는 강제 노동 수용소에 가서 석 달을 지낸 다음, 지금은 우리 동네에 '스테반교회'라는 지하 교회를 지었지요. 7명의 성도가 기도하고 있습네다. 그것도 7명이 한꺼번에 모이지 못하고 오늘은 이렇게 2명, 내일은 저렇게 2명, 또 모래는 저렇게 2명이 모이지요. 그렇게 모이기만 하면 두 손 들고 눈물 흘리면서 뜨겁게 기도합네다. 하루 속히 복음이 전해지는 그날을 위해서 우리는 기도하지요.'

이 여인의 간증을 듣고 얼마나 부끄럽던지요. 이곳에서 사는 게 힘들어서 날마다 투정하고 불평하는데, 손톱이 뽑히면서도 복음을 지킨 그의 순전한 마음이 부러워서 제가 얼마나 회개를 했는지 몰라요. 그런데 울면서 간증하던 이 여인이 갑자기 두 눈을 빤짝이면서 이렇게 말하는 겁니다.

'아는 게 없어 속이 답답해서 왔시오. 저 말씀 좀 가르쳐 주시라요.'

이번에는 목숨을 내 걸고, 영의 양식을 찾으러 온 거랍니다. 그때 저는 더 놀랐습니다."

근 20여 년 동안, 북한과 중국을 드나들면서 힘들고 아프고 속상하고 원망스러웠던 모든 쓴 뿌리가 다 뽑혀 나가는 기분이 들었다. 이것이 내가 목숨 걸고 이곳에 드나드는 이유였으며, 이곳에서 의료 봉사를 하는 이유였다.

중국과 북한의 감시가 너무나 심하기에, 탈북한 사람들이 북한으로 다시 들어가는 것밖에는 살 방법이 없기도 하다. 나는 이것도 주님의 강권적 역사라고 생각했다.

이들이 다시 북한으로 들어가기로 결정하면 우리는 그분들 손에 돈 300달러를 쥐어 주었다.

"100달러는 가다가 병정에게 붙잡히면 주고 살아서 나가고, 나머지 200달러는 가지고 가서 호떡 장사를 하든 국수 장사를 하든 돈을 벌어서 생명을 지키면서, 당신들이 외우고 있는 그 복음으로 그곳을 전도하십시오. 복음의 나팔 소리를 만드십시오."

주님의 비전을 본 때부터 우리의 진료소 사역은 멈출 수 없는 동력을 가지게 되었다. 우리는 러시아 연해주 우수리스크와, 중국 강변의 장백과 집안 이렇게 3개의 진료실을 운영하면서 각 진료실마다 30-40개의 '처소 교회'를 돕게 되었다. 그리고 여러 개의 강변 마을마다 돌아가면서 의료 봉사를 다니고 있다.

:: 동상 걸린 발

"원장님, 어떻게 할까요? 좀 도와주십시오."

멀리 있는 동역자에게서 전화가 왔다.

"무슨 일입니까?"

"밤에 누가 문을 막 두드리는 소리가 나는 겁니다.

'저 좀 살려 주시라요.'

문을 열어보니 한 여인이 서 있는 겁니다.

그런데 살이 썩는 냄새가 너무 지독해서 숨도 쉴 수 없더라구요.

'저 북한에 자식을 두고 먹을 것을 찾아 압록강을 넘어오다가 살얼음 디뎌서 물에 빠졌시오. 신발 떠내려가고 발은 꽁꽁 얼어붙었디요. 시내에는 워낙 중국 공안의 감시가 심하여 깊은 산속에 들어가서 며칠을 지냈는데, 발이 아파서 꼼짝도 못하겠디 않습네까? 석 달 동안 이렇게 지내다가 너무 아파서 죽기 살기로 내려온 겁네다.'

일단 사람을 살려야겠다는 생각에 매일 씻어 주고, 소독약을 발라 주고 한 달을 치료했지요. 그런데 계속 더 새까맣게 썩어만 갑니다. 어떻게 하면 될까요?"

한여름이라도 깊은 산속은 엄청 춥기 때문에 탈북자들은 대개 동상에 걸려 있었다.

"잘 소독된 날카로운 면도칼로 썩은 살을 조금씩 잘라 주십시오. 새 살이 날 때까지 썩은 살을 잘라 주어야 해요."

"아니 제가 어떻게 그걸 합니까? 살을 잘라내다니요?"

"그걸 하지 않으면 계속 썩어 들어가서 나중에는 다리를 절단해야 합니다. 지금으로서는 살을 잘라 주는 게 사람 살리는 길입니다. 잘라 낸 부위를 잘 소독하고 약을 정성껏 하루 세 번씩 발라 주십시오."

내 말에 동역자는 알았다며 힘없이 전화를 끊었다. 그런데 얼마 지나지 않아, 이분에게서 다시 연락이 왔다.

"장로님, 더 이상은 못하겠습니다. 못하겠다구요."

"면도칼로 썩은 살을 자를 때마다 여인이 아파서 죽겠다고, 벽을 손으로 긁어가며 소리 내어 우는데, 살려 달라고 소리소리 지르는데, 정말 지옥이 따로 없습디다. 이곳이 바로 지옥입니다. 이제는 더 이상 못하겠습니다. 저를 시키지 마십시오."

그 기막힌 현실을 듣고 내가 할 수 있는 말은 이것뿐이었다.

"우리는 오늘도 하나님의 은혜로 죽지 않고 살고 있는데, 우리가 과연 하루에 몇 번씩이나 예수님의 손에 못을 박습니까? 예수님은 오늘도 우리 때문에 얼마나 많은 고통의 눈물을 흘리시겠습니까? 그것이 바로 우리입니다. 그럼에도 우리를 사랑하시는 것이 하나님의 은혜입니다. 그 여인을 환자로 보지 말고, 우리가 못을 박는 예수님이라고 생각하고 살을 계속 잘라 주십시오."

석 달이 지나서 내가 가서 그 여인을 보았을 때는, 썩은 살은 거의 다 떨어져 나가고 보송보송한 새 살이 돋아나 있었다.

"장로님과 통화한 뒤로, 정말 이 여인을 예수님으로 보고, 여인이 소리소리 지르는 것을 예수님의 신음으로 들으며, 예수님을 안듯이 정성껏 치료하고 썩은 살을 잘라 주었습니다."

그리고 그 여인의 손에는 성경책이 쥐어져 있었다. 마태복음서를 첫 절부터 끝 절까지 줄줄 외웠다. 살을 자르는 그 석 달 동안에 아프면 아플수록 이를 악물고 성경을 외웠다고 했다.

그 여인은 발가락이 모두 잘린 채로 북한에 들어갔다. 북한으로 들어간 뒤에 몇 차례 쪽지가 왔다.

"이제는 4복음서를 다 외웠시요. 지금은 외우고 있는 4복음서로 사람들한테 복음을 전하고 있습네다."

우리는 이 쪽지를 받아 들고 감격해서 울었다. 그 여인은 살을 에이는 고통을 받았지만 고통 가운데서도, 주님은 이 여인의 영혼을 구원시키셨을 뿐 아니라 그 여인을 통해서 북한 선교를 이루어 가셨다. 나는 이곳 강변에서 고난도 은혜라는 것을 날마다 보았다. 이 고난이 바로 하나님의 엄청난 사랑이요, 특별히 선택된 은혜임을 경험했다.

:: 단동병원의 십자가

2000년 11월에 우리는 단동병원에 작은 예배실을 꾸몄다. 예배실 한가운데는 십자가를 걸기로 했다. 평양제3병원에서 예배실도 없이 원장실에 모여 앉아 예배는 드렸지만 십자가를 걸어 놓지 못한 것이 늘 안타까웠던 나는, 단동병원이 개원하자마자 바로 예배실을 꾸미고 십자가를 걸기로 작정했다. 물론 외부인들에게 이 예배실은 비밀이었다. 중국 공안들에게 들키면 큰일이니까 말이다.

서울에서 방문한 새문안교회 선교팀 30여 명과 함께 단동병원 예배실에서의 첫 예배를 준비하면서 십자가를 달았다. 그 십자가는 우리가 흔히 성전에서 볼 수 있는 반듯하고 윤기가 반들반들 나는 고급 십자가가 아니었다. 우리 선교사들이 뒷동산에 올라가서 약간 구부러진 밤나무 가지를 잘라 못질하고 다듬어서 손수 만든 것이기 때문이었다. 그 십자가를 달 때는 문을 닫아 놓고 소리 없이 조용히 달았다. 그리고 우리는 입을 다문 채 그 앞에 서서 조용히 눈감고 주님께 감사 기도를 드렸다.

그런데 채 눈물이 마르기도 전에 중국 공안 당국에서 전화가 왔다.

"십자가를 빨리 떼십시오."

참 기가 막힐 노릇이었다. 먼 거리에서 망원경으로 우리의 모든 움직임을 계속 감시하고 있는 걸까, 마음이 섬뜩했다.

십자가를 떼라는 명령에 우리는 함께 모여서 어떻게 할 것인가, 잠깐 논의했다. 결론은 너무나 간단했다.

"어떤 어려운 일이 있더라도 십자가는 뗄 수 없지 않겠습니까? 그대로 붙여 놓읍시다."

우리는 문을 안으로 잠근 채, 계속해서 예배를 드렸다. 그날 철저한 감시 속에서 그 십자가를 보며 찬송하고 기도할 때 다들 큰 은혜를 받았다.

이 십자가는 십자가라기보다는 오히려 십자가에 달려 있는 예수님의 모습과 너무나 비슷했기 때문이었다.

그 십자가는 머리 부분이 수그러져 있다. 그 머리와 가슴 부분이 앞쪽으로 구부러져 있어, 마치 나를 한시도 떠나지 않고 지금도 내려다보고 계신 예수님의 모습과 너무나 비슷했다. 우리와 함께 계시는 하나님! "보라 처녀가 잉태하여 아들을 낳을 것이요 그 이름은 임마누엘이라 하리라"(마태복음 1:23) 늘 항상 나와 동행하시고 내 안에 계시다가 슬퍼할 때 위로하시고 힘들어 주저앉을 때 일으켜 세워 주시는 예수님의 사랑이었다.

그리고 십자가의 양쪽 끝은 안으로 굽어져 있었는데, 마치 우리를 안아 주시려고 벌리고 있는 예수님의 팔과 같았다. 마치 예수님이 팔을 벌리고 이렇게 말씀하시는 것 같았다. "나는 세상에 더 있지 아니하오나 저희는 세상에 있사옵고 나는 아버지께로 가옵나니 거룩하신 아버지여 내게 주신 아버지의 이름으로 저희를 보전하사 우리와 같이 저희도 하나가 되게 하옵소서"(요한복음 17:11). 걱정하시고 근심하시면서 아버지 이름으로 우리를 보전해 달라고 말씀하시는 하나님, 우리가 하나가 되어 사랑을 배우라고 말씀하시는 예수님의 모습과 너무 똑같았다.

십자가의 무릎 부분은 가장 많이 휘어 있었다. 이 휘어진 무릎은 지금도 기도하시는 예수님의 모습과 닮았다. "이와 같이 성령도 우리 연약함을 도우시나니 우리가 마땅히 빌 바를 알지 못하나 오직 성령이 말할 수 없는 탄식으로 우리를 위하여 친히 간구하시느니라"(로마서 8:26).

주님의 십자가 아래서 단동병원을 짓기까지의 순간들이 눈앞에 새롭게 펼쳐졌다. 그동안 낯선 땅에서 '만만디' 중국 사람들을 상대로 건축했고, 이제 시작이긴 하지만 병원이 점점 제 모습을 찾아 자리를 잡아가는 데는 우리 동역자들의 눈물어린 희생과 헌신이 있었기 때문이다.

어떤 동역자는 꽁꽁 얼어붙은 높은 산길에서 차가 미끄러져 깊은 낭떠러지로 떨어져 죽을 뻔하기도 했다. 또 어떤 동역자는 쏟아지는 폭설 때문에 4시간이면 갈 거리를 11시간이나 걸려서 심양에 갔더니, 이미 심양 공항이 문을 닫아서 그 길을 다시 돌아 밤새도록 거북이처럼 기어 대련까지 와서 그곳에서 서울행 비행기를 탔던 일도 있었다.

그날 우리가 예배를 드릴 때 선교팀이 그 자리에서 치과 병실 두 개를 헌금해 주어서 우리 모두를 감격시키기도 했다. 그날 한 선교사가 내게 편지 한 통을 건네주었다.

믿음으로 아름답게 단장되어 가는 총재(중국에서는 나를 총재로 부른다)님의 모습, 세상 그 어느 향수보다 향기롭고 세상 그 무엇보다 아름답습니다. 자신을 버리고 자기가 하고 싶은 모든 것을 포기하고 살아간다는 것은 참으로 많은 자신과의 싸움을 요하는 것입니다.

그러함에도 그 싸움을 이기고 주를 위해 살기로 작정하고 헌신된 삶을 사는 삶이야말로 가장 값진 삶이 아닌가 생각합니다. 이런 삶을 살아가는 총재님이 참으로 존경스럽고 함께 하나님의 사역에 동참하게 되어 너무나 큰 감사를….

긴 여정 가운데 많이 피곤하셨죠. 에벤에셀의 하나님이 모든 피로를 풀어 주시고 친히 영육을 강건하게 붙들어 주실 것입니다.

하늘(천국)에서 해같이 빛날 총재님을 생각하며 주님의 이름으로 축복합니다.

사랑합니다. 선교사 사라

나는 이 편지를 읽고 또 읽으면서 기도하지 않을 수 없었다. 나란 사람에 대해서는 "나는 죄인입니다." 그 말밖에 할 말이 없다. 누구보다도 내가 나를 잘 알고 있기 때문이다.

"하나님, 부족한 종, 행위로 되지 않게 하시고 은혜로만 되게 하여 주옵소서! 더 사랑하지 못하고, 더 기도하지 못하고, 더 겸손하지 못함을 용서해 주옵소서."

단동병원 예배실에서 첫 예배를 드린 지 얼마 지나지 않아 내게 쪽지가 하나 왔다.

"저는 단동병원에서 일하는 사람 중에 한 사람입니다. 지난번 단동병원에 예배실 꾸민 것을 경찰에 연락한 것은 바로 접니다."

나는 할 말을 잃었다. 공안 당국이 망원경으로 우리를 감시한 것이 아니라, 우리 안에 우리 행동 하나하나를 보고하는 스파이가 있다는 사실에 가슴이 선뜩했다. 아니 우리 병원에서 일하는 중국 사람 모두를 의심해야 한다는 기막힌 현실이 더 가슴 아팠다. 갑자기 두려워졌다. 그런데 이분의 쪽지에는 이런 고백이 적혀 있었다.

"당에서 시키는 임무이니 그 속에서 살아남기 위해서는 어쩔 수 없는 노릇입니다. 하지만 저는 이미 예수님을 믿기로 영접했습니다."

이분이 누군인지는 알 길이 없지만, 나는 주님이 그에게 고백의 입술을 열어 주신 것, 그리고 그가 주님을 영접했다는 사실만으로도 감사했다. 두려움이 사라졌다. 우리가 왜 이곳에서 힘든 싸움을 하고 있는지 혼돈도 사라졌다. 그 뒤로도 주님은 내게 믿음의 열매를 보여 주셨다.

단동에서 가장 유명인이고 중국에서도 몇 손가락 안에 꼽히는 재벌 집 사모님도 기독교인이 되었으며, 언젠가는 우리 단동병원에 와서 직접 간증도 하겠다는 약속까지 했다.

우리는 이곳 중국 땅에서 직접 전도는 못하지만, 이렇게 단동병원은 그곳에 존재하는 것만으로도 힘찬 바람을 일으키고 있다. 이것은 예수님이 함께하신다는 증거였다. 그랬기에 어떤 감시 아래 있더라도 나는 담대할 수 있었다.

:: 요나의 뱃속 체험기

병원문을 열고, 첫해에 한참 기자재들을 채우기 위해 기도하고 있었던 2000년 겨울이었다. 바쁜 일정을 앞두고 집을 나서려는 내게 아내가 뭔가를 불쑥 건네주었다.

"이것, 십자가 금목걸이인데 이번에 꼭 목에 걸고 가세요."

"나더러 십자가 목걸이를 하라구?

이번에 한국과 단동에서 잡힌 벅찬 집회 스케줄을 걱정하던 아내였다. 떠나는 주일 아침 예배는 상항 침례교회에서 말씀을 전하고, 저녁 비행기로 서울에서 단동으로 날아간다. 미국에서 건너간 진병우 박사와 이미 중국에 도착해 있는 치과 설치 전문 팀과 공사 팀을 단동에서 만나 치과 2동을 완공하는 일을 돌봐야 하고, 강동 노회 목사님들에게 간증 집회를 해야 한다. 그 다음 서울과 대구에서 집회가 5번이나 잡혀 있었다. 이 모든 일이 불과 9일 동안의 짧은 기간 안에 이루어져야 하니까, 아내가 걱정할 만도 했다.

"그것 어디서 난 거요?"

장모님이 주신 것이라고 했다.

"나 그런 것 안 좋아하는 줄 당신 알지 않아?"

나는 원래 목걸이 같은 것을 좋아하지 않기 때문에, 한 번도 목걸이를 해 본 일이 없었다. 하지만 이번에는 아내의 태도가 단호했다. 무조건 목에다 걸어 주는 것을 말릴 수 없었다.

'우선은 그대로 두었다가 비행기 타면 풀면 되리라.'

이렇게 생각하고 집을 나섰다. 하지만 사실은 십자가를 간직하는 것이 큰 위로가 되기는 했다. 한국 집회를 다녀 온 지 3주밖에 되지 않아 심신이 지친 상태여서 그런지 구토증이 느껴져서 속으로 걱정을 하고 있었기 때문이다.

서울에 도착하니 심양에 폭설이 쏟아졌다며, 서울-심양간 비행기가 연기되었다고 했다. 한시라도 허비할 수 없는 형편이어서 인천에서 단동으로 들어가는 배를 타기로 했다. 한국과 중국을 다니며 장사하는 보따리 장사꾼들로 배는 만원이었다. 나와 같은 방을 썼던 중국 조선족 사람은 자기가 밀수를 하던 이야기며, 그러다가 단속반에 잡혀서 자기 동료가 감옥에 갔던 이야기들을 재미있게 들려주었다.

날마다 배를 타고 다니는 이 사람들이 미리 충고해 주었다.

"오늘 저녁에는 심한 파도로 고생할 겁니다. 미리 든든하게 저녁을 먹어 두시는 게 좋을 겁니다."

하지만 위경련이 오는 듯 속이 뒤틀려서 아무것도 먹을 수 없었다. 속으로 은근히 걱정이 되었다. 나는 원래 내이(內耳)가 불안정하여 어지럼증이 있고 조금만 흔들려도 심한 고통을 받기 때문이다. 그래서 미리 내이를 진정시키는 약을 먹어 두었다.

그런데 배가 떠난 지 두 시간이 지났을까, 서해 바다에 폭풍주의보가 내렸다고 했다. 배가 흔들리기 시작하는데 정신이 없었다. 배 앞쪽이 공중을 향해 들렸다가 파도를 치고 내려오니 마치 배의 한가운데가 쪼개지듯 요란한 소리를 냈다. 그럴 때는 가슴이 콩알만해졌다.

엎친 데 덮친 격으로 히터가 나오던 곳에서 에어컨 찬바람이 나니, 추워서 잠을 잘 수 없었다. 히터를 끄려고 일어났는데 갑자기 속이 울컥거렸다. 급히 침대로 돌아와서 머리를 베개에 박고 죽은 듯이 누워 있는 방법밖에는 다른 도리가 없었다.

풍랑을 만나 고래 뱃속으로 들어갔던 요나도 생각이 났고, 풍랑을 만나 주무시던 예수님을 황급히 깨우다가 "믿음이 적은 자들아" 하고 책망을 들었던 제자들도 생각이 났다.

그때 문득 내 목에 십자가와 예수님의 형상이 달려 있는 목걸이가 있다는 생각이 났다.

'아, 예수님이 나와 같이 계시는구나. 주님, 감사합니다.'

나는 살며시 십자가를 만져 보았다. 따뜻한 예수님의 체온이 온몸을 감싸듯 안아 주었다.

'아! 바로 이래서 아내가 억지로 목걸이를 걸어 주었구나. 여보 고마워요, 장모님께도 고맙고요.'

하루도 빠뜨리지 않고 새벽마다 기도해 주시는 부모님들의 사랑으로 오늘의 내가 있게 된 것을 이때처럼 절감한 순간이 없었다. 이것이 하나님의 사랑이요, 큰 은혜인 것을 깨닫는 순간 감사와 감격의 눈물이 내 얼굴을 뒤덮었다. 내게는 "믿음이 적은 자"라고 책망하시는 예수님은 전연 보이지 않고, 자비하시고 사랑하시는 예수님의 모습이 눈에 환하게 비쳐졌다. 그러고는 편안하게 잠이 들어 깨어 보니 아침이 되었다.

아침에 단동에 들어온 우리를 보고 모두들 어떻게 왔느냐고 놀랐다.

"저희가 어제 마중하러 심양으로 나가려고 했거든요. 그런데 길이 얼어붙어서 보통이면 한 시간밖에 걸리지 않을 거리를 두 시간 반이 걸려도 가지 못했어요. 급경사가 시작되는 산중턱을 넘지 못해서 포기하고 돌아왔지요."

그 이야기를 들으면서 우리가 비행기를 타고 심양으로 갔더라도, 어려움은 더했을 것이란 것을 알게 되었다. 나는 씩 웃으면서 말했다.

"풍랑을 잠잠케 하시고 물 위로 걸어가시던 예수님을 따라 물 위로 걸어 왔지요!"

모두 웃었다.

강사가 풍성한 은혜를 받았으니, 그날 강동에서 온 목사님 40명과 장로님 20명 이렇게 60명이 우리 예배실에서 말씀을 들을 때, 모두 감격해서 하나님의 은혜에 눈물을 흘렸다. 그저 "한 번 가 보자" 하고 오셨던 목사님들이 그 자리에서 6만 달러가 넘는 버스를 약정하는 뜨거움이 있었다.

중국의 일정을 다 소화하고, 서울로 갔다. 서울에서 집회를 연 교회는 중앙감리교회였는데, 100년이 넘는 교회 역사상 처음으로 평신도를 주일 대예배에 초청했다고 했다. 예전에 이 교회에서 평양제3병원을 지을 때 치과 병동 한 개를 해 주셨고, 지금은 선교사 부부도 파견해 주셨는데, 그외에도 단동병원의 한 부분을 맡아서 해 주실 것을 약속하셨다.

주일 오후 덕수교회에서도 은혜스럽게 잘 마쳤다. 덕수교회에서도 다른 치과 한 병동을 마저 채워 주셨다. 예배를 마치자 어려운 환자가 있는 가정에서 기도하기를 원한다고 했다. 그 가정에 가서 기도하고 밤늦도록 많은 은혜를 받았다.

주일을 서울에서 지낸 다음 월요일에는, 대구로 내려가서 목회자 세미나를 인도했다. 그 다음날 새벽 예배를 두 곳에서 한 시간 간격으로 인도하고, 서울을 거쳐 바로 미국으로 들어왔다.

거의 매달 한 번씩 하는 여행이요 강행군이니, 다른 때와 별 다른 것이 없었지만, 이번에는 더 힘이 나서 피곤한 줄도 몰라 그 다음날부터 다시 병원에 나가서 일하기 시작했다. 집에 돌아오니 아내가 더 고마웠다.

SA**M** Mission

사랑만이 희망이다

감사, 사랑의 또 다른 이름

9장

:: 전 여기 약 받으러 온 게 아니래요

장백에서 의료 봉사를 할 때였다. 그날도 200명이 넘는 환자를 보고 저녁 시간이 되니까 정말 탈진이 되었다. 손 다 씻고 배가 고파서 눈엔 음식만 보이는데, 환자 한 분이 미안한 표정으로 나를 찾아왔다. 그 환자 보기에 그래도 내가 제일 투정 안 하고, 잘 도와줄 것 같은 생각이 들었던 모양이다.

나는 그 환자가 자리에 앉자마자 퉁명하게 물었다.

"어디가 아프십니까?"

"머리도 아프고, 허리도 아프고, 심장도 좋지 않고, 피곤하고….."

병원 그 자체였다. 이러다가는 끝도 없이 계속되겠다는 생각이 들어 중간에 말을 끊었다.

"예, 알았습니다."

진찰을 하고 처방해 주면서 일렀다.

"약국에 가서 약을 받아 가십시오."

이 환자가 처방전을 손에 들고 물끄러미 들여다보다가 말했다.

"선생님, 제가 선생님을 보기 위해서 새벽 4시에 일어나서, 2시간을 걷고, 5시간을 기차를 타고, 3시간을 버스를 타고 이제야 왔어요. 미국에서 고명하신 의사 선생님이 오셨으니 약이 문제가 아니라 속 시원한 말씀을 듣고 싶어서 왔는데 결국은 이것이 다군요. 제가 여기 약 받으러 온 것이 아니래요."

그러면서 걸어 나갔다. 나는 얼른 가서 그분을 붙잡았다.

"이리 오십시오."

"됐습니다."

하며 눈물을 글썽거리면서 나갔다.

그때 나는 나의 참 모습을 보았다. 강단에 서서 눈물 흘리면서 외치고 감격해하지만, 그것이 내 모습이 아니었다. 5시간을 기차를 타고 3시간을 버스를 타고 2

시간을 걸어서 나를 찾아온 예수님을 한마디로 간단하게 내쫓아 버리는 이것이 나의 참 모습이었던 것이다.

"경건의 모습은 있어도 경건의 능력은 없다"고 꾸짖으신 예수님의 모습이 눈앞에 선했다. 나 자신한테 실망이 되다 못해 화가 났다.

다음날 아침 새벽 예배를 하면서 눈물을 흘리며 이 이야기를 들려주고 회개했다.

"비록 큰일은 못하더라도, 그래도 세상적인 모든 것을 뒤로 하고 이곳에서 새벽마다 눈물로 기도하고, 지극히 작은 소자 하나에게 물 한 모금, 약 한 톨 먹이면서 사랑을 나누는 그 일에 주님은 저를 부르셨는데, 어제 저는 그 일을 감당하지 못했습니다. 입으로는 말씀을 외치지만, 말씀을 제대로 실천하지 못했습니다. 병원 100개 있는 것보다, 병원 건물이 없더라도 그 안에 있는 우리 헌신자들이 말씀으로 하나가 되고 작은 일에 충성하는 아름다운 모습을 보시고 하나님은 기뻐하실 것입니다. 이 작은 사랑이 엄청난 사랑의 열매를 맺을 것을 저는 믿습니다."

그날 아침 의료 봉사팀 전체가 같은 마음으로 회개를 했다. 이런 일을 통해서 회개할 수 있는 기회를 주셨다는 것이 어쩌면 더 큰 은혜인지도 모르겠다.

:: 원수를 사랑하기

원수를 축복하기가 얼마나 어려운지는 경험해 보지 않은 사람은 잘 모른다.

한번은 사역을 하다가 어떤 사람과 갈등을 빚게 되었다. 얼마나 뒤에서 내 흉을 보고 다니는지, 가서 한번쯤 따지고 싶었다. 얼굴도 보기 싫어서 저쪽에서 온다 싶으면 나는 이쪽으로 싹 빠져 달아났다. 대놓고 싸우고도 싶었다.

그런데 나는 싸우는 대신 하나님 앞에 기도하기 시작했다.

"하나님, 우리 두 사람이 같이 사역할 수 없으니, 그 사람 사역 못하게 해 주세요. 그리고 저만 사역하게 해 주세요."

그런데 아무리 기다려도 응답이 없었다. 그런데 이런 생각이 들었다.

'야, 하나님 사역인데 너만 하라는 법이 어디 있는가.'

그래서 기도 제목을 바꾸었다.

"하나님 저 사람을 천당으로 데려가든지 나를 데려가든지 둘 중 하나를 해결해 주세요."

그런데 사람을 천당으로 데려가 달라고 기도하는 건 아무래도 너무하다는 생각이 들었다. 그래서 기도 제목을 또 바꾸었다.

"하나님 아버지, 그건 너무 심한 기도구요, 저 사람의 마음을 성령의 힘으로 녹여 주세요."

이렇게 기도를 열흘쯤 했을까, 갑자기 하나님의 음성이 들렸다.

"너는 내 말 듣고 변했느냐?"

그때 내가 느낀 것이, 내가 먼저 변해야겠다는 것이었다. "원수를 사랑하라"는 말씀을 나는 너무나 많이 들어왔지만, 이 말씀에 곧이곧대로 따르지 못해서 이 모양이 아닌가. 주님은 그 사람이 아니라 내가 먼저 하나님의 말씀대로 변화되기를 원하셨던 것이다. 그 다음날부터 이 사람을 보면 무조건 달려가서 목을 얼싸안았다.

"사랑합니다. 축복합니다. 용서하십시오."

그랬더니 그 사람 눈이 휘둥그레졌다.

"어떻게 해야 제가 용서받을 수 있을까요? 무릎이라도 꿇을게요."

내가 이렇게 말했지만, 그 사람은 들은 체도 안 했다. 하지만 그 다음날도, 그 다음날도 만나기만 하면 목을 껴안고, 축복해 주었다.

그런데 그렇게도 변하지 않을 것 같은 이 사람의 마음이 녹기 시작했다. 주님의 가르쳐 주신 처방대로 내가 먼저 변하니까, 그 사람이 변한 것이다.

나는 북한과의 관계도 이와 마찬가지라는 생각이 들었다. 내가 누군가를 사랑한다는 것도 이와 마찬가지일지도 모르겠다. 믿음은 내가 변하는 것이다. 이것이 믿음의 선한 열매를 맺는 첫 단계였다. 내가 먼저 변화되는 것, 어쩌면 그것이 모든 관계의 시작인지도 모르겠다. 그래서 남을 어떻게 사랑할지를 고민해야 할 것이 아니라, 내가 먼저 변화되기를 힘써야 한다.

:: 추위에 감사하게 하시니 감사합니다

"선교사로 가겠습니다."

나는 이게 무슨 일인가 싶었다. 근 400여 명의 직원을 데리고 공장을 운영하시며 크게 사업을 하시는 분이, 어떻게 선교사로 가시겠다는 것인지. 너무 뜬금없는 결정이었기 때문이었다. 게다가 얼마 전까지만 해도, 의료 봉사 가는 것도 힘들어하시던 분이었다. 병원을 가 본 일도 없어서 의료 봉사를 가서 무엇을 할 수 있을지 모르겠다는 것을 "우리를 찾아오는 환자들을 감싸주고 따뜻하게 맞아 주고 그리고 사랑으로 안아주면 됩니다." 하는 내 말에 용기를 내어 의료 봉사에 함께 갔었다. 그런데 이분들이 의료 봉사 기간 내내 환자들을 정성껏 돌보아 주시고 매일 아침 큐티에 참석하시더니 단호한 결정을 내린 모양이었다. 속으로는 하나님 '또 한 분의 동역자를 보내 주셔서 감사합니다' 했지만, 내심 걱정이 되었다.

"아니 그게 무슨 말씀입니까? 회사 운영은 어쩌시구요?"

"장로님, 지난번 큐티 모임에서 나누신 말씀을 듣고 저와 아내가 아주 많이 회개했습니다. 저도 남은 인생을 주님 앞에 드리고 싶습니다. 회사 일은 정리하려고 합니다. 아내와도 다 논의가 되었구요."

그러시더니 하와이 열방대학에 가서 선교사 훈련 과정을 마쳤다. 그렇게 해서 이분들이 최전방 진료실에서 동역하게 되었다.

이분들이 사시는 곳은 겨울에는 영하 40도까지 떨어졌다. 로스앤젤스에서 겨울이라고는 모르고 20년을 살던 두 내외가 걱정이 되었는데, 이번 크리스마스 때 나한테 이런 카드를 보내왔다.

Merry Christmas!

정죄함, 미움, 다툼 모든 부정적인 것들을 용서와 화해로 흰눈 속에 모두 묻어 버리고 그분의 긍휼하심을 입어 희어진 SAM의 마음 밭에 아름다운 그분의 사랑을 그려 드립니다.

내가 가진 것으로, 내가 무엇을 만들어 드리는 것이 아니라, 나의 최선의 것을 겸손하게 바치는 가난한 마음으로 열매를 바쳐드립니다.

원장님께 건강을, 말씀의 은혜를, 많은 돕는 자를 주심을 감사드립니다. 사랑의 화신이 되게 하옵소서, 어느 분이라도 평안을 안고 가게 하옵소서. 영하 35–36도를 넘나드는 혹독한 추위에도 살을 에이는 추위를 체험케 하여 주심을 감사할 수 있는 가난한 마음을 주심에 감사드립니다.

축복합니다. 사랑합니다.

하나님의 은혜 참 감사합니다. 온 천지를 쳐다보아도 얼음, 눈, 찬바람밖에는 보이지 않고, 온도는 영하 40도가 되어 숨도 쉬기 힘든 상황인데, 그래도 이런 추위를 느끼고 감사할 수 있는 은혜를 주신 하나님께 감사드립니다.

이런 고백을 할 수 있는 가슴은 아무나 갖지 못한다. 오직 가까이 계시는 주님이 주시는 힘으로만 할 수 있다는 것을 나는 알고 있었다. 나를 버리고 모든 사람에게 관용을 베푸는 그 가운데서 하나님은 엄청난 역사를 하고 계셨다. 우리의 작은 헌신, 작은 관용이 언제 어떻게 큰 열매를 맺을지 아무도 모른다.

우리 샘 코리아에 계시는 권사님 한 분은, 연세가 칠순이 가까우셨는데도, 우리 샘 사무실을 사랑의 마음으로 짊어지시고 생활하신다. 권사님이 계시기 때문에 SAM 코리아는 재정적인 어려움이 전연 없다. 헌금이 넉넉해서가 아니라, 늘 씀씀이가 알뜰하고 한 푼도 헛되게 쓰는 일이 없는 탓이다.

"이제 집에서 좀 편하게 지내시고 여행이라도 다녀오세요. 무엇 때문에 그곳에서 그렇게 고생하세요?"

딸들이 아무리 반대를 해도 완강하다. 오히려 샘에서 그만두라고 할까 봐 늘 걱정이라고 농담 삼아 말씀하신다. 샘 코리아가 이렇게 자랄 수 있었던 것은 이런 동역자들이 있기 때문이었다.

각 지부마다 이런 동역자들이 있기에 샘이 뿌리를 내리고 숨 쉬고 자라는 것이 감사하다. 돈을 받는 것도 아니고, 누가 무슨 칭찬을 하는 것도 아니지만, "주께서 가까우시니라." 이것만이 그들의 유일한 힘이요, 위로이기 때문에 우리는 오늘도 봉사하고 눈물로 기도한다.

:: 은혜로 된 것이라

내가 나가는 병원은 새크라멘토에 있었고, 우리 SAM 사무실은 오클랜드에 있다. 마침 부인과 과장으로 있는 메디컬 센터(Northern California VA Medical Center)는 그 중간 지점에 있었다. 이곳에 우리 집이 있었다.

그러니 나는 한 주일에 한 번씩 우리 집에서 고속도로로 1시간 30분이 걸리는 UC 데이비스 대학 병원으로 가서 학생들을 가르쳤다. 바로 왕복 3시간을 꼬박 차 안에서 혼자 운전하는 날이었다. 이렇게 일주일에 한 번 장거리 운전을 하는 날이 되면 아내는 걱정이 태산이었다. 아내는 이날만 지나면 또 한 주일 고비를 넘겼구나 하고 마음을 놓는다고 말하기도 했다. 잦은 해외여행으로 밤낮이 잘 정돈이 되지 않아 어려움을 겪으면서 장거리 출퇴근을 하는 내 모습을 곁에서 늘 지켜보기 때문이었다.

하지만 나는 그 고속도로 안에 있는 시간이 좋았다. 나를 불러 갈 사람도 없고, 전화해도 받지 않고, 차 안에서 운전대만 잡고 나 혼자의 시간을 가질 수 있으니까. 나 혼자 설교 테이프도 듣고 찬송도 부르고 기도도 했다. 하나님께 눈물 흘리며 투정도 했고, 머릿속으로 칼럼 원고도 썼다. 그러니까 이 세 시간이 나한테는 얼마나 귀중한지 몰랐다.

날마다 운전하기 전에 오늘 세 시간은 뭘 생각해 볼까 하고 주제를 정하고 운전을 시작했다.

이날은 뭘 생각해 볼까, 하다가 나를 되돌아보기로 했다.

사람들은 나한테 이렇게 말했다. 큰일 하는 사람, 좋은 일 많이 하는 사람, 독수리와 같은 힘을 가진 사람, 환한 달처럼 웃는 사람, 기쁨으로 잘 감당하는 사람, 잔잔한 미소 가운데 뜨거운 마음이 있는 사람, 카리스마가 있는 사람… 여러 가지 좋은 말들로 격려 해 주시는데, 과연 내가 이런 말을 들을 자격이 있는가, 이렇게 칭찬을 들어도 괜찮은 것인지 한번 고민해 보아야겠다는 생각이 들었던 것이다.

처음에는 인사로 또는 격려해 주느라 하는 말인 줄 알고 별로 신경을 쓰지 않았지만, 이젠 너무 자주 듣다 보니 송구스럽기도 하고 내가 칭찬의 말을 듣고 또 하나님의 영광을 가리면 어떻게 하나 걱정되었기 때문이다.

'이 다음에 하나님 앞에 설 때, 너는 이미 세상에서 사람들에게 칭찬을 다 받았으니, 나는 아무것도 칭찬할 것이 없다고 말씀하시면…'

생각이 여기에까지 미치니, 심각한 문제가 아닐 수 없다는 생각이 들었다.

그런데 왕복 3시간이 다 지나, 집에 거의 다 올 때까지 아무리 관대하게 생각을 해 보아도 내가 그런 칭찬 들을 만한 자격이나 이유를 한 가지도 발견하지 못했다. 나중에는 마치 거짓으로 남의 칭찬을 받는 것 같아 걱정되고 불안해졌다.

'모든 것이 허위였구나, 거짓 투성이였구나.'

마음이 쿵 떨어지는 것 같았다. 누구보다도 내가 나를 잘 아는데, 아직도 그 알량한 자존심도, 교만도, 고집도… 버리지 못한 것이 너무 많아, 차마 다 내 입으로 말할 수도 없었다. 다른 사람들은 나를 이렇게 좋게 생각하는데, 막상 나는 더 겸손하지 못하고, 더 사랑하지 못하고, 더 기도하지 못하고… 너무나 부족한 사람이었다. 경건의 모습만 가진 것이 아닌가, 두려워졌다.

"오호라 나는 곤고한 사람이로다 이 사망의 몸에서 누가 나를 건져내랴"(로마서 7:24). 사도 바울의 고백이 신음처럼 저절로 나왔다.

내가 그 조그만 차 속에서 어쩔 줄 몰라 하고 있을 때, 바로 그때 하나님의 음성이 들렸다.

'네가 뭘 잘해서가 아니라 너에게 모든 것을 이루어 갈 수 있는 하나님의 은혜가 풍성하기에, 네가 살아가고 있고 이 일을 감당할 수 있는 것이란다.'

나는 엄청난 사랑의 빚을 졌다는 것을 그제야 다시 깨달았다. "만일 은혜로 된 것이면 행위로 말미암지 않음이니 그렇지 않으면 은혜가 은혜 되지 못하느니라"(로마서 11:6). 이제까지의 일은 내가 이룬 것이 아니라 하나님의 은혜가 하신 것이지 않는가.

그러고 보니까 나는 자랑할 것이 없지만, 하나님의 은혜를 자랑할 수 있는 자격은 얼마든지 있다는 생각이 들었다. 내가 칭찬받을 만한 자격이 있다면 그것은 하나님의 사랑 때문이었다! 내가 선을 행하고 내가 잘나서, 내가 자격이 있어서 다른 사람들에게 좋게 보이는 줄 알고 그 자격을 찾지 못해서 당황했던 나는, 그것이 내가 한 것이 아니라 하나님의 은혜라는 것을 깨달았던 것이다.

하나님이 나를 사랑하신다, 바로 이것만이 내가 칭찬을 받을 만한 이유였다. 그래서 이제는 칭찬받을 때 "왜" 하기보다 "네" 하고 받기로 했다. 나는 하나님이 사랑하시는 자녀이기 때문이었다.

전지전능하신 하나님이 독생자 예수님을 나를 위해 십자가에서 돌아가시게 하셔서, 나를 의인으로 만들어 주시고, 구원해 주시고, 몸소 부활의 첫 열매가 되셔서 영생의 길을 열어 주셨다는 그 놀라운 사랑을 받은 나는 충분히 자랑할 만한 자격이 있었다.

하나님은 나처럼 부족한 사람을 쓰시느라 답답하고 무척 힘드실 것이다. 그래도 마다하지 않으시고 써 주시니, 나는 나 잘난 것이 자랑이 아니라, 나의 못난 것이 자랑이다. 이왕에 헌신한 것이니 더 이상 손해 볼 것도 없고, 억울할 것도 없고, 슬플 것도 없다.

이 한 몸을 드릴 뿐이다. 갚으려고 노력한다고 해서 갚을 수 없는 그 큰 주님의 사랑, 그 사랑의 빚을 어떻게 해서든 갚으려고 노력했고 갚지 못해서 몸부림치고 눈물겨워하는 그 조그만 정성을 하나님이 예쁘게 봐 주셔서, 나는 지금도 이 사역을 감당하고 있는 것인지도 모르겠다. 이러한 깨달음이 그날 내게 얼마나 큰 위로와 힘을 주었는지 이루 다 말할 수 없다.

:: 뜻밖의 크리스마스

단동에 있는 내게 뜻밖의 편지 한 통이 전해져 왔다.

나의 생명이 되어 주신 존경하옵는 박세록 장로님, 아버님께 이 편지를 드립니다.
할렐루야! 하나님의 은혜 감사합니다.
펜을 들고 보니 눈물이 앞서면서 옛 일들이 생각납니다. 생명을 얻으려고 아버지의 목마를 타고 두만강을 건너 낯선 중국 땅에 왔으나 선생님을 만나 하나님을 알게 된 것이 나의 최고의 복이라 생각합니다.

동족에게 아버지를 잃은 나는 한없이 원통하고 하소연할 데 없어 몫이(목이) 밝혔지만(막혔지만) 육신의 아버지는 잃어도 하나님 아버지 주 예수님이 나를 찾아 구원하여 주셨기에 그 은혜 정말 감사합니다.

이때 장로님이 나의 호구(영주권)까지 하여 주셨고 할머니(권사님)도 만나 학교까지 다니게 하니 난 주님의 은혜에서 누구보다 행복합니다. 나는 매일 저녁 할머니와 성남(그 후에 또 맡긴 소년)이와 예배보고 영의 양식을 먹고 또 학교에서는 우수생으로 있습니다. 모두 장로님과 하나님과 할머니의 은혜라고 느낍니다.

저는 장차 북한 땅에 나가 나 같은 어린아이들과 동포들에게 하나님의 오묘하신 생명의 양식을 전하렵니다. 저에게 기대를 걸고 있는 많은 분들의 희망에 어긋나지 않게 하나님이 기뻐하시는 주 안에서 나의 아버님 되시는 장로님과 권사님에게 복음 전파로 기쁨을 드리렵니다.

육체는 비록 떨어져 있어도 마음은 한 곳에 있듯이 하나님의 뜻 가운데 또 만날 것입니다. 만수무강하시고 주안에서 늘 기도 해 주시기 바랍니다. 안녕히 계십시오. 만날 날을 그리며….

주님의 딸 정성실, 장로님께 드립니다. 2000년 12월 3일

나는 이 편지를 읽고 또 읽었다. 어린 나이에 그렇게도 험한 세월을 지내야 했던 한 소녀가 너무 애처로웠다. 그리고 이제는 어엿한 사춘기 소녀가 되어 잘 자라고 있음에 감격했다. 이제는 말씀을 전하고자 다짐하는 하나님의 딸이 된 것에 감사했다.

동포들에게 영의 양식을 전하고자 다짐하는 성실이의 모습은 분명히 하나님

이 기뻐하실 것이다. 이 편지를 우리 조찬기도회는 물론 지난 주 나를 초청한 교회 예배 설교 시간에 읽어 주었다.

하지만 이 편지가 진정으로 나를 울린 또 하나의 이유가 있었다.

세상 속에 묻혀서 오직 나 하나, 내 가정, 이렇게 나밖에 모르던 나를, 그리고 마치 '도토리 키 재기' 식의 쓸데없는 자존심과 교만 때문에 좌충우돌하느라 온 정력을 쏟아 붓던 나를, 하나님은 너그럽게 받아 주고 써 주신다는 사실이었다.

예수님의 사랑으로 내게 사랑을 나눌 수 있는 마음을 허락하신 것, 그리고 부족한 사람에게 사랑을 나눌 수 있는 많은 귀한 동역자들을 주신 것, 그래서 우리 12명의 동역자들이 나진·선봉을 갈 때 성실이에게 사랑을 베풀게 하시고, 그 작은 사랑이 한 생명을 살리고 그 생명이 변화되어 선한 열매를 맺게 된 것, 그 열매를 내가 보았다는 사실에 나는 울었던 것이다.

세상이 성탄절의 기쁨으로 아름답게 단장이 되었다. 가는 곳곳마다 크리스마스 캐럴이 울려 나오고 삼삼오오 정다운 사람들의 사랑 이야기가 훈훈하게 엮어져 세상은 온통 축제 분위기였다. 그 가운데서 오늘도 외롭게 울려 퍼지고 있는 구세군의 자선냄비 종소리를 들으면서 성실이를 위해 오래도록 기도하지 않을 수 없었다. 지금도 두만강, 압록강 어딘가에서 먹을 것을 찾아 헤매다 동상에 걸려 있을 한 영혼을 위해 기도하지 않을 수 없었다. 어느 대륙에 교회 몇 개 세웠다는 선교의 열풍은 뜨겁게 불어도, 막상 지척에서 굶어 죽어 가는 우리 동포에 대해서는 무심한 한국 교회를 향해 울면서 중보하지 않을 수 없었다.

:: 운봉댐에서 식은땀 흘린 이야기

2001년 4월에 열렸던, 제6차 의료 봉사 때였다. 50명의 동역자들과 함께 압록강, 두만강 삼천리 강변에서 밀려오는 환자들을 땀을 흘리며 돌보고 있는데, 우리 동역자들이 황급히 말했다.

"장로님, 빨리 갈 데가 있습니다. 여기서 한 시간을 가면 압록강 운봉댐이 있는
데, 이 댐에 북한에서 온 벌목공들이 모여 살고 있대요."

나는 귀가 번쩍 뜨였다.

"조 선생님이 마침 조선족 택시 운전기사 한 분을 만나 미리 다녀오셨대요. 또
이 조선족 분의 형님이 그곳에 있는 호텔의 매니저라네요. 중간 초소에도 미리
다 이야기를 해 두었기 때문에 우리가 가서 봉사하는데 아무 어려움이 없답니
다. 거기 수십 명의 북한 동포들이 모여서 살고 있대요. 음식을 가지고 가면 서
로 나누어 먹으면서 이런저런 이야기들을 하며 만날 수 있답니다."

북한 동포를 직접 만날 수 있고 또 어쩌면 내일 아침 우리 일행 전체가 다녀올
수 있겠다는 생각이 들어, 내가 우선 먼저 가 보기로 하고 무작정 동역자들을 따
라나섰다.

처음 한두 개의 군인 처소에 도달했을 때, 군인들이 차를 세우더니 뭐라고 뭐
라고 물었는데, 이 운전기사가 또 뭐라고 중국말을 하니까 그대로 통과가 되었다.
이렇게 4-5개의 군인 처소를 지나다 보니 약간 마음이 불안해졌다. 마치 영화 속
에서 독일군의 요새를 폭파하기 위해 잠입하는 스파이가 된 것만 같아서였다.

드디어 어마어마한 규모의 댐 앞에 도착했다. 그곳 처소에서도 기사의 말에 우
리는 무사히 통과가 되었다.

우리는 과자와 빵이 든 상자를 들고 댐을 유유히 걸어 북한 쪽으로 갔다. 모르
면 용감하다고 세상 이치를 잘 모르는 한심한 내 모습이 지금도 눈에 선하다.

우리가 음식을 내려놓자 우리 동포들이 와서 음식들을 집어 가려는 찰나였다.
누군가가 뒤에서 운전기사의 손을 탁 잡아챘다. 마침 이곳을 지나가던 중국 관리
대장이었다.

"뭐 하는 사람들이야, 누구의 허락으로 이런 짓들을 하는 것인가?"

그 대장의 눈초리는 매섭게 빤짝거렸다. 사람을 위아래로 훑어 보는 모습에 가슴이 다 서늘해졌다. 순식간에 10명 정도 되는 중국 공안원들이 우리를 삥 둘러쌌다. 우리는 중국 군인 처소로 호송되어 갔다. 우리 세 사람은 밖에 서 있으라고 하더니, 운전기사를 안으로 데려가서 문초를 하기 시작했다. 우리가 움직이기만 하면 손짓으로 막고 꼼짝 못하게 했다. 자칫하면 금방 주먹질이라도 할 것 같은 험악한 상황이었다. 안에서는 큰소리가 간간히 들려 왔고 사색이 된 운전기사의 얼굴이 보였다. 우리는 무슨 일이 일어나는 건지 몰라 답답했다.

우리 셋 중 두 사람은 미국 시민권자이고 한 사람은 한국 여권을 가진 분이었는데, 마침 이분이 여권을 가지고 있지 않았다. 내 여권만 본 공안대원들은 우리 모두가 미국에서 온 사람들이라고 믿어서 큰 다행이었다.

마침 그 대장이 돌아와서 운전기사를 호되게 나무라면서, 내 여권을 자세히 검사했다. 온갖 불길한 생각이 순식간에 머리를 스쳐 갔다. 그때 마침 미국과 중국 사이에 스파이 비행기 사건으로 정치적 실랑이가 벌어졌다는데, 혹시 거꾸로 이용당하지 않을까 하는 걱정도 들었다.

'중국에 억류되어 집으로 가지도 못하면 어떻게 되는 건가?'

'스파이로 몰아 인질로 삼으면 어떡하지?'

불법으로 국경을 넘나들었으니 문제가 되려면 크게 될 수도 있겠다는 생각이 들었다. 불안해서 숨 내쉬기가 힘들었다. 그때 내 가슴속에는 단동병원 예배실에 있는, 그리고 항상 나를 내려다보고 계시는 그 십자가의 예수님이 떠올랐다.

'예수님, 굶주리는 동족들을 먹이고 싶은 마음밖에 없었던 것 아시죠?'

예수님이 빙그레 웃으시며 내려다보고 계셨다. 예수님의 눈과 내 눈이 마주쳤다. 드디어 그 대장이 내게 걸어 왔을 때는 바짝 긴장이 되었다.

"조선말 할 줄 아시죠?"

"예."

나는 속으로 '아! 이 분이 조선족 중국 사람이었구나!' 하고 생각했다. 우선 말이 통할 수 있다는 것에 큰 안심이 되었다.

"미국에서 왔으면 볼 일이나 보지 왜 남의 나라 국경 지대를 넘나들면서 불법 행위를 하는 것입니까?"

말투가 많이 온순해져 있었다.

"저는 뭐 관광지인 줄 알고 따라왔다가 우리 민족들을 만나 음식을 나누어 먹을까 생각했던 것뿐입니다. 잘못되었으니 용서하십시오."

내가 그렇게 말할 때, 그가 아직도 내 주머니에 그대로 달려 있는 청진기를 힐끗 쳐다보았다. 그도 많이 누그러졌다.

"사실 이것이 크게 문제가 되려면 될 수도 있지만, 선생들을 보아하니 점잖은 사람들처럼 보입니다. 다시는 이런 위험한 일들을 하지 마십시오."

그가 우리를 타이르면서 악수를 청했다. 그 다음에도 운전기사는 한참 더 조사를 받고 손도장을 여러 번 찍더니 결국은 풀려 나왔다. 가도 좋다는 그 대장의 말을 듣고 뒤도 돌아보지 않고 돌아서는데, 한 동역자가 갑자기 탄식을 했다.

"동포들에게 나누어 주다가 남은 식량과 음료수 상자는 마저 주고 가야죠!"

어려운 고비를 간신히 넘기고 살아난 지경인데, 그 상황에서도 동포들의 굶주림을 안타까워하며 상자를 덥석 들고 돌아서는 그를 우리는 말렸다. 아니 말릴 수밖에 없었다.

"우선 이 자리를 벗어나고 봅시다."

자신의 위험은 뒤로 하고 동포를 사랑하는 그 뜨거운 마음을 가졌던 그의 얼굴을 나는 지금도 잊어버릴 수가 없다. 어쨌든 다리야 나 살려라 하고 가서 어느 정도 한숨을 돌릴 만하게 되어 생각해 보니, 그제야 아침도 점심도 굶었다는 걸 알게 되었다. 아침 새벽에 일어나서 새벽 예배드리고, 조선족 학교 학생들에게 장학금 전달식을 하고 곧이어 환자들을 보다가 그 지경이 되었으니까, 허기져서 힘이 쫙 빠질 만도 했던 것이다.

둘러보니, 신기하게도 그 동네에 조선족 음식점이 있었다. 그때 아마도 내 평생에 가장 맛있는 된장국을 먹은 것 같다.

돌이켜 보니 참 위험한 짓을 했다는 생각이 들었다. 50여 명의 동역자들을 인솔해 간 사람으로서, 올바른 판단을 해 보지도 않고 너무 경솔한 행동을 했다는 후회가 밀려왔다. 그나마 다행인 것이 사진을 찍겠다고 큰 비디오를 들고 나서는 것을 극구 말렸던 일이었다.

"그런데 아까 처소에서 군인이 뭐라고 물어본 겁니까?"

운전기사에게 물었다.

"선생님들이 한국 사람이 아닌가 하고 물었지요. 그때마다 제가 연변에서 온제 친척이라 거짓말을 했어요. 한국 사람은 무조건 안 된다고 했거든요."

미리 알았더라도 소용은 없었겠지만, 그래도 마음 준비는 하고 있었을 텐데….

돌아와서는 우리 동역자들이 걱정할 것 같아 이 사건에 대해서는 입도 뻥긋하지 못했다.

우리는 이렇게 늘 한치 앞을 내다보지 못하고 천방지축이지만, 예수님이 늘 동행하시며 지켜 주신다는 것을 안다. 모든 것을 희생하고 이 먼 곳, 오지를 찾아 와 동족들을 돕고 그들의 영혼을 구하겠다는 그 하나에 목숨을 건 우리 동역자들을 하나님이 또 한 번 살려 주신 게 분명하다.

축복의 통로, 사랑

10장

:: 일꾼의 축복

2001년 5월 18-20일, 3일 동안 샌프란시스코에서 SAM 2001 선교대회와 세미나를 갖기로 했다. 이제 사역지도 어느 정도 안정되었고, 또 SAM 의료복지재단도 구조가 갖추어져 약 1천 명이 넘는 기도 회원들이 같이 기도하게 되었으니, 이제는 이 지역에서 선교대회를 열고 새로운 각오와 재도약의 계기로 삼아야겠다는 생각에서였다.

이 일을 추진하면서 첫 관문으로 넘어야 했던 것이 강사 초빙 문제였다. 어떤 분들을 모실까 하다가, 우선 우리에게 영적 도전을 주실 만한 분들을 죽 적어 보기로 했다.

'이 중에 한 분이라도 모실 수 있다면?'

우리들끼리 농담 삼아 말했다.

"유명한 목사님들을 모시는 것이 예수님을 모시는 것보다 더 어렵다고들 하는데…"

다들 허허 웃었다. 내가 아는 목사님들의 형편은 곁에서 보기에도 너무 딱할 정도로 분주했다. 이런 목사님들이 일개 선교 단체인 SAM의 선교대회에, 그것도 머나먼 샌프란시스코에서 열리는 집회에 쉽사리 오실 수 있는 사정이 아니라는 것을 누구보다 잘 알고 있었다.

하지만 하필이면 내게 명단이 주어졌고, 강사 목사님들을 모시는 임무가 떨어졌다. 정말 자신 없는 일이었다. 한숨을 위로 아래로 내쉬다가, 어쩔 수 없이 나는 주님 앞에 무릎을 꿇었다.

"주님, 만약 이 분들 중에 세 분이라도 집회 요청을 허락하신다면 주님이 샘 선교대회를 기뻐하시는 줄 알겠습니다."

마침 최일도 목사님이 휴스턴에 오셔서 집회를 하신다는 말을 듣고 밤 늦게야 연락을 드렸다.

"목사님, 박세록 장로입니다."

"아, 그러지 않아도 이번 기회에는 꼭 연락을 드리려고 마음 먹고 장로님의 번호를 써 가지고 다니는데, 장로님이 먼저 전화를 주셨습니다. 정말 반갑습니다."

'박 장로가 누구십니까?' 하는 대답을 예상했던 나로서는 흥분마저 되었다.

"LA 집회를 하는 동안 어떤 권사님이 오셔서 박 장로님 말씀을 하면서 아직도 두 분이 서로 만나지 못한 것이 너무 이상하다는 말씀을 하셨습니다."

순간 나는 하나님이 미리 예비해 주셨다는 것을 알게 되었다. 그래서 곧장 용건을 말했다.

"아, 그러세요. 저희 샘이 2001 선교대회와 세미나를 열려고 준비 중에 있습니다. 목사님을 좀 모셨으면 하는데요."

"알겠습니다. 영광으로 알고 꼭 참석하겠습니다."

최 목사님은 흔쾌히 승낙을 했다. 하나님이 예비해 주신 일이 분명했다. 그 다음 최일도 목사님이 한국에서 내게 보낸 확인 편지에는 이렇게 적혀 있었다.

샬롬!

장로님 전화받고 곧바로 연락드리지 못해 너무도 죄송스럽습니다.

다일 천사 병원의 건축이 또다시 민원 때문에 구청으로부터 공사 중지 명령을 받았습니다. 구청 관계자들을 비롯한 동장님과 주민들 그리고 건축 담당자들을 만나느라고 하루 4시간 이상 잠을 자지 못합니다.

죄송한 마음 금치 못하면서 장로님께 기도 부탁드리고 싶습니다.

박 장로님의 기도는 너무도 잘 응답되는 것 같아서 믿음 적은 목사가 믿음이 크신 장로님께 기도를 부탁드리는 것입니다.

박 장로님, 참으로 부족한 이 사람을 왜 그곳에서 부르시는지 저는 알 길이 없습니다. 저는 장로님이 알고 계신 것보다 실상은 정말 한심하고 못난 사람입니다. 그리고 정말 중요한 것은 저는 죄인입니다.

더욱 사랑하지 못하고 더욱 낮아지지 못한 저의 죄 고백 이외는 드릴 말씀이 없습니다. 그래도 좋습니까? 장로님 이제라도 생각 잘하셔서 취소하셔도 괜찮습니다.

장로님 좌우지간 장로님을 생각하면 부끄러움이 앞서게 됩니다. 그 연세에 그렇게 열심히 주님과 가난하고 병든 이웃을 위해 애쓰시는데, 이 죄인은 정말 할 말이 없습니다. 주님이 저를 긍휼히 여기시기를 바랄 뿐입니다. 오늘은 이만 물러갑니다.

그럼 5월에 다시 뵙겠습니다.

청량리에서 최일도 올림.

나는 이 편지를 읽고 또 읽었다. "더욱 사랑하지 못하고 더욱 낮아지지 못한 죄의 고백 이외에는 드릴 말씀이 없다."는 문장 앞에서 나는 몇 번이나 서성이지 않을 수 없었다.

하루 4시간밖에 잘 수 없으면서, 건강이 좋지 않아 혈관 주사를 맞아 가면서도 교회를 이끌어 가고, 수백 명의 걸식자들에게 밥을 해서 먹이면서 지극히 작은 자들을 섬기시는 목사님이 더 사랑하고 더 낮아지기 위해 회개의 고백을 하는 모습이 부러웠다. 진실로 겸손하고 예수님을 닮아 가고자 헌신하는 목사님의 고백이 나를 감동시킨 것이다. 이런 분을 강사로 미리 준비해 주신 하나님께 감사드렸다.

"기도의 응답이 잘 이루어지는 믿음 좋은 장로" "그렇게도 열심히 주님과 동행하며 가난하고 병든 이웃을 위해 애쓰시는" 이 대목에서는 눈물이 쏟아졌다. 나야말로 더 사랑하지 못하고 더 낮아지지 못한 죄인임을 너무나 잘 알고 있기 때문이다. 말로는 더 사랑하고 더 낮아진다고 하면서, 생각뿐이지 늘 마음 한구석에는 나의 자존심, 나의 체면 같은 인간적인 교만이 잡초의 굵은 뿌리처럼 깊게 박혀 있음을 회개했다. 그러면서도 한편으로 알게 되었다.

"아, 이것이 바로 하나님의 은혜로구나."

내가 자격을 갖추지 못했고, 내가 실패할지라도 '택함을 받아' 하나님 사역을 할 수 있다는 사실에 나는 날마다 감격했다. 비록 순교를 할지라도 그것에 감사했다. 설혹 나를 통해 "그리하지 아니 하실지라도…" 감사한 것이다. 나의 행위는 불완전하고 모자라지만, 이것이 은혜로 된 것이면 감사하고 기뻐할 수 있었다.

여섯 분의 강사 목사님들을 초청하면서 이 중 세 분만 오시면 그런대로 다행이고 네 분이 오시게 되면 큰 성공이라 생각하고 기도했었다. 그런데 그 바쁜 목사님 여섯 분이 모두 오신다고 승낙을 하셨다.

"열 일을 젖혀 놓고라도 가겠습니다."

한결같은 대답을 하셨다. 아무리 생각해도 하나님은 정말 넘치게 응답해 주시는 좋으신 분이다.

:: 북한 비둘기인데 왜 그렇게 살이 쪘습니까?

그 다음의 관문은 선교대회의 포스터와 초청장을 만드는 일이었다. 선교대회의 제목을 정하는 데도 많은 시간이 걸렸지만, '강을 건너 세계 선교로─북한 선교와 민족 통일, 그리고 세계 선교'로 정리되었다. 하지만 이것을 멋지게 표현해 줄 홍보물이 필요했다. 우리 형편에 알맞는 그래픽 디자이너를 찾는 것은 여간 어려운 일이 아니었다.

"다른 일로 바쁩니다."

"종교 관련 디자인을 해 본 적이 없습니다."

만나는 사람마다 난색을 표했다. 그러다가 차일피일 시간을 다 보내고, 행사가 바로 코앞에 닥치게 되었다. 난감해하고 있었는데, 마침 우여곡절 끝에 어떤 분의 소개로 한 청년을 만났다. 그 젊은 형제는 예수를 믿지도 않지만 반감도 없다고 덤덤히 말했다. 선택의 여지가 없었던 우리로서는 그 청년의 기술을 믿고 일을 맡길 수밖에 없었다.

"그러니까 말입니다. 인제 우리가 강을 건너 북한을 선교한단 말입니다. 그러면 예수님을 믿은 북한 사람들이 저 중국이나 중앙아시아에 가서 복음을 전할 때 그냥 배부르고 등 따습게 살던 우리 같은 사람들이 말하는 것보다 훨씬 설득력이 있을 것입니다. 이제 북한이 복음을 받아들여 통일이 되면 북한 사람들이 복음을 들고 강을 건너 세계로 나갈 것입니다. 그러니까 우리가 북한 사람들을 도와 주는 것이 세계 선교의 뿌리가 된다는 거죠. 그것이 우리 선교대회의 주제입니다."

우리는 이렇게 선교대회의 주제를 알려 주었다. 예수님을 믿지도 않는 청년이니까, 복음이니 선교니 해도 도대체 감동도 없고 알아듣는 눈치도 아니었다. 얼마의 시간이 흘렀을까, 내내 초조하게 기다리던 우리에게 그 청년이 디자인 시안을 보여 주었다.

그래픽 디자인의 내용은 이랬다.

끊어진 압록강 철교가 중국 단동 쪽만 환하게 비추고 있었다. 그 맞은편에는 캄캄한 신의주가 보이는데, 갑자기 그 한가운데서 환한 불이 비취고 성령과 평화의 상징인 비둘기 한 마리가 강 건너 세계를 향해 날아가는 그림이었다.

이 디자인이 맘에 들지 않았던지 동역자들은 저마다 한마디씩했다.

"성령의 비둘기가 단동 쪽에서 북한으로 들어가야 되는데 왜 이 비둘기는 북한에서 밖으로 나오고 있습니까?"

"비둘기가 왜 이렇게 통통하게 살이 쪘습니까?"

이런 질문들에 대해 디자이너도 정확한 답을 찾지 못하고 우물우물했다.

하지만 나는 이 디자인을 보는 순간, 이것이 성령님의 역사임을 알았다. 비록 지금은 북한이 영적으로 캄캄한 불모의 땅이지만, 곧 하나된 우리 민족이 강을 건너 복음을 들고 세계로 진군하게 될 것이다.

'그러니까 성령의 비둘기는 북한에서 나와서 만주로, 러시아로 그리고 세계로 날아가는 것이 맞겠다. 성령의 비둘기는 살찌고 풍성한 모습이 마땅해.'

이 디자이너가 어디서 이런 영감을 받았는지 그저 놀라울 뿐이었다.

"어떻게 이런 기발한 아이디어를 생각해 냈습니까?"

내 질문에도 역시 디자이너는 명확한 대답을 하지 못하고 우물쭈물했다.

"아! 성령의 역사이었구나! 그래, 하나님이 하셨구나!"

나도 모르게 감탄의 신음 소리가 나왔다. 바로 그 순간 예수님의 체온이 느껴졌다.

나는 다시 한 번 디자이너에게 물었다.

"정말 교회 다니지 않으세요? 혹시 집안 식구들 중에라도…."

"저희 집안은 대대로 불교 집안인데요?"

:: 하나가 되어야 하는 이유

드디어 SAM 2001 선교대회가 열리기 하루 전날이 되었다. 외부에서 오시는 손님들과 강사분들을 숙소로 모시고 우리 실무자들은 성회가 열릴 장소로 달려갔다. 자정이 넘도록 순서를 정리하고 예행 연습을 했다. 최소한의 실수 없이 더 은혜스럽게 진행하고자 한마음이 되었다. 부엌에서, 성전에서, 오디오실에서, 강의실에서 모두들 바쁘게 땀 흘려 가며 열심히 일했다.

20여 명의 우리 동역자들은 말씀 안에서 하나가 되었다.

그런데 나는 이 동역자들이 땀 흘리는 모습을 보며 오히려 걱정이 태산같았다. 외부에서 여러 명의 강사분들을 초청했는데, 혹시라도 참석하신 분들이 너무 적어서 자칫 썰렁한 잔치가 되면 어떻게 하나 싶었던 것이다. 우리 체면이 구겨지고 웃음거리가 되는 것은 둘째 치고라도, 이렇게 열심히 헌신한 우리 동역자들이 실망하고 허탈해하는 모습을 상상하면 잠도 안 왔다.

물론 주님이 주관하시는 것이지만, 나를 리더로 인정하고 나의 비전에 동참한 동역자들에게 죄송스러워 죄책감마저 느껴졌다. 이 바쁜 이민 생활 속에서, 금요일 아침 9시부터 밤 10시까지, 그것도 주일 낮부터 식사 시간 한 시간만 제외하고 나머지 13시간 동안 강행군하는 대성회에 누가 오겠는가. 보통 무리한 일이 아니었다.

'저녁 집회만 할 것을….'

아침부터 집회를 잡은 것을 나는 여간 후회하지 않았다. 넓은 성전이 더 넓게 보였고, 그 가운데 몇 명 안 되는 성도들이 앉아 있는 모습을 상상하니 등에 식은 땀이 저절로 흘렀다.

그때 나는 단동병원의 십자가를 떠올렸다. "하나가 되게 하라"시는 예수님의 말씀을 들었다. 믿음으로 하나 되기만 하면 어떤 기적이라도 일어 날 수 있음을 그렇게도 많이 체험하고 알고 있지만, 역시 믿음이 부족한 탓으로 인간의 생각이 다시 앞섰던 것이다.

그래도 버리지 않으시고 팔을 활짝 벌리시고 그 가슴으로 우리를 품어 주시는 그 사랑, 나는 그 십자가 사랑을 잊을 수 없다. 비록 많은 사람이 모이지 못할지라도, 우리가 하나가 되기만 하면 놀라운 역사가 일어날 것이란 확신이 그제야 비로소 생겼다.

'맞다. 내가, 우리가 하는 것이 아니라 하나님이 하시는 것이지.'

이 놀라운 진리를 다시 한 번 곱씹었다. 비록 부족한 우리들이지만, 큰 비전을 가지고 한데 뭉쳐 일사분란하게 일하는 우리 동역자들을 주셨으니 이것만해도 하나님 보시기에 기뻐하실 것이란 확신이 들었다.

아니나 다를까, 이틀 동안 매 시간마다 온 성전은 가득 찼다. 강사님들의 말씀은 너무나 은혜롭고, 성령님의 터치는 뜨거웠다. 이 선교대회가 끝나고 나서 한동안 우리는 이런 칭찬을 많이 들었다.

"SAM 의료복지재단은 하나님이 기뻐하시고 함께하시는 재단이라 확신합니다. 많은 동역자들이 하나가 되어 모두 헌신하는 모습이 정말 아름다웠기 때문입니다."

우리 선교 단체를 부러워하는 사람들이 많았다. 내가 그 칭찬에 감사했던 또 다른 이유가 있었다. 바로 지금 SAM의료복지재단이 하나 되면, 우리 민족이 하나가 되기만 하면, 세계 선교라는 놀라운 역사가 시작되는 일에 쓰임받을 수 있는 까닭이었다. 그것이 오늘도 내가 말씀에 순종하려고 몸부림을 치고 있는 이유였다. 북한 사람들의 그 어려운 형편을 듣고, 탈북자들의 고난에 가슴 아파 눈물을 흘리면서도, 그 가운데서 정금처럼 연단되어서 하나님의 섭리를 이루어 가는 축복받은 민족이 될 것을 믿고 기대하는 까닭이었다.

이것을 이루어 주시려고 하나님은 오늘도 우리 민족에게, 그리고 우리 각자 삶의 현장에서 모든 동역자들과 하나가 되라고 가르치고 계셨다.

:: 현대의 사도행전을 쓰는 누가가 되십시오

제7차 삼천리 의료 봉사를 하던 때였다. 이때는 자원자가 많아 50명의 의료 봉사 팀이 러시아 우수리스크 팀과 장백 · 집안 팀, 2 팀으로 나뉘어서 봉사했다. 그리고 다시 모여서 단동까지 삼천리 먼 길의 오지를 구석구석 돌면서 의료 봉사를 하던 중이었다. 가는 곳마다 미리 알리지도 않았는데 200−300명의 환자들이 몰려들어 봉사자들은 지쳐 병이 날 지경이었다.(아마도 미국에서 이렇게 환자들을 보았다면 돈을 꽤 많이 벌었을 것이다.) 하지만 우리는 지칠 줄 몰랐다.

우리의 본 마음을 이해한 현지 관리들은 처음과 달리 우리를 환대해 주었다. 역사상 외국의 의료진이 와서 이렇게 진료해 준 적이 없기 때문이라고 했다. 그러면서 사람 죽이는 일만 하지 않으면 어떤 일도 보호해 줄 것이니 계속 도와 달라는 요청도 잊지 않았다.

그런데 한 번은 한의과 진료실 앞이 난리가 났다.

"아멘! 아멘!"

"할렐루야! 할렐루야!"

워낙에 아멘, 할렐루야 세레머니에 익숙한 우리들이기는 하지만, 이날의 감격은 뭔가 달랐다. 한 동역자가 달려왔다.

"아 글쎄, 앉은뱅이가 일어났어요!"

나도 한의과 앞으로 가보니까, 사람들이 다들 한바탕 울음바다가 되어 있었다. 기쁨의 눈물이었고, 기적을 본 놀라움의 눈물이었다. 어떤 사람들은 덩실덩실 춤을 추었다.

"참말로 이게 기적이라요! 참말 하나님이 살아계십네다!"

십 년 동안 앉은뱅이로 살았다는 환자, 여기 올 때는 다른 사람의 등에 엎여서 왔다는데, 병원 이 구석 저 구석을 눈물을 훔치며 뛰어다니고 있었다.

우리를 늘 감시하던 중국 공안들은 또 슬쩍 어디론가 사라지고 없었다. 그들은 우리를 감시하다가도, 이렇게 기적이 일어나서 예수 믿는 사람들이 덩실덩실 춤을 추는 걸 보면 자리를 피하곤 했다.

지난번에도 눈먼 지 3년이 됐다는 장님이 침을 맞고 눈을 뜬 역사가 일어났었다. 눈에 보인다고, 이것도 저것도 다 보인다고 해서 병원에 있던 사람들 모두가 한데 엉켜서 같이 뛰고 울었다.

의료 봉사를 다니다 보면 주님은 이렇게 직접 살아 계심을 나타내실 때가 많았다. 그럴 때마다 우리는 사랑의 의료 봉사가 복음을 전하고 새 고구려를 건설하는 데 가장 실질적이고 효과적인 수단임을 다시금 확인하곤 했다.

이런 기적을 경험할 때마다 기억나는 일이 있다.

내가 처음 북한을 다녀왔을 때 그 소식을 듣고 평소에 나를 사랑해 주시던 목사님 한 분이 나를 찾아오셨다. 자세한 설명을 들으시고 눈물을 흘리며 감격하셨다. 내 손을 잡고 열심히 기도해 주셨다. 그러시더니 이렇게 권면의 말씀을 하셨다.

"현대의 사도행전을 쓰는 누가가 되십시오."

나는 처음에 이 말을 '내가 의사이니 누가처럼 예수님과 동행하며 열심히 봉사하라'는 정도로만 이해했다. 하지만 시간이 지날수록 이 말에는 많은 뜻이 담겨 있었다.

고통받는 환자들을 치료하고 그들에게 사랑을 베풀면서 이렇게 앉은뱅이가 일어나고 장님이 눈을 뜨는 수많은 기적을 체험하며 어느 순간 나는 알았다. 바로 내가 예수님이 주신 힘으로 '의료 행전'을 이루어 가는 놀라운 축복을 받았다는 것을. "나를 믿는 자는 나의 하는 일을 저도 할 것이요, 또한 이보다 큰 것도 하리니 이는 내가 아버지께로 감이니라"(요한복음 14:12). 이 말씀이 거짓이 아니라는 것을.

그런데 요즘 와서 요한복음을 새로 묵상하다가 "현대의 사도행전을 쓰는 누가가 되라"는 이 말에 더 큰 진리가 있음을 깨닫게 되었다. 예수님이 십자가에서 해

받으시고, 미리 말씀하신 대로 승천하셨지만, 제자들의 실망은 너무 컸다. "나는 물고기 잡으러 가노라 하매 저희가 우리도 함께 가겠다 하고 나가서 배에 올랐으나 밤에 아무것도 잡지 못했더니"(요한복음 21:3). 세 번이나 주님을 부인했고, 예수님이 "나를 사랑하느냐"고 세 번이나 물으셨을 때 "주님이 아시나이다"며 확신하지 못했던 베드로의 나약한 모습…. 이렇게 보면 요한복음은 실패와 좌절로 끝난 것만 같았다. 하지만 이 처절한 모습 뒤에 뼈를 깎는 회개가 있었고, 낮아진 겸손이 있었다. 성령이 임하시니 그때야 비로소 살아서 움직이는, 행동하는 그리스도인들이 되어 사도행전이 쓰여졌던 것이다. "성령이 너희에게 임하시면 너희가 권능을 받고 예루살렘과 온 유대와 사마리아와 땅 끝까지 이르러 내 증인이 되리라"(사도행전 1:8).

목사님이 들려주신 권면의 말씀, 나는 그 뜻을 주님 앞에 철저히 크게 깨어지고 나서야 알아 들었다. 예수님이 함께 계시는 동안에 아무리 말해도 알아듣지 못했던 제자들과 똑같았다. 땅으로 푹 꺼지 듯 실망하고 포기하고 그리고 세상으로 제자리 걸음하는 대표적인 사람이 바로 나였으니까.

나란 사람도 처절하게 깨어지고 뼈를 깎는 회개를 한 다음 성령이 임하시면, 병자를 고치고 앉은뱅이가 일어나는 기적은 물론 현대의 사도행전을 쓰는 누가가 될 수 있을 것이다! 아멘!

:: 좋은 것을 주고 싶은 것이 어미의 마음이거늘

청년 집회 강사로 초청을 받을 때마다 나는 마음에 부담을 갖는다. 우리 민족의 부끄러운 역사를 미주알고주알 일러주고, 우리는 이렇게 잘못 살았으니 이제 너희들이 앞날을 책임져라 하고 등 떠미는 역할을 하는 듯하기 때문이다. 자녀들에게 예쁘고 좋은 것만 보여 주고 싶은 것이 인지상정이다.

조국의 젊은이들에게 허리가 잘린 나라의 분단 상황을 이해시키려 할 때는 정말 가슴이 아프다. 하지만 이들에게 내가 말해 주어야 할 것이 분명히 있기에 주님이 나를 강단에 세우셨다고 믿는다.

"여러분들에게 이런 말을 할 때 나는 가슴이 아픕니다. 한쪽은 굶어 죽고 한쪽에서는 넘쳐 나는 물질적 풍요로 방황하고, 그러면서도 평생 원수를 바라보듯 전쟁도 불사하려 드는 우리 조국을 말해야 하는 것은 쉬운 일이 아닙니다.

하지만 이런 불행을 후대에까지 물려주어야 하나를 생각할 때, 우리는 하루라도 빨리 통일을 해야 합니다. 하지만 지금은 그때가 아닙니다. 이렇게 준비되지 않은 상태에서 통일이 된다면 더 큰 혼란이 올 것은 뻔하기 때문입니다.

진정한 의미의 남북화해와 남북통일은 복음으로만 이루어질 수 있습니다.

하나님은 이것을 너무나 잘 알고 계시기 때문에 아직 우리에게 통일을 주시지 않으시지만, 하나님의 방법으로 통일을 예비하고 계십니다. 우리의 형편에 가장 적절한 방법으로 통일을 준비하게 하시고 선교를 하고 계시다는 것을 우리는 영적인 눈으로 볼 수 있습니다. 이것이 우리 인간의 생각과 다른 하나님의 뜻입니다.

지금 한국의 형편을 보면 구한 말 조선시대에 일본에게 나라를 송두리째 빼앗겼던 시절과 비슷한 점이 많습니다.

세계, 특히 우리 나라 주위의 정세는 빠르게 변화하고 모두들 자기들의 이익만을 바라보며 유리한 고지를 점령하기 위해 숨 가쁘게 달려가는데, 유독 우리 나라만은 그 어느 때보다도 더 심한 내부 갈등으로 방향을 잃고 있습니다. 국론 분열, 인신 공격, 지역 감정, 정치와 경제 비리, 개혁과 보수 간의 갈등, 그 사이에서 볼모로 잡혀 있는 경제는 날이 갈수록 힘듭니다.

주위 강대국들은 남의 역사를 송두리째 삼키면서도 자기의 영토와 힘을 키워

가는데, 우리는 이렇게 당하고만 있고 이제는 뒷북마저 칠 수 있는 여력이 없습니다.

나는 이것을 고구려 때부터 오늘까지 내려오는 하나님의 선교 마스터플랜 안에서 그 해법을 찾습니다.

내가 미국에서 살기 시작한 지 40년이 되었지만, 그곳에 사는 사람은 모두가 한국에서 사는 것과 다름없이 살고 있습니다. 곳곳에 집회를 다녀보아도 이제 세계가 하나의 지구촌이라는 것을 날마다 절감하면서 살아갑니다. 국가를 나누는 국경, 영토라는 것은 이제 별 의미가 없습니다. 인간 생활을 지배하는 것은 경제요, 마음을 지배하는 것은 신앙입니다. '만주는 우리 땅이다.' '억울하게 우리는 간도 땅을 빼앗겼다.' 이런 것은 이제 별로 의의가 없다는 것입니다. 하나님의 시각으로 현재를 보고 이에 맞는 미래를 그려야 합니다.

하나님은 우리 나라를 고구려 때부터, 예수님이 오시기 32년 전부터 선교 플랜을 가지고 계셨고, 지금도 그 계획에 따라 일하고 계십니다. 우리 민족은 1천 번이 넘는 외침을 당했고, 세계에서 유일한 동족상잔의 고통을 당했습니다. 그러는 동안, 우리 민족은 세계로 흩어졌습니다. 200만의 조선족이 중국 땅에, 50만의 고려인들이 러시아와 중앙아시아에 그리고 300만의 재미 동포를 포함한 600만의 해외 동포들이 세계 곳곳에 흩어져 있습니다.

하지만 우리 민족이 아픔을 당하는 데는 이유가 있습니다. 특히 북한 동포들의 세계 역사에서 찾아 볼 수 없는 엄청난 고난은 저주와 심판이라기보다는 하나님이 세계 선교를 위해 쓰시고자 훈련시키는 사랑이요 은혜임을 깨닫고, 이를 잘 감당할 수 있는 능력도 주실 것을 믿고 기도해야 합니다.

이렇게 해서 2,300만의 훈련된 북한 주민들, 5천만의 남한 사람들, 이들이 복음으로 하나가 되면 세계 선교를 위해 이들처럼 더 귀하게 쓰일 일꾼들은 그 어디에서도 찾아볼 수 없습니다. 3만 개의 교회와 1천만이 넘는 기독교인들의 열정 특히 '새벽을 깨우는 그들의 신앙'이 인간의 생명을 초월한 북한 주민들의 간증과 합쳐지면, 전 세계 복음화를 위한 충분한 힘이 될 것입니다.

저는 이러한 하나님의 계획을 단동병원이 있는 사역 현장에서 실감합니다.

우리 고구려의 후예들이 영적으로 하나가 되면, 중국에 있든, 러시아에 있든, 미국에 있든 이런 것은 중요하지 않습니다. 영적으로 하나가 되면 그 아무 국가도 막을 수 없고 또 막을 필요도 없습니다. 세계 복음화를 위해 세계 기독교인들이 하나 되도록 호소하는 것이 인간의 역사뿐 아니라 하나님의 역사도 바로 알게 되는 지름길입니다."

젊은이들의 눈동자는 빛이 났다. 그나마 다행이었다. 그 빛이 초점을 잃어버릴 때 우리 민족의 앞날은 어둡기 때문이다. 젊은이들의 질문은 끝이 없었다.

"그러면 우리 나라 통일은 언제 되는 것입니까? 언제 통일되는 것이 하나님의 계획입니까?"

주님의 때가 되면 통일은 이루어질 것이다. 하지만 우리는 아무것도 하지 않으면서 언제나 때만 기다리는 것은 기름을 준비하지 못한 다섯 처녀와 같이 어리석은 짓이다. 우리는 하나님의 동역자라는 것을 잊어버리지 말아야 하기 때문이다. 나는 그것을 강조했다. 우리가 바로 일해야 한다는 것을.

"바벨론에 70년 간 종살이를 했던 이스라엘이 해방된 것은 이스라엘 스스로의 힘에 의해서가 아니라는 사실을 역사는 말해 주고 있습니다. 하나님이 바사에 '고레스'라는 선한 왕을 세워 주시고 그의 마음을 감동시켜 이스라엘 백성들이 조국으로 돌아가도록 허락한 것이니까요.

하지만 그 전에 이스라엘 백성들에게는 느헤미야와 같이 자기를 온전히 희생하고 나라와 민족을 위해 헌신했던 지도자, 에스라와 같은 영적인 준비를 게을리 하지 않았던 신앙의 지도자가 있었다는 사실을 우리가 기억하지 않으면 안 됩니다. 무엇보다도 다니엘과 같이 총리라는 높은 지위에 있으면서도 조국을 위해 늘 눈물을 흘리며 기도하는 지도자가 있었다는 겁니다. 저는 이런 지도자들이 나와야만, 북한에도 고레스와 같은 하나님이 감동시킨 최고 통치자가 세워질 것으로 믿습니다.

지금의 지도자를 변화시켜 주실지, 새로운 사람을 세우실지 우리는 모릅니다. 그러기 위해서는 북한 내부에서 백성들이 옳고 그름을 판단하고 정의를 위해 싸울 수 있는 변화가 일어나야 합니다. 이 변화는 '사랑'과 '복음'으로만이 올 수 있다고 보는 겁니다. 그렇기 때문에 복음으로 나팔을 불어 하나님의 역사하심을 준비해야 할 나팔수들이 필요합니다.

저는 변화의 바람이 남쪽에서부터 일기를 소망합니다. 한국 사람들이 변화되고 나라와 민족을 사랑하는 뜨거움이 생겨나면 한국에서도 많은 지도자들이 생길 것입니다. 이것이 힘이 되어 북한의 내부에도 용광로 속에 녹아 나는 무쇠처럼 엄청난 변화가 솟구쳐 생겨날 것입니다. 이렇게 준비되었을 때, 하나님은 고레스 왕을 세워 주실 것입니다.

통일의 날은 바로 이렇게 맞게 될 것입니다. 하나님은 오늘도 우리가 통일된 나라에서 잘 살기를 원하십니다. 통일을 맞는 그때, 하나가 된 우리 민족, 200만의 조선족, 50만의 고려인들이 훈련된 선교사들로 하나가 되어 세계 선교를 감당할 것입니다.

그날까지 단동병원이 기지가 되어 전 국경 지대로 필요한 의약품, 식량들을 보급할 것이며, 미국, 통일된 한국, 러시아, 중국 그 사이의 압록강·두만강 지역 등을 동시에 연결하여 세계를 하나의 네트워크로 만들 것입니다. 그리고 실크로드를 통해 '세계로' 향한 힘찬 복음의 발길을 시작할 것입니다.

이것이 북한 선교만을 위해 시작한 우리 샘 사역이 '남북통일', '세계 선교'로 깊이 이어지게 된 까닭입니다. 하나님이 우리에게 주신 놀라운 비전입니다."

내가 말씀을 마쳤을 때, 한 젊은 청년이 손을 들었다. 질문이 있다고 했다. 청년이 한 질문은 이것이었다.

"그렇지만, 하나님은 너무 무서운 분이라는 생각이 듭니다. 그분의 계획을 이루시기 위해 그럼 우리 민족을 이렇게도 고통당하게 하신다는 말입니까? 너무 잔인합니다."

나는 이렇게 질문한 젊은이의 얼굴을 가만히 들여다보았다. 두려움에 질려 있고, 알지 못할 분노에 휘감긴 얼굴이었다. 하나님에 대한 원망에 가득 찬 눈길이 내 마음을 안타깝게 했다. 그 깊은 오해를 풀지 않는 한 분노의 폭풍은 늘 저 영혼을 집어 삼키려 할 것이다. 한마디 말로 그 영혼의 가는 길을 되돌릴 수 있을 것인가, 주님이 하실 일이다. 이 문제를 주님께 올려드리며 입을 열었다.

"예, 질문 감사합니다. 전쟁의 결과는 하나님이 주신 것이 아니라, 우리가 자초한 것이지요. 하나님은 다만 그 악한 열매까지도 선하게 사용하시는 분이시기에 우리에게 이런 플랜을 허락하신 것입니다. 이것이 모범 답안이겠지만, 구체적인 일들로 말해 보겠습니다.

일제의 가장 큰 악랄한 압제 중 하나는 기독교에 강요한 신사참배였습니다.

신사참배는 우리 나라 기독교인들에게 가장 큰 사탄의 시험이었지요. 물론 그때 상황을 겪지 않은 사람이 그 시대를 판단하는 것은 오해가 생길 수 있는 일입니다. 그러나 역사가들의 판단에 따르면 그때 많은 우리 기독교 지도자들이 보여 준 일련의 행동은 잘못된 것이었습니다.

죽음으로 신앙을 올바르게 지키지 못한 것이기 때문이지요. 물론 그것이 말처럼 쉬운 일은 아닙니다. 하지만 그 가운데서도 "죽으면 죽으리라" 하고 신앙을 지킨 믿음의 선조들이 있었던 것, 그분들 때문에 오늘날 우리가 이만큼 축복 받고 사는 것이라고 해도 지나친 말이 아닙니다.

〈한국기독교사〉를 보면 1938년 9월 10일 평양 서문밖교회에서 열린 조선예수 교장로회 27회 총회에서 신사참배는 기독교 교리에 위반하지 않는 애국적 국 가 의식임을 자각한다고 선언했습니다. 신사참배를 맹렬히 반대한 주기철 · 이기선 · 김선두 목사 등을 감옥에 가둔 상태에서, 무장한 일본 경찰이 서문밖 교회 안팎을 점령하고 각본에 따라 움직이는 몇몇 총대들이 만장일치로 이날 가결을 선포한 것이지요. 총회가 끝나자 노회장 23명은 총회를 대표해 평양 신 사에 참배했습니다. 이에 앞서 1938년 9월 3일에는 감리교 감리사도 같은 성 명을 발표했는가 하면, 장로교회도 1938년 2월 19일까지 전국 23개 노회 중 17 개 노회가 신사참배에 동의했지요.

그로부터 일제의 교회 말살 탄압은 계속되었고, 안식교 · 성결교 · 천주교까지 신사참배는 종교 행사가 아닌 국가적 행사로서 이를 받아들인다고 했습니다. 1942년 3월 조선혁신교단이 발족해 한국 교회와 민족적 세력을 말살하려는 일 본에 동조하고 나섰습니다. 일본의 강요에 의해 사도신경에서 "전능하사 천지 를 만드신 하나님 아버지를 내가 믿사오며 저리로서 산 자와 죽은 자를 심판하 러 오시리라"를 삭제했습니다. 찬송가에서는 〈내 주는 강한 성이요〉〈믿는 사 람들아 군병 같으니〉 등을 삭제했습니다. 예배 시작 전 '천황 사진 배례' '전몰 장병을 위한 묵념' '황국 신민 서사' 들을 제창하는 의식이 생겨났지요. 이러한 과정에서 많은 목회자와 신자들이 검거되었습니다.

마침내 일본은 1945년 8월 1일을 기점으로 한국의 모든 교회를 폐합해 일본 교 회에 예속시키고, 8월 18일 각 교파 지도자들을 살해하려다가 8월 15일 해방을 맞이한 것입니다.

이것이 동양의 예루살렘이라 불리던 평양을 중심으로 일어난 한국 교회의 수치스런 역사입니다. 저는 이것이, 한국 교회가 하나님의 전지 전능하심을 믿지 못하고 우상에게 절한 것이, 우리 민족이 하나님의 진노를 받게 된 근본 원인이라고 생각합니다.

그 결과 이스라엘처럼 한국은 하나님으로부터 버림받아 조국이 분단되고 살상이 자행되는 무서운 결과를 낳고 만 것입니다. 그런데도 이 우상 숭배는 아직도 계속될 뿐 아니라 그 정도가 극치에 달하고 있습니다. 극도의 개인 숭배와 우상화가 북한의 2,300만 동포를 사로잡고 있지요. 태어난 지 6개월째 젖병을 물면서부터 모든 것을 위대한 수령 어버이에게서 받았다고 교육받은 아이들은 어른이 되면 어버이 수령을 위해 목숨도 바칠 수 있는 각오가 섭니다.

한국은 어떻습니까? 재물, 환락, 권력의 속성이 이를 주도하고 있고, 심지어 교회도 교회당, 수양관, 기도원 등의 외형적인 치장에 정신을 쏟다 보니 막상 교회로서 할 일을 못하는 경우가 많이 있지요. 이것이 바로 우상이 아니고 무엇입니까. 바로 이런 것들이 아직도 우리 나라가 남북으로 갈라져서 고통받고 있는 원인입니다.

현재 북한은 예루살렘에 남아 있던 사람처럼 황무함이 극심한 형편에 있습니다. 그런가 하면 남한은 지난 30년 동안 눈부신 경제 발전으로 풍족한 생활을 하고 있습니다. 하지만 한국은 왜 하나님이 그러한 축복을 주셨는지 참뜻을 잊어버리고 흥청망청하다가 IMF를 맞고 말았습니다. 한국이 살기 좋은 나라가 되었다고 해서 북한의 우리 동포들을 잊어서는 안 됩니다. 잘살면 잘살수록 더 북한 동포를 위해 기도하고 선조와 민족의 죄를 회개해야 하며, 뼈를 깎는 통회가 있어야 합니다.

내 죄와 내 백성 이스라엘의 죄를 자복하고 내 하나님의 거룩한 산을 위해 내 하나님 여호와 앞에 간구할 때(다니엘 9:20), "주여 들으소서, 주여 용서하소 서"(다니엘 9:19) 이렇게 다니엘이 기도할 때 가브리엘 천사가 예루살렘 성이 중건되고 거리(도시의 내부)와 해자(도시의 외부)를 이룰 것이라는 하나님의 명령을 전해 주었습니다. 즉, 철저한 회개와 기도로 하나님의 응답을 받은 것 입니다. 이 하나님의 말씀은 우리에게 시사하는 바가 큽니다."

우리 젊은이들이 민족의 신앙적 과거를 정확하게 이해하고 그래서 회개와 기 도의 대열에 앞장설 때, 그때 하나님은 우리 민족을 하나로 만들어 주시고 들어 쓰 실 것이다. 교회는 '사회가 교회처럼 되어 가는' 역할을 감당하고, '민족이 하나 님의 교회'가 될 수 있도록 빛과 소금의 역할을 충실히 감당해야 할 의무가 있다. 그렇지 못하면 우리는 젊은이들에게 부끄러운 과거의 부담을 덜어 줄 수 없을 것 이다.

삼 일 동안의 집회가 끝나는 날 우리는 성찬식을 하며 그 의미를 마음에 깊이 새기는 시간을 가졌다.

"이것은 예수님의 몸이니 이것을 먹을 때마다 예수님을 기억하십시오."

"이것은 당신을 위해 흘리신 예수님의 피입니다."

삼 일 동안 성령의 뜨거운 역사를 흠뻑 받은 청년들이 떡과 잔을 받으며 회개와 감사의 눈물을 흘렸다.

"예수님, 저를 위해 희생하신 엄마 아빠에게 잘못한 것 용서해 주세요."

"예수님, 이제부터는 저 혼자만을 위해서가 아니라 주님의 사역을 위해서 열 심히 공부하겠습니다."

"예수님, 교회에 열심히 나가고 기도 생활 열심히 하겠습니다."

"북한의 우리 동족들을 살려 주세요."

이렇게 고백하던 청년들이 소리 내어 울기 시작했다.

우리의 손을 잡고 기도하는 이 젊은이들의 아름다운 신앙에 우리도 감격하며 같이 울었다. 우리가 마땅히 해야 할 일은 열심히 회개하고 기도하는 것뿐이다.

나도 가끔은 어떻게 남북 두 체제가 통일될 수 있을까 하는 의심이 들 때가 있다. 하지만 굶고 병들어 죽어 가면서도 성경 말씀을 외우고 신앙을 지키는 지하 교인들이 살아 있는 것을 볼 때 생각이 달라진다. 지금도 말씀이 퍼져 가고 있는 것이 바로 하나님이 역사하고 계시는 증거다. 여기에 우리의 소망이 있다.

이 때문에 우리 동역자들은 목숨을 내놓고 그곳을 다니며 복음을 전하고 제자 양육을 하고 있는 것이다. 그 강퍅한 가운데서도 언젠가는 고레스 왕처럼 여호와를 감동시키는 지도자가 나올 것이고 조국을 재건할 지도자와 신앙인들이 많이 나올 것을 믿는다.

:: 뉴 타이어! (Re-tired)

끝도 없이 바빴다. 한국과 중국과 유럽까지 태평양 대서양을 마치 우리 안방 건너듯이 전 세계를 다니는 집회 일정이 거의 매주일 잡혀 있었고, 주중에 3일은 숨 돌릴 틈 없이 병원에서 환자들을 돌보고 강의해야 했다. 이즈음 바쁜 것에 비하면 예전에 처음 병원 개업해서 한참 돈 벌 때 바쁜 것은 아무것도 아니었다는 생각이 절로 들 때가 많았다.

어쩔 때는 고개를 옆으로 돌리면 헛구역질이 올라올 때도 있었다. 그래도 몸은 쇠약하지만 마음은 늘 가볍고 즐거웠다. 놀라운 것은 그전보다 훨씬 건강해졌다는 사실이다. 아파서 드러누워 본 적이 없으니까. 나를 택해 주신 것이 감사해서 내 몸 아끼지 않고 죽기로 작정하고 뛰었더니 죽지 않고 오히려 살게 된 것, 이건 정말 하나님의 비밀스런 은혜다.

그래도 뭔가 결정을 하지 않으면 안 되겠다는 판단을 내렸다.

선교 사역이 많이 커져서 더 이상 학교생활을 함께할 수 있는 정신적 · 시간적 여유가 허락되지 않았기 때문이다. 하지만 평생을 바쳐 온 학교를 떠난다는 것이 그렇게 쉬운 결정은 아니었다.

하지만 더 늦기 전에 나는 결단해야 했다. 사실은 지금까지 끌고 온 것도 무리였다. 하지만 천직으로 알고 눈이 오나 비가 오나 한결같이 환자와 학생들 속에서 살던 나의 일생을 접는다는 것이 너무 서운했다. 마치 일선에서 물러앉아 쓸모없는 인생으로 전락하는 것 같은 두려움도 있었다.

"아무래도 학교를 그만두어야 할 것 같아. 앞으로의 인생은 주님을 위해 샘의 사역에만 쏟고 싶어."

아내는 진작에 그럴 걸 그랬다면서, 나의 결정을 격려해 주었다.

2002년 2월, 나는 그동안 5년을 봉사하던 UC 데이비스 의과대학과 노던 캘리포니아 VA메디컬 센터를 사임하고 조기 은퇴를 했다. 의사의 직분을 마감하고, 제2의 사역을 시작해야 할 때가 된 것이다. 서운한 마음도 있고, 앞으로의 삶이 걱정되기도 했다. 하지만 하나님이 어떻게 인도하시고, 얼마나 큰 축복을 주실 것인지 은근히 기대되기도 했다.

마지막 날 병원을 나오면서 나는 감사의 눈물을 흘렸다. 모두들 이별을 아쉬워하며 목을 끌어안고 섭섭해하는 동료들과, 2개월마다 하루라도 계속해서 진료와 강의를 해 달라고 부탁하는 학장 선생님, 그리고 "이 세상에서 믿을 수 있는 유일한 남자"라고 아쉬워하는 환자들을 뒤로 하고 병원을 떠나는 내 마음은 뿌듯했다.

40년이 넘는 의사 생활이 거짓말처럼 내 머릿속을 스치고 지나갔다. 수술실에서 며칠 밤을 연달아 꼬빡 새웠던 일, 수술 도중 환자의 고름 주머니가 터져 그 고름이 내 눈 속으로 들어갔던 일, 인턴과 레지던트 들이 뽑은 '최고의 선생님' 으로 뽑혔던 일….

300 파운드가 넘는 환자 개복 수술을 하다가 환자가 거의 죽을 뻔했던 일도 있었다.

개업하는 의사들은 대개 자기의 환자가 따로 있다. 하지만 학교에서는 교수들이 자기 전공 분야에 따라 맡겨지는 환자를 수술하게 된다. 300파운드, 거의 150킬로그램이 되는 여인이 난소에 혹이 있다는 진단을 받았다. 개복 수술을 하기에는 너무 위험 부담이 크다는 결론이 났다. 그나마 '복강경' 으로 수술을 하는 것이 위험이 덜하다는 판단에 따라 '복강경 수술' 분야를 맡고 있던 내게 그 환자가 넘어왔다. 이 환자를 과연 어떻게 할지, 우리 레지던트들은 수술 전부터 호기심을 보였다.

이 환자에게 맞는 수술 침대가 없어서 수술 침대 두 개를 겹쳐 놓고 환자를 뉘었다. 대형 내시경을 복부로 삽입하던 4년차 레지던트가 아무래도 무엇이 이상하다는 말을 하며 다시 뽑아냈을 때 갑자기 피가 '팍' 하고 터졌다. 수도관이 터진 것처럼 피가 좔좔 흘렀다. 그 두꺼운 복부 벽을 이리저리 뚫고 들어가던 내시경이 그만 동맥을 터트린 것이다. 급하게 개복 수술이 시작되었다. 마치 한강 속을 들여다보듯 넓고 깊었다. 피가 사정없이 차올라 오니 아무것도 볼 수 없었다.

나와 레지던트 둘 모두 세 사람이 복부를 팩킹으로 채우고 팔뚝까지 집어넣고 눌렀지만, 피는 순식간에 차올랐다.

'아! 이 환자는 죽었구나.'

순간적으로 신음 소리가 새어나왔다. 펌프로 수혈이 시작되었다.

"혈압이 떨어지고, 맥박이 빨라집니다."

마취 의사가 외쳤다.

"맥박이 잘 잡히지 않습니다."

다시 외쳤다.

나는 그때 나도 모르게 위를 쳐다보며 외쳤다.

"오! 하나님, 이렇게 환자를 죽이시면 안 됩니다. 모두들 내가 선교사로 세계가 좁다고 다니는 것을 알고 있는데, 하나님의 사람이 수술하다가 환자가 죽는다면 하나님의 영광은 어떻게 됩니까? 긍휼을 베풀어 주세요, 살려 주세요."

미국 사람들은 내가 방언을 하는 줄 알고 놀라 쳐다보았다. 바로 그때

"I got it. 잡았어!"

한강 물 속에서 실오라기 잡듯이 핀셋트 끝에 혈관이 잡힌 것이다. 그래서 이 환자는 죽지 않고 살았다. 한동안 병원 내에서 "박 교수의 방언이 환자를 살렸다." 는 말이 퍼졌다. 이 환자가 퇴원하면서 나의 목을 껴안고 말했다.

"나는 당신의 하나님이 나를 살려 주신 것을 압니다. 그 좋은 하나님을 나도 열심히 믿겠습니다."

감사의 키스를 내 볼에다 하고 걸어 나가는 그 환자의 뒷모습을 보면서 "역시 하나님은 위대하시다." 감탄하지 않을 수 없었다.

의사로서의 긴 여정을 무사히 마치고 건강한 육체로 나오는, 그것도 모두들 아쉬워하는 가운데 내 발로 스스로 걸어 나올 수 있는 것에 나는 '성공한 의사' 라는 자부심을 가졌다.

병원을 나오면서 아쉬운 것이 있다면, 아무리 생각해 보아도 아직 '훌륭한 의사' 는 되지 못한 것 같았다. 주님을 만나고서부터, 그리고 주님을 통해 인도에서 북한에서, 살아서 죽도록 고생하고 죽으면 막대기만도 못하게 되는 인생의 실체를 보면서 나는 성공한 의사가 아니라 훌륭한 의사를 꿈꿔 왔다.

주님이 기뻐하시는 훌륭한 의사가 되는 것, 의료 봉사만 하는 것이 아니라 죽어 가는 영혼을 진정으로 살리는 의사가 되는 것, 그 목표를 다시 한번 마음에 새겨 보았다.

"여보, 나 Retire(은퇴) 하는 거 아니야, Re-tire(새로운 타이어) 바꿔 끼고 남은 인생 열심히 주를 향해 달려갈 거야!"

아내가 활짝 웃었다.

:: 엑스레이 기계는 축복을 통과시킨다

내가 교수를 그만둔 소식을 듣고, 어떤 분이 나를 찾아왔다.

"당신이 학교에 오래 있었고, 또 당신에게 수술을 받기 원하는 환자들이 꽤 있는 것으로 알고 있습니다. 내가 자본을 투자해서 이곳에 종합병원을 차려 줄 테니 병원을 운영하며 돈을 벌어 볼 생각이 없습니까?"

나는 돈을 벌 수 있다는 말에 그만 귀가 솔깃했다. 그때 나는 단동병원의 의료 기자재들을 기도하면서 채워 나가고 있었다. 처음엔 치과 기계, 실험실 장비, 내시경, 그리고 수술실… 그렇게 한 가지씩 기도하고, 주님이 때에 맞게 응답해 주셨다.

그런데 문제는 엑스레이(X-Ray) 기계에 가서 딱 걸렸다. 아무리 기도해도 길이 열리지 않았던 것이다. 바로 그 엑스레이 기계를 놓고 고심하고 있었는데, 그런 제안을 받은 것이다.

'모금하기가 이렇게 힘든데 차라리 내가 직접 돈을 벌어서 엑스레이 기계도 사고, 우리 선교사들을 팍팍 밀어 주면 얼마나 좋을까.'

나는 흥분이 되었다. 이분이 장소를 물색하고 건축 설계사를 만나 일을 진행시켰다. 그러던 중 어느 날, 새벽 기도를 하는데 하나님의 음성이 들렸다.

"내가 언제 너더러 돈 벌어 오라고 한 적이 있느냐? 네가 돈을 벌면 얼마나 벌 것이냐? 지금까지 돈이 모자라서 사역을 못한 적이 있느냐?"

나는 주님의 그 음성에 마음을 정리할 수 있었다. 다시 그분을 만나 정중히 거절했다.

"나 병원 못하겠습니다. 대단히 죄송합니다."

그분이 크게 실망한 것은 말할 필요도 없다. 그분과 헤어져 집으로 돌아오니 마치 시내에 나갔다가 큰 금덩어리를 도둑맞고 온 것처럼 마음이 허전해서 말도 하기 싫었다.

'하나님이 주신 기회를 또 놓친 것은 아닐까?'

여러 가지 생각이 막 밀려들었다. 그때 한 분에게서 전화가 왔다.

"점심 같이하십시다."

"나 지금 점심 얻어먹으러 다닐 마음 아닙니다."

"그래도 나오세요."

더 이상 거절할 수 없어서 나갔다. 점심을 먹고 일어나려는데 그분이 물었다.

"지금 단동병원에 가장 필요한 것이 무엇입니까?"

"엑스레이 기계를 놓고 열심히 기도하고 있는데 잘되지 않습니다."

"얼마면 엑스레이 기계를 살 수 있습니까?"

"10만 달러면 됩니다."

"아, 그래요. 그 10만 달러 내가 해드리겠습니다."

속으로 '이분이 돈을 해 줄 것을 알았으면 한 50만 달러가 필요하다고 했을 텐데' 하는 생각이 들었다. 그런 기대를 전혀 하지 못했기에 사실대로 말한 걸 후회하고 또 후회했다.

그런데 그분이 이렇게 말했다.

"박 장로님을 도와주었으면 하는 마음이 들어서 기도하는 가운데 마음에 10만 달러가 와 닿았습니다. 그런데 장로님이 딱 10만 달러를 말씀하시니까, 두 말 하지 않고 흔쾌히 헌금하는 것입니다."

나는 속으로 얼마나 찔렸는지 모른다. 내가 욕심을 부려 50만 달러라고 했으면 이분이 '아니구나' 하면서 그대로 갔을지도 몰랐다. 나는 그 수표를 받고 오면서 하늘을 바라보고 많이 울었다.

예수님은 지금도 내 곁에서 나의 필요한 것을 위해 기도해 주시고 준비해 주시는데, 나는 아직도 세상적인 방법으로 사역을 감당하려는 생각을 버리지 못하고 있는 것이다.

'환자 한 명에 100달러씩 받고, 인건비, 의료품 값 등을 물고 나면 얼마가 남을까.'

머릿속에서 늘 이렇게 계산이나 하고 잔머리를 굴리고 앉아 있는 내 모습을 보시는 예수님은 얼마나 한심스럽고 답답하실까. 나의 발가벗은 모습과 마주친 듯 부끄러웠다.

이외에도 50만 달러가 넘는 의료 기자재들이 이렇게 모두 하나님이 예비하신 섭리대로 교회와 개인들의 헌납으로 마련되었다.

:: 엑스레이 기계 풍상을 겪다

엑스레이 기계를 사야 했다. 중국 기계는 사 봐야 얼마 못 쓰고 고장이 날 게 뻔했다. 할 수 없이 한국에서 기계를 사서 비공식으로 세관을 통과해 중국에 들여오기로 했다. 이런 일을 하는 사람에게 돈을 주고 우리는 중국에 돌아가서 엑스레이 기계가 들어올 날만을 기다리고 있었다. 그런데 이상하게 6개월이 지났는데도 엑스레이 기계가 들어오지 않았다.

"왜 기계가 안 들어오는 겁니까, 시간이 얼마나 많이 지났는지 압니까?"

이 사람이 엑스레이 기계 일부만 가져왔다. 그러면서 이 사람이 하는 말이 이랬다.

"돈이 조금 더 필요합니다. 이게 좀 힘든 일이 돼 놓아서…."

그래서 우리는 1만 달러를 더 주었다. 그런데 그걸로 끝이었다. 사정해도 안 되고 얼러도 소용없었다. 성도들의 피와 땀으로 바친 헌금으로 산 것인데, 이렇게 허무하게 당한 게 억울해서 잠도 오지 않았다.

'내가 다시 중국 사람들을 믿으면 성을 간다!'

한참을 답답해하고 있는데, 한국에 나간 동역자들한테 전화가 왔다.

"장로님! 여기 인천인데요? 여기 엑스레이 기계가 방치되어 있다고 해서 가 봤더니 우리 거더라구요."

"정말입니까? 그게 무슨 말입니까?"

"글쎄, 인천 세관들이 누가 무슨 기계를 가져 가지도 않는다고 해서 갖다 버리려 한다는 이야기를 듣고 따라가 보니까, 글쎄 거기 우리 엑스레이 기계가 있지 뭡니까. 비닐봉지도 안 씌워 놓고 그대로 밖에 내놓아서 비도 맞고 바람도 맞고 그런 것 같습니다. 제가 일단 이쪽에서 보내는 길을 찾아보겠습니다."

한국으로 나갔던 우리 선교사 한 분이 우연히 배 안에서 만난 사람의 이야기를 듣고 인천 세관에 가서 알게 된 사실이었다. 돈은 이중삼중으로 받으면서 일은 하지도 않은 채 기계를 방치해 두는 이 사람들의 소행에 진절머리가 났다.

우리가 이쪽에서 발을 동동 구르고 있는 동안, 그 기계가 허허벌판에서 비를 맞고 서 있었다니. 참 한심한 노릇이었다. 하나님이 인도하지 않으셨다면, 정말 억울할 뻔했다. 모진 세월을 통과한 엑스레이 기계는 다행히도 전혀 상하지 않았고 지금도 잘 활용되고 있다.

:: 남북 의사들이 함께 공부하는 병원

'포교를 통한 체제 문란'이란 명목으로 입국을 금지시킨 북한 관리들이 나를 다시 찾아 왔다. 북한에서 쫓겨난 지 7년만의 일이었다.

"왜 이런 병원을 우리 북조선에 안 세우고, 남의 땅에다 세운 겁네까?"

이렇게 말할 때는 정말 할 말을 잃어버릴 만큼 화가 나기도 했다.

"북한으로 다시 들어와 도와주시라요."

북한 관리들이 여러 번 간청을 해 왔다.

2002년 9월 9일에는 아예 북한 정부에서 주는 '로력훈장'까지 가져왔다.

"이런 훈장을 외국까지 가지고 나와서 전달한 경우는 극히 드문 일입네다."

북한 측 관리는 그동안 내가 한 사역들을 직접 조사해 보고 전해 주는 감사의 표시라고 했다. 나는 그게 무슨 소리인가 했다.

"선생님이 보낸 밀가루가 있었기에, 한참 고난의 행군으로 어려운 그때 노무자 2천 명이 투입되어 김일성 수령이 평생 근무하던 '금수동산'(우리 나라로 치자면 청와대 같은 곳)을 아름답게 지을 수 있었습네. 그 일꾼들에게 선생님이 보낸 밀가루를 지급했디요."

그들의 말을 듣고 기가 막혔다. 좌우간 밀가루 미스터리는 풀린 셈이었다. 평양제3병원에서 수술을 끝내고, 회복 환자들에게 먹여 달라고 밀가루를 100톤씩 매달 들여보낸 적이 있었다. 큰 기차 한 칸에 60톤을 실을 수 있으니 100톤이면 엄청난 양의 밀가루였다. 그런데 한 번도 그 밀가루가 평양까지 오는 것을 확인을 못했다. 얼마 전까지만 해도 그 밀가루가 어디로 갔는가 하는 것이 미스터리였다. 이제야 그 의문이 풀린 것이다.

'그래, 언젠가 '금수강산'이 하나님의 교회가 될 것이고, 결국 그 교회를 짓는 데 일등 공신이 된 셈이니 이것도 놀라운 일이다.'

나는 이렇게 생각하기로 했다.

그들의 간곡한 청을 받으면서 다시 마음이 흔들렸다. 하지만 결국 우리가 중국에 있으니 도움이 필요하면 언제든지 나오라고만 했다.

그들은 이곳에 와서 북한 의료진들이 수련받기를 원했다. 그래서 나는 서울대학교의과대학 동창들을 만났다. 마침 2002년 8월 27일 우리는 서울대학교병원과 자매결연을 맺고 기술 지원을 받기로 했다. 그러다 보니 이제 단동병원이 남과 북의 의료인들이 같이 생활하며 가르치고 돕는 기반이 되는 셈이었다.

사랑을 믿는 사람들

11장

:: 강가에서 만난 사람들

저녁때 날이 저물면 북한의 여인들이 먹을 것을 찾아서 단동으로 넘어 오는 경우가 많았다. 낮에 잘못 다니다 중국 공안에 붙잡히면 큰 봉변을 당하니까, 어두워지면 조선족 집들을 찾아다니면서 중국 남자들에게 몸 팔 곳을 찾는다고 했다. 몸을 팔고 그 대가로 강냉이와 밀가루 같은 먹을 것을 얻어 가지고 자기 고향에 있는 어린아이들에게 다시 돌아가는 것이다.

그런데 이 강가에 어느 날부터인가 서글픈 소식이 떠돌아다녔다. 강 주변에 갸날픈 여인들을 붙잡아서 매춘굴에 팔아넘기는 악덕 업주들이 생겼다는 것이다. 처음에는 그들이 중국 남자들인 줄 알고 세상에 이런 죽일 놈들이 어디 있나 하고 흥분했었는데, 알고 보니 중국 사람들이 아니라 서울에서 온 우리 나라 사람들이라는 얘기를 듣고 더 이상 할 말을 잃었다.

'어쩌다가 우리 민족이 이렇게 되었는지….'

참담한 생각이 들었다. 아무리 경제가 발전하고 고층 건물이 올라가도 민족의 현주소가 이렇다면 가슴을 치고 통곡해도 모자랄 판이었다.

밤에는 압록강을 사이에 두고 양쪽이 더 현저하게 차이가 난다.

중국쪽 단동은 지금 개발에 열을 올리고 있어 밤새 풍경이 달라진다. 중국은 압록강 주변에 있는 허름한 집들을 다 헐어 버리고 수십 마일의 강변을 관광지로 변화시켰다. 그래서 밤에 더욱 아름답고, 사람들이 모여들었다.

그런데 그 맞은편 신의주는 사정이 다르다. 신의주는 밤이면 캄캄한 암흑의 도시가 된다. 그곳을 보면 '우리 동포들이 어떻게 저곳에서 먹고 사는가' 하는 생각에 가슴이 메인다.

'중국은 이렇게 하루가 다르게 발전하는데 왜 우리는 못하는가?'

참으로 답답한 노릇이다.

:: 저도 그 예수님 믿겠습네다

하루는 환자 진료를 끝내고 손을 씻는데 낯선 두 남자가 나를 찾아 왔다. 강을 건너 온 사람들인 것 같은데, 마치 아프리카에서 온 사람들처럼 바짝 여위고 햇볕에 까맣게 그을려 눈만 하얗게 보였다.

"먹을 것을 장만하기 위해 생선을 잡아 말려서 이것을 팔려고 밀선을 타고 중국으로 왔습네다. 중국 사람들이 밀입국자인 줄 알고 물건을 빼앗아 갔는데, 어디 호소할 데도 없습네다. 낮에는 산속에 숨어 있고 밤에는 돈을 받기 위해 찾아다니지만, 이제는 지쳐서 더 견딜 수가 없었시요. 여섯 식구가 기다리는 곳으로 빈손으로는 돌아갈 수도 없고⋯. 들어 보니, 이 병원 원장님을 찾아 가면 도움을 받을 수 있다고 해서, 이렇게 대낮에 죽음을 무릅쓰고 찾아왔습네다."

청년은 그러면서 눈물을 글썽거렸다. 이들은 보기에도 이미 "모든 것을 체념하고 이젠 죽기 아니면 살기다" 하고 굳게 작정한 사람들 같았다. 이 사람들의 손을 잡으며 내가 물었다.

"여섯 식구가 한 달을 먹고 살려면 얼마나 필요합니까?"

북한 돈을 미화로 계산해 보니, 250달러였다. 250달러면 여섯 식구가 1년 먹을 양식을 구할 수 있다는 것이었다. 나는 이들의 손에다 250달러씩 쥐어 주며, 어서 고향으로 돌아가서 아버지를 목이 빠지게 기다리는 아이들에게 먹을 것을 주라는 부탁을 했다.

그런데 이들이 돈을 받더니 갑자기 주저 앉아 땅을 치며 통곡하는 것이었다.

"세상 어디에 밥 한 끼 얻어 먹을 데가 없어 그렇게 안타까웠는데, 깜깜한 하늘에 송곳 구멍 만한 희망도 없었는데, 이제 1년을 온 가족이 먹고 살 수 있는 도움을 받다니, 이런 일도 생길 수 있는 것입네까?"

그들은 같은 동족이라는 그 한 가지 때문에, 자기네 여섯 식구가 1년 먹고 살 수 있는 돈을 자기들 손에 쥐어 준 사실이 믿어지지 않는다고 했다.

"예, 우리는 예수님을 믿는 사람들입니다"

나는 그렇게만 말했다.

"지난 한 달 동안 뼈저리게 고생한 것이 너무 한스럽습네다. 선생님, 정말 감사합네다. 죽은 사람 살려 주셨습네다. 선생님, 건강하시라요."

그 사람들은 돈을 받아 가면서 내 손을 붙잡고 말했다.

"원장님, 우리도 이제 예수님 믿겠습네다."

손등으로 눈물을 닦으며 머리를 조아리며 걸어 나가는 그들의 모습이 아직도 생생하다.

이곳 단동에 와서 할 일이 너무 많아 어떤 때는 주저앉고 싶어도, 저들과 같은 우리 동족들을 도울 수 있다는 것에 힘을 내서 다시 일어서곤 했다. 그들의 눈물 속에서 예수님의 모습을 보기 때문이다.

'하나님이 오죽 답답하시면 나 같은 사람을 이곳까지 보내셨을까.'

이런 생각이 들 때도 있다.

'아직도 세상적인 지식으로 만물을 보는 나의 모습에 얼마나 애태우실까. 나를 쓰시기에 얼마나 답답하고 안타까우실까.'

하지만 이 모습 이대로 받아 주시는 은혜에 감격하고, 손을 잡아 주시고 인도해 주시는 하나님께 감사할 뿐이다.

그후 이들에게서 가끔 인편으로 편지가 온다.

"마태복음을 외웠습니다."

"마가복음을 외웠습니다."

편지를 읽으면서 성령님이 그들을 붙잡아 주시는 것이 너무 감사해서 몇 번이

나 이들을 위해 기도한다.

:: 혼자서 믿습네다

처소 교회에 다녀온 적이 있었다.

다 찌그러진 오막살이집에는 작은 방 하나에 십자가가 걸려 있고 가운데 사과 상자와 같은 강단이 있었다. 많을 때는 하루 저녁에 40~50명의 탈북자들이 양식 과 약을 구하기 위해 강을 건너와 모여든다고 했다.

탈북자들에게 강냉이 조금, 감자 두어 개, 그리고 우리가 가지고 간 약 봉지 등 을 안겨 주었다. 이들은 당장 병든 자들을 살릴 수 있는 약품을 더 소중하게 받아 갔다. 감시하는 군인들은 오히려 여기를 찾아가면 식량과 약을 구할 수 있다고 귀 띔까지 해 준다고 했다.

이 교회는 신도가 인도자 가족 6명을 빼고 총 7명이었다. 이들은 산을 일구어 농사를 지으면서 생명을 내놓고 동족들을 도우며 살고 있었다. 암흑과 같은 캄캄 한 산 속에서 교인들의 눈은 유난히 전등을 켠 것처럼 빤짝거렸다.

벽에 걸려 있는 교회 행사 달력에는 십일조와 감사헌금은 물론이고 건축헌금 내는 날까지 정해져 있었다. 이들의 생활을 보면서 죽는 것이 겁이 나서 이런 일 은 두려워하는 내가 너무 부끄럽게 생각되었다. 좋은 교회에서 좋은 목사님들의 말씀을 듣고 자기네들끼리 모여 밖에서 손가락질을 하든 말든 거룩한 모습으로 자기만족에 도취되어 있는 신앙생활. 어딘가 잘못 되도 크게 잘못되었다는 생각 을 떨칠 수가 없었다.

한번은 신의주에서 나온 지하 교인들과 대화를 나누게 되었다.

"어떻게 여기까지 나올 수 있었습니까?"

"중국에 가족 방문을 한다고 나왔시오."

"그렇게 자유스럽게 나올 수 있습니까?"

"돈을 주면 가능합네다."

주위를 두리번거리면서 거의 속삭이듯 말했다.

"그렇다면 여기 와서 무엇을 합니까?"

"제자 양육을 받고 성경공부를 합네다."

가만히 속삭이듯 그러면서도 단호하게 말했다. 나는 그의 손에 들려 있는 신약 성경 한 부분을 바라보았다.

"그럼 북한에서는 예수님을 어떻게 믿습니까? 기도도 하고 찬송도 할 수 있습니까?"

"못하디요. 혼자서 믿습네다. 그저 혼자서 기도하고 찬송하디요. 가끔 둘 셋 모여서 조용히 기도하지만 매번 다른 사람들과 할 뿐, 같은 사람들끼리는 모이지 못하디요."

목숨을 내놓고, 그것도 혼자 믿는다는 말에 가슴이 뭉클해졌다.

"언제부터 믿게 되었습니까?"

"어릴 적에 어머니 손을 잡고 주일 학교에 다녔디요, 그러다가 중국에서 들어온 K집사님을 통해 전도 받고 옛날 그 신앙을 다시 찾았디요. 이제는 하늘나라 갈 날만 바라고 산단 말입네다. 죽음 같은 건 두렵지 않습네다."

어느새 그 사람의 눈에는 눈물이 흥건히 고였다. 고향에 두고 온 아이들과 손자들 생각을 하면 음식을 먹어도 목에 걸려 잘 넘어가지 않는다며 괴로워했다.

단동에서 신의주의과대학의 교수 한 분을 만나기로 약속을 하고 기다린 적도 있었다.

"갑자기 의심을 받아서 나오지 못하게 되었습네다. 다음 기회에 보기로 하디요."

듣기로는 이분도 어릴 때 교회를 다녔던 덕분에 쉽게 복음을 받아들일 수 있었다고 했다.

하나뿐인 딸이 열성 당원이라서 딸을 제일 어렵게 여긴다고 했다. 한 번은 그 딸이 아버지가 중국으로 나간다고 했더니 그 딸이 매끼마다 먹을 수 있게 국수를 한 단씩 묶어서 끼니 수에 맞게 싸 주었다고 한다. 그러나 말이 좋아 국수 단이지 통틀어 두 젓가락도 안 되는 양이었다고 했다. 이분도 말라서 허리가 한 줌도 안 된다고 하는데…. 비록 육신은 병들고 영양 부족으로 말라 가지만 말씀을 사모하고 갈망하는 뜨거운 마음이 있어서 위험을 무릅쓰고 나오려 했던 이들의 이야기를 들으면서 나는 다시 한번 세계 선교를 감당할 사람은 우리가 아니라는 생각이 들었다.

'이들이 그야말로 하나님이 준비해 오신 참된 선교사다.'

잘 먹고 잘 살다가 이제 조금 은혜를 받았다고 선교를 위해 헌신하게 된 우리는, 우리 자신에게는 은혜가 될지 모르지만 세계의 영혼을 구원하는 데는 충분한 설득력이 없었다. 북한에서 지하에 숨어 50년이 넘게 허기진 배를 졸라매고 병들어 신음하면서도 복음을 지키고 찬송하며 믿음의 줄을 놓지 않은 이들이야말로 진정한 선교사였다. 이들이 복음을 들고 세계 곳곳으로 다니면서 만나는 사람들에게 하나님이 어떻게 그들을 살려 주셨고 훈련시켰는지, 그들의 산 경험들을 간증할 때 그 복음은 생명을 구원하는 놀라운 운동력을 발휘하게 될 것이다.

:: 하늘을 믿는 사람들

미국 국회 인권위원회에서 북한의 실태를 소개한 탈북자의 이야기를 듣고 얼마나 가슴이 아팠는지 모른다.

이분은 사상범으로 몰려 개화교화소라는 감옥에서 7년을 갇혀 있었다고 했다.

이분의 증언을 듣노라면 그렇게 지독했던 일본군들도 그보다는 나았을 것이라는 생각이 들었다. 그가 억류돼 있던 교화소에는 약 2천 명의 사상범들이 있었는데 그 중에 200명 정도는 기독교를 믿다가 '하늘을 믿는 사람'으로 분리돼 모두 중범죄를 눌러쓰고 별도의 수용 시설에서 혹독한 고문과 처벌을 받았다고 전했다.

이들에게는 고개를 들어 하늘을 쳐다보는 것이 철저하게 금지되어 늘 땅만 보고 살아야 했다. "하늘을 믿지 않고 어버이 수령을 믿기만 하면 살려 준다."는 교도관의 회유가 있었지만 그 말을 따르는 사람은 없었다고 한다.

"하루에 14-20시간까지 중노동을 하면서 죽어 가는 이들에게 주일을 지키는 것이 뭐 그렇게 대단한지 이해가 되지 않았습네다. 그런데도 그들은 끝까지 주일을 포기하지 않다가 시뻘겋게 녹은 쇳물을 뒤집어쓰고 타 죽어 갔다 이 말입네다."

증언이 여기에 이를 때는 억장이 무너지는 것 같아 더 이상 들을 수가 없었다.

충격적인 증언을 한 여인은 북한에 있는 남편의 생사를 확인조차 못하고 아들과 같이 탈출했다며 눈물을 훔쳤다. 북한에서 탈북을 처음 얘기할 때 아들의 반대가 완강했다고 한다.

"아버지를 버리고는 못 갑네다. 죽어도 같이 죽어야 한다 이 말입네다."

인간의 도리와 생존 사이를 저울질해야 하는 현실은 참혹한 것이었다.

"여기 있는다고 아버지를 찾을 수도 없고 또 우리도 다 죽디 안칸. 여기서 죽는 것보다는 우선 우리가 살고 통일이 되면 그때 아버지를 찾으러 오면 되지 안칸."

한동안 고개를 가로젓던 아들이 현실을 숙명으로 받아들이고 앞장을 서서 산 넘고 물 건너 중국으로 넘어왔다고 전했다.

신앙을 지키는 우리의 동족이자 믿음의 형제들, '하늘을 믿다'가 땅에서 참혹

하게 죽어 가는 우리 동족을 살리기 위해서라도, 우리는 통일이 되어야 하고 이것
은 마땅히 우리가 하루 속히 이루어 내야 할 일이다.

:: 북에서 자랑할 겁네다
오늘 내 앞으로 편지 한 장이 왔다.

꽁꽁 얼어붙은 압록강을 타고, 넘어 오는 사람들을 위해 식량을 준비합니다.
온몸이 꽁꽁 얼어붙는 것을 느낍니다. 지난 3월 우리에게 드나들던 한 청년은 탈북자
색출조 공안원임이 드러났기 때문입니다. 그 청년은 탈북중에 붙잡혀 모진 고문을 당
하고 북한에 송환되어 강제노동을 하다가 삼촌의 보증으로 풀려났다고 했습니다. 특무
훈련을 받고 중국에 파견되었던 것입니다. 삼촌에게 화가 미칠까 두려워서 어쩔 수 없
이 5인 1조가 되어 같은 동족을 팔아넘기는 일을 해 왔다고 고백했습니다.
동족의 분단은 너무 깊고 아픕니다.
콜레라나 장티푸스 같은 병에 걸렸던 사람은 약을 보내 달라고 합니다. 미국 본부에서
약품을 위해 헌금하시는 분께 감사드립니다.
최근 16-17살인 나이에 비해 키가 1미터 30센티미터밖에 안되는 탈북 고아를 돌보고
있습니다. 한참 먹을 나이에 영양이 공급되지 않으니, 성장이 멈추어 있다가 고단백 약
품을 여섯 달 동안 먹였더니, 그 사이에 키가 7센티미터나 자라고 살이 많이 올랐습니
다. 추운 겨울에 따뜻하라고 겨울 속옷과 운동화를 사 줬더니 이것이 아까워서 입지 못
합니다. 북조선 가서 자랑할 것이라고요.
오늘은 한 달 동안 친척 방문을 마치고 돌아온 정 자매님의 세례식이 있었습니다. 겸손
히 무릎 꿇고 "네" 하고 조용한 대답으로 일관하는 정 자매님을 보면서 눈시울이 뜨거
웠습니다. 이분이 다시 북으로 들어가실 때 아코디언과 두꺼운 옷과 항생제와 비타민

을 손에 들려주었습니다. 아코디언은 북에서 건너올 때 출국 도장 찍어 주는 사람이 하도 강청해서 어쩔 수 없이 준비한 뇌물이었습니다.

예수님의 모습이 그 순간 제 마음에 전해졌습니다. 전율이 왔습니다.

비로소 제가 이 땅 여기에 있는 이유를 깨닫습니다.

S 선교사 드립니다.

탈북자들이 처음부터 복음을 받아들이는 것은 아니었다. 지하실에 숨어 나갈 수 없으니까, 밖에 나가면 붙잡혀 죽으니까, 주는 대로 두 끼, 세 끼를 먹고 찬송도 처음 불러 보고, 성경도 읽어 보는 것이었다. 그런데 성경을 한두 번 읽다가 이 사람이 성령을 받았다. 그렇게 하나님의 백성이 되어 헌신하는 사람들이 늘어났다.

이들이 북으로 다시 돌아갔다. 이들이 돌아가고 싶어서 돌아가는 것이 아니었다. 북한과 중국의 감시가 너무나 엄중하니까, 되돌아갈 수밖에 없는 것이다. 북한과 중국의 감시도 하나님의 강권적인 역사라고 생각하게 된 것도 다 이러한 이유 때문이었다.

우리는 이들에게 돈을 퍼다 줄 만큼 가진 것도 없고, 힘도 없지만 하나님에게서 받은 엄청난 사랑의 빚을 진 자들이었다. 우리는 그 사랑으로 사랑을 전했다.

"여러분을 우리 목숨처럼 사랑합니다. 여러분의 배고픔이 바로 나의 배고픔입니다. 여러분이 살아야 저도 살 수 있습니다."

우리 손으로 나눠주고 얼싸안고 울었다. 우리가 아니라면 예수님의 사랑이 아니라면, 누가 이들을 껴안고 울어 주겠는가.

압록강과 두만강가에 우리 진료소에서 우리는 생명을 바쳐 강을 건너 찾아오는 동족들을 껴안고 같이 뒹굴었다. 그곳에서 두려움과 굶주림에 떠는 그들을 껴안고 우리는 이렇게 고백하곤 했다.

"당신의 고통이 나의 고통입니다. 당신의 배고픔이 우리의 배고픔입니다. 당신이 살아야 우리도 살 수 있습니다. 우리는 아무 가진 것도 힘도 권력도 없습니다. 오로지 엄청난 은혜를 베풀어 주신 그 예수님의 사랑에 감격해서 가지고 있는 몸뚱이 하나 여기에 와서 여러분과 함께 뒹구는 것입니다."

그럴 때 그들 중에서 성경을 100독한 사람이 나오고, 1천 독을 향해 달려가는 사람이 나왔다. 우리는 그들을 한국에 데리고 오지 않았다. 그 사람을 미국으로 데려오지도 않았다. 다시 북한으로 돌려보냈다.

"당신 동네에 들어가서 당신 주위 사람들에게 복음을 전하십시오. 복음을 전하는 나팔수가 되십시오. '이것 보세요, 먹고 죽고 살고 하는 것보다 더 귀한 엄청난 복음이 있습니다. 복음을 받아들이십시오.' 하고 전하십시오."

그러면 그들이 북한에 들어갔다. 들어가서 복음을 외친다. 외치다가 아는 것이 부족하면 다시 나왔다. 지하방에 함께 들어가서 제자 훈련을 하고 다시 들여보냈다. 현재 북한 선교가 이루어지는 유일한 통로는 이것밖에 없다.

:: 역시 내 동포뿐이다

압록강을 따라 의료 봉사를 가는 길이었다.

지프차를 타고 장백산(백두산)을 올라가는데, 중국 공안 셋이 태워 달라고 했다. 그들을 태우고 올라가는데, 갑자기 공안 중에 한 명이 소리쳤다.

"차 세워!"

급브레이크를 밟고 차를 세웠더니 공안들이 우르르 내려, 강변 골짜기를 향해 사냥개가 토끼라도 본 것처럼 쏜살같이 내려가기 시작했다. 아니나 다를까 북한 청년 하나가 이제야 중국 땅에 막 한 발을 딛는 순간에 중국 공안에 붙잡히는 기막힌 현실을 보고야 말았다.

공안들이 허리띠를 풀더니, 그 띠로 북한 청년을 사정없이 내리치기 시작했다. 한 명도 아니고 두 명도 아니고 셋이 달려들어 때리니, 북한 청년이 나 죽는다고 발버둥치며 살려 달라고 애원했다. 너무 답답하고 가슴이 아파서 도저히 눈을 뜨고 볼 수 없었다.

그 셋 가운데 유독 열심히 사정없이 내려치는 공안이 있었다. 북한 청년 얼굴에 시뻘건 줄이 쫙쫙 가는데도 매질이 더 심해지기만 했다. 구둣발로 짓밟고 때렸다. 왜 저렇게 더 가혹하게 구는지는 알 수 없었다.

'저 사람이 도대체 어떻게 생겨 먹은 사람이기에 인간의 탈을 쓰고 저렇게 잔인하지?'

하는 수없이 돌아서서 우리 일행은 장백산으로 갔다. 장백산에서도 내내 마음이 좋지 않았다. 갔다가 내려오다가 다시 이 공안들을 만났다. 그래서 일부러 탈북 청년을 냉혹하게 대하던 공안에게 슬쩍 물어보았다.

"저 그 탈북자 어떻게 되었습니까?"

"저도 조선족입니다. 북한으로 돌려보냈습니다."

나는 그의 고백을 듣고 놀랐다.

'아하, 그러면 그렇지!'

그가 북한 청년을 중국 공안에 넘기지 않기 위해서, 일부러 중국 사람들보다 더 가혹하게 굴고 고문했다는 것을 미루어 짐작할 수 있었다. 그는 아마도 이 정도면 됐으니, 이제 이 사람을 북으로 돌려보내자고 사정했을 것이다.

나는 이것이 그가 같은 동포에게 베풀 수 있는 최선의 사랑이었음을 알았다.

:: 단동병원 진짜 문 열었소

"아니 2000년에 한 건 정식 개원식이 아니고, 당신들끼리 비공식적으로 한 '종교 행사'였지 않소. 그러니까 중국식으로 정식 개원식을 열어야 할 것 아니오?"

그들은 정말 끈질기게 요구해 왔다. 2년 전의 개원식까지 걸고 넘어질 정도니 단동병원 일에 대해서 그동안 중국 측과 얼마나 사사건건 의견 대립이 있었는지 짐작할 수 있을 것이다.

우리는 이들의 요구를 받아들이기로 했다. 그래서 하는 수 없이 2003년 10월 10일 우리는 단동병원 개원식을 다시 열기로 했다.

이런 우리의 속 타는 마음을 알기나 하듯이 개원식을 앞두고 며칠 동안 장대 같은 비가 죽죽 쏟아졌다. 그칠 줄 몰랐다. 개원식을 열기로 한 아침이었는데 갑자기 중국 관리들이 이 행사를 허가 내지 않겠다고 했다. 참석할 수 없다는 것이었다. 이들은 이것으로 압력을 가하기 시작했다.

중국 관리들의 이 같은 갑작스러운 태도 변화에 황당하여 맥이 빠졌던 우리 팀은 가까스로 문제를 풀 수 있었다.

"장로님, 비가 그쳤어요. 정말 놀랍네요."

계속해서 비가 주룩주룩 내리더니, 개원식 시간이 되자 비가 그쳤다. 쌀쌀하지만 늦은 봄 햇살이 눈부신 청명한 날이었다.

미국과 한국에서 오신 분들 약 40명, 여기에 미국 부총영사의 참석으로 그야말로 국제적인 개원식이 열렸다. 두 나라와 여러 도시들을 거쳐 수만 리 길을 달려온 제11차 의료 봉사팀들은 피곤도 잊은 채, 정성을 다해 환자들을 돌보면서도 감사해했다.

눈을 감자 모든 것을 버리고 오랫동안 함께 수고한 동역자들의 헌신과 기도가 밀려들었다. 그리고 그 너머로 오늘까지 이 모든 일을 손수 이루신 하나님의 임재를 느낄 수 있었다.

"이제 단동CMMW병원은 정식으로 인정받는 병원이 되었습니다. 이제부터 시작입니다. 수고하신 모든 분들과 기도해 주신 여러분들에게 감사드립니다. 아버지가 미리 예비하시는 체험을 항상 하면서도, 실망하고 힘들어하며, 억울해하고 괴로워하는 저입니다. 저의 믿음 없음을 은혜로 감싸 주시는 주님이 이곳에 기적을 일으켜 주셨습니다.”

원장 인사말을 하는데 나는 또 바보처럼 울고 말았다.

단동시 역사상 이렇게 많은 중국 간부들이 참석하여 성대한 개원식을 한 것은 처음이라고 모두 칭찬들이 대단했다. 우리가 이미 한국과 미국에서 200여 명이 참석해서 국제적인 개원식을 치렀다고 아무리 말해도, 중국 사람들을 상대로는 개원식을 하지 않았다며 우리 병원의 목적을 의심하던 중국 정보국에서도 유례없는 일이라 모두 놀라는 눈치였다. 저녁 만찬은 100명 분밖에는 예약을 해 놓지 않았는데, 중국 관리들만 해도 거의 100명이었다. 한국과 미국에서 온 손님들의 일부는 병원에서 식사를 할 수밖에 없었다.

개원식 행사가 끝났을 때 하늘이 어두워지더니 비가 다시 내리기 시작했다. 주님은 그렇게 우리의 사역을 다시 한 번 축복해 주셨다.

:: 25달러면 겨울을 납네다

추운 겨울이 되면 압록강 상류가 꽁꽁 얼어붙었다. 그러면 강을 건너기가 다른 때보다는 쉬웠다. 이럴 때 우리는 강가에서 제대로 입지도 신지도 못하고 얇은 내의 조각에다 겉옷을 걸치고 강을 넘어 오는 동포들을 가끔 만났다.

그동안 우리 회원들 가운데 중국에서 의류 공장을 하는 분과 또 의류 도매상을 하는 분들이 틈틈이 의류들을 실어다 주었다. 그러면 우리는 이것들을 진료실에다 준비해 놓고 오는 사람들에게 나누어 주기도 하고 또 북한을 방문하는 조선족들에게 전달해 주기도 했다.

엄동설한 그 극심한 추위가 너무 서러워 춥다는 말도 제대로 못하는 이들에게
두꺼운 겨울 옷들을 덮어 주면 그것을 뺨에다 비비며 말했다.

"이렇게 따뜻한 옷들도 있습네까?"

눈물을 글썽거리며 어린아이들처럼 좋아하는 모습을 보고 '그래 이들을 얼어
죽지 않고 살 수 있도록 돕자' 는 생각을 하게 되었다.

우리는 곧 '북녘 동포 1만 명 돕기 25달러 캠페인' 을 벌이기로 했다.

"북녘 동포 한 사람이 그 해 11월에서 이듬해 3월까지, 겨울 5개월 동안 굶어
죽지 않고 병들어 죽지 않고 얼어 죽지 않게 돕기 위한 것입니다. 한 달에 2달
러면 항생제, 비타민 같은 약을 살 수 있고, 또 2달러면 한 달을 먹을 수 있는 라
면 한 상자를 살 수 있습니다. 이것을 5개월 계속하려면 20달러가 필요합니다.
시중에서 60-70달러는 주어야 살 수 있는 두꺼운 방한복을 우리 동역자 한 분
이 특별히 실비도 안 되게 만들어 주셔서 한 벌에 5-6달러씩에 구입했습니다.
그래서 25달러 패키지를 만들었습니다. 만 명의 북한 동포들을 살리려고 합니
다. 동참해 주십시오. 25달러면 한 생명을 살릴 수 있습니다."

우리가 이 운동을 시작했을 때 많은 사람들이 부정적인 권면을 했다.

"시작하지 않는 게 좋을 것 같습니다. 지금 상황이 상황인지라…."

작년까지 북한 동포 돕기 운동에 동참했던 사람들도 금년에는 하지 않는다고
했다. 핵 문제를 비롯하여 시시때때로 변하는 북한의 태도에 식상한 한국의 여론,
또 한국의 어려운 경제 형편 탓에 북한을 돕자는 말이 전혀 먹혀들지 않았다.

그래도 우리는 정성을 다하기로 하고 열심히 노력한 결과, 6주만에 38만 달러
를 모금할 수 있었다. 현금으로는 19만 달러가 모아졌고, 그외에 많은 현물을 보
내 주셔서 총액수는 149만 달러나 됐다. 샌프란시스코에서 온 다음 편지는 내 마
음을 크게 감동시켰다.

할렐루야! 주 예수님의 이름으로 이 물질을 드립니다. 오래 전부터 기도하며 생각해 온 일을 내 팔순을 통하여 행하게 하심을 진심으로 우리 하나님께 감사 드립니다. 이 물질은 이북 우리들의 형제 자매, 또한 믿음의 가정을 골라서 25달러씩 100명에게 전해 주십시오.

저도 기도를 많이 드리고 이 일을 결정했습니다. 자녀들이 조금씩 주는 것을 잘 모아서 우리 주님께 믿음으로 바치오니 주님의 영광을 위하여 지혜롭게 사용하여 주시길 간절히 소원하며 부탁드립니다.

'SAM'이란 구호가 새겨진 두꺼운 겨울 재킷 1만 벌, 비타민과 항생제와 콩기름과 라면과 설탕 같은 생필품을 대형 20톤짜리 트럭 4대에 싣고, 꽁꽁 얼어붙은 신의주 평양 간의 험한 길을 밤새도록 달려 실어 날랐다.

애초에 이 운동을 우리가 시작할 때 처음부터 북한 측에 내건 조건은 우리가 직접 들어가서 우리가 직접 나눠 주는 것이었다.

나는 북한 측 관리들의 약속을 믿고, 2004년 1월 20일에 직접 북한에 들어갔다. 1997년 북한에서 쫓겨난 이후로 7년 만에 처음이었다. 이번에는 "죽으면 죽으리라"는 각오로 용기를 내어 들어갔다. 아니나 다를까, 세관에서 내 패스포트를 빼앗았다.

"못 들어오게 돼 있는 사람이 어떻게 들어온 겁네까?"

심각한 상황이 벌어졌다.

'아, 결국 이렇게 어려움이 생기는구나.'

앞이 캄캄해졌다. 우리를 초청한 관리들과 입국 수속 관리들과 심각한 의견이 서로 오고 가고 하더니 결국 입국은 되었지만, 언제 어떤 일이 벌어질지 몰라 불안하기 짝이 없었다.

그곳에 머무르는 4일 동안, 문 두드리는 소리와 발자국 소리에도 가슴이 두근 거렸다.

그런 가운데에서도 하나님의 은혜로 모든 물품들을 평양에 직접 전달해 주었다. 평양제3병원 환자들한테도 물품을 나눠 줄 수 있었다.

10년 동안 나의 애간장을 전부 녹여 쏟아 부었던 평양제3병원, 이곳에 다시 발을 딛게 된 것이 감사했다. 하지만 그것은 잠깐이었다. 병원 안은 그때나 지금이나 냉장고 속 같았다. 영하 20도의 강추위를 막아 주고 있는 난방 시설이란 고작해야 병동 입구에 걸쳐 놓은 바람막이밖에는 없었다.

수술을 받았다는 노인들이 우리가 10년 전에 보낸 침대 위에서 고맙다며 손을 내밀었다. 그 손을 잡았는데, 얼음장처럼 찼다.

'차라리 보지 않았으면 좋았을 것을….'

눈물이 뚝뚝 떨어졌다.

우리가 모금한 것의 절반은 그렇게 해서 전달했고, 나머지 절반은 추운 날씨에 더 이상 조건을 놓고 줄다리기를 할 수 없어서 그들이 직접 분배할 것을 약속 받고 우리는 떠나야 했다. 2월 1일에 다시 들어가 분배가 제대로 되었는지 확인하기로 서로 약속했다.

하지만 막상 약속한 날짜가 되었을 때, 떠나기 겨우 이틀 전에야 10일을 연기한다는 통보를 받았다. 이번에는 나도 화가 단단히 났다.

"이것 보세요. 당신들은 마음대로 연기가 되는지 몰라도, 나는 할 일 없어서 당신네들만 바라보고 있는 사람 아닙니다. 이제 와서 연기하자고 하면 어떻게 되는 겁니까?"

그렇지만 별 다른 도리가 없었다. 후회도 여러 번 들었다. 10년 동안 해 왔던 피말리는 싸움을 매번 이렇게 다시 한다는 것도 슬프고, 아무리 구호물자를 쏟아 부어도 밑 빠진 독에 물 붓는 것처럼 사라져 버리고 또다시 굶고 추위에 떨고 있는 북한 주민들의 삶이 서러웠다. 다른 사람들 말대로 지금은 북한 돕기 운동을 하지 않는 게 더 현명한 선택인지도 몰랐다. 그렇지만 우리가 돕지 않는다면 누가 할 것인가, 내가 하지 않으면서 누구에게 도우라고 할 것인가. 그날은 나도 억장이 무너져서 배짱 좋은 소리도 한 번 해 보았다.

"이제는 당신네들이 원하는 날짜가 아니라 내가 원하는 날짜에 들어가겠습니다."

다행히 우리를 대표해서 그곳에 들어가 있던 분이 모든 것을 잘 분배하고 사진과 영수증까지 모두 받아와서 잘 마무리가 되었다. 물론 처음 약속대로 우리가 주민들 손에 직접 쥐어 주지는 못했지만, 그래도 최소한 일부는 개인들에게 전달이 되었다. 무엇보다도 중요한 것은 하마터면 압록강 다리를 건너지도 못하고 중국 시장으로 팔려 나갈 뻔 했던 물건을 고스란히 전부 내부로 싣고 들어갈 수 있었다는 것이다.

북한을 돕는 데 있어서 십 년 전과 달라진 것이 있다면, 우리 사역의 근거지를 강 건너에 만들어 놓았기 때문에 이렇게 배짱도 튕길 수 있게 되었다는 것이다.

:: 복음서를 다 외웠시요

"원장님, 사람 살려 주시라요. 누가 원장님께 전화하면 살 수 있다고 해서…."

조선족 여인의 전화를 받았다.

"거기 어디십니까?"

내가 조선족 의사와 그 여인이 있다는 곳에 가 보니, 열이 40도까지 오르고 배가 퉁퉁 부어 오른 동족 여인이 누워 있었다. 진료를 해 보니 이미 성병이 퍼져 복막염이 되었고 뱃속에 고름이 차서 거의 죽을 지경이었다.

"남편과 아이를 두고 강을 건너 중국 땅으로 넘어와 몸이 부서지도록 닥치는 대로 일을 했어요. 그렇게 번 돈으로 매달 생활비를 2년 넘도록 보내서 가족을 먹여 살렸습네다. 그런데 그 남편이 동네 다른 여자하고 눈이 맞아서 살림을 차렸다는 소식을 들었디요. … 눈에서 피눈물이 날 만큼 억울했디요. … 남편이고 뭐고 이제는 내가 살아야 되겠다는 생각을 하고, 산을 넘고 물을 건너서 동으로 동으로 갔디요. 한국으로 가면 살 수 있다는 생각으로요. … 여자 몸으로 산을 넘기가 너무 힘들어서 가다가 같은 입장에 있는 남자 3명과 같이 가게 되었습네다. 4명이서 낮에는 깊은 산속에서 숨어 있다가, 밤에는 나와 돌에 치이고 강에 빠지면서 걸었디요.

그런데 시시때때로 세 남자가 달려들어서 저를 겁간했습네다. … 여자 몸에 고스란히 당할 수밖에 다른 방법이 없었습네다. 뭐 지옥이 따로 있습네까, 이게 지옥이었디요. 그렇게 30일 넘게 해맸디요…."

여인이 들려준 이야기였다. 나는 그 여인의 손을 붙잡고 얼마나 울었는지 모른다. 우리처럼 편하게 먹고 사는 사람들에게는 상상이 되지 않는 얘기였다. 미국에서 가져 간 강한 항생제 세 가지를 섞어 매일매일 치료를 해 주니까, 그런 약을 써 보지 않던 사람이어서 그런지 기적처럼 열이 내리고 배가 가라앉기 시작했다.

밖에서 볼 때 단둥병원은 한가하고 별로 할 일도 없는 것 같고, 뭐 별로 특별히 되는 일도 없는 것 같은 병원이지만, 이렇게 한 생명을 살려냈다.

가끔 북한 사람들이 우리 병원을 찾아왔다. 정식으로 허가를 받고 중국을 방문하는 사람들도 있었다. 이들은 우리 병원을 찾아 와 진료를 받고 이렇게 말했다.

"평생에 이렇게 따뜻하고 사랑스러운 치료를 한 번 받아 본 것으로도 여한이 없습네다."

"선생님들, 고맙습네다."

그러면서 눈물을 글썽거리는 것을 보면 '이것이 우리가 여기에 있는 이유'임을 분명히 알고 오히려 우리가 감사했다.

:: 천국에 새 집 샀습니다

미국으로 돌아온 지 거의 한 달이 되었지만, 이날에서야 비로소 우리 집, 내 침대로 돌아올 수 있었다. 그동안 매 주일 4-5일씩 포틀랜드, LA, 세인트루이스 그리고 또다시 LA를 들러 집회와 강의를 다녔다. 주일마다 다른 곳으로 이동하는 것이 무척 힘들기는 하지만, 잘 감당하고 있는 것은 많은 분들의 중보 기도의 덕분이고 하나님의 은혜임을 잘 알고 있다.

이번 주일에는 로고스 교회에서 1, 2, 3부 예배를 모두 마치고, SAM-LA 회원들과 늦도록 의논하느라 눈 한 번 제대로 붙여 보지 못했다. 아침에 일찍 공항으로 나오려는데, 전화가 왔다. 어제 집회에 참석했던 박 권사님이었다.

"원장님을 만나 뵙기를 원합니다."

"네, 제가 지금 공항으로 나가는 길인데요?"

"제가 공항으로 가서 뵈면 안 될까요?"

"그렇게 해 주시면 참 감사하겠습니다."

이렇게 약속을 했다. 공항에서 만난 권사님은 어제 참으로 은혜를 많이 받았다는 말씀과 함께, 하얀 봉투 하나를 손에 쥐어 주었다.

"딸 하고 둘이서 밤새 기도하고 의논해서 결정한 겁니다. 사실은 새 집을 사려고 준비해 놓았던 돈입니다."

눈물을 글썽거리시면서 돈의 출처를 알려주셨다. 상당히 많은 액수가 써 있는 수표였다. 돈을 받는 내 손도 약간 떨렸다. 요즘 돈이 쪼들려서 늘 걱정하면서 기도하는 우리 위원장님들, 권사님, 간사님들의 얼굴이 순간 눈앞에 지나갔다.

"고맙습니다."

진심으로 인사를 드렸다.

"고맙기는요, 오히려 우리가 더 고맙지요, 우리에게 이런 도전과 은혜를 받을 수 있도록 기회를 만들어 주신 것이 더 고맙지요."

이분들의 뜨거운 마음이 그동안 지친 피로를 싹 씻어 주었다.

"건강하시고요, 원장님 어디를 가시든 승리하십시오."

그분과 헤어져 돌아오면서 아버지께 기도를 드렸다.

"고마우신 아버지, 지금도 살아 계셔서 우리의 모든 것을 미리 예비하시고 주관하시는 것을 믿습니다. 쓰임을 받도록 택하여 주시고 불러 주심을 감사드립니다. 그리고 늘 동행해 주시고 새 힘을 주심을 감사합니다. 그리고 이 땅의 집이 아니라 하늘의 집을 새로 장만한 저들 모녀를 지켜 주십시오."

서둘러서 비행기에 올라 탄 우리 내외는 다시 다짐했다.

"우리 열심히 최선을 다합시다."

피곤은 모두 사라지고 새로운 힘을 받을 수 있었다.

:: 복음의 전진 기지, 심양사랑병원

중국을 휩쓸었던 전염병 사스로 인해 단동병원은 한동안 개점휴업이었다. 한 번 잃어버린 환자들을 찾기에는 문제가 많았다. 시내와 거리도 너무 멀었다. 또 중국 관리들의 눈에 보이지 않는 장애가 환자들이 마음대로 접근하는 것을 막고 있었다. 우리는 환자를 유치할 수 있는 방법을 놓고 매일 기도하기 시작했다.

그 즈음이 만약의 경우를 대비해 '단동 병원'을 대체할 수 있는 다른 대책을 세워야겠다고 고민하고 있었다. 합자 병원으로 시작한 단동병원에 대해서 중국 사람들, 특히 이 시골 변경 도시(외국과 국경을 접하고 있으니 사실은 더 까다롭고 엄격했다)인 단동 사람들이 하도 트집을 잡고 잘 협조해 주지 않아 속상할 때가 많았다. 무엇보다 가장 걱정되는 것은 '이러다가 또 쫓겨나면 어떡하나' 였다. 언제나 긴장하고 있어야 했다.

우리는 중국에게 도움을 주는 사람들이니 쉽게 쫓아내지는 못하겠지만, 우리가 기독교 단체이고 병원에서 계속 예배와 집회를 열고 있으니, 이것이 언제든지 우리를 쫓아 버릴 수 있는 좋은 이유가 될 수 있었다. 그래서 '만약의 경우를 위해 합자가 아닌 다른 형태로, 다른 도시에다 병원을 하나 더 열자.' 하는 식으로 장소와 방법을 물색하고 있었다.

그러던 중에 나는 조선 선교가 싹트기 시작한 심양에 이제는 우리 민족이 세계 선교로 뻗어 나가기 위한 중심부 역할을 할 수 있는 병원을 세워야겠다고 마음을 먹었다.(우리 나라에 복음이 전해지게 된 여러 경로가 있었지만, 그 중에 심양에서 로스 선교사님이 조선 사람들과 함께 누가복음을 번역해서 신의주에 복음을 전해 준 것이 큰 씨앗이 된 것은 부인할 수 없을 것이다.) 만주의 심장부인 이곳은 실크로드, 그러니까 중앙아시아와 세계 특히, 10-40창구로 연결되는 곳이기 때문이었다.

심양(예전의 봉천)은 원나라 때 중국의 서울이었으며 현재는 인구 천만이 살고 있는 중국에서 네 번째로 큰 도시였다. 만주의 심장부였다. 심양에는 한국 교포가 공식적으로도 1만 명이 넘게 살고 있었고(비공식으로는 5만 명이다), 조선족만 해도 20만 명이었다. 심양에 새로 오는 사람들은 별로 없지만 이곳에 숨어 살고 있는 탈북자들이 많았다. 그러니 이곳에 병원을 세우면 우리 민족에게 구체적인 도움을 베풀 수 있을 것 같았다.

"심양으로 들어갑시다! 강변을 따라 진료실을 세울 곳은 너무 많지만, 이곳에서 조선족을 돌보는 일은 만주 · 북한 선교와 긴밀한 연관이 있으니, 이곳에 병원을 세웁시다. 우리가 말씀으로 새 고구려를 건설하자면, 만주 심장부로 들어가는 게 좋을 것 같습니다."

우리가 심양으로 갈 생각을 하게 된 직접적인 계기가 있었다.

우리는 한동안 심양에 있는 서탑교회에서 주일마다 의료 봉사를 했다. 이 교회는 중국의 모든 교회가 문 닫았을 때, 유일하게 신앙을 지킨 교회이기도 했다. 그런데 이 교회에 탈북자들이 도움을 구하러 온다는 이야기를 듣고, 우리가 의료진을 파송한 것이다. 주일 예배 후에 의료 봉사를 하는데, 200-300명씩 몰린 적도 있었다. 쌀도 가져다 놓고 의복도 가져다 놓았다. 직접 돕지는 못하니까, 필요한 사람들 있으면 가져가라고 한 것이다.

그런데 얼마 못가 이 교회에서 하는 의료 봉사는 그만두어야 했다. 탈북자들이 와서 쌀이나 옷이나 자기 필요한 것만 가져가면 좋은데, 우리한테 이거 가지고는 안 되니까 돈을 달라고 위협을 하는 사람들이 있었기 때문이다. 그래서 중단할 수밖에 없었다. 이런 일을 겪으면서 이들이 너무 딱해서 가슴이 아팠다.

'병원을 세워 이런 사람들을 치료해 주자.'

우리는 심양 한복판에 있는 '황고구병원' 4층을 임대했다. 깨끗하게 고치고 내과, 소아과, 산부인과, 정형외과, 외과, 치과 등의 일반 진료 과목을 시작했다.

그렇게 해서 2004년 3월 19일에 우리는 만주의 심장부인 심양에 '심양사랑병원'을 개원했다. 북한뿐 아니라 만주를 우리 가슴에 품기 위해 노력한 성과였다. 한국에서 후원 이사회를 비롯한 약 40명, 한국 영사관 총영사, 미국 영사관 총영사, 그리고 현지 외국인과 한인 대표, 심양시 인민회 대표와 위생국장을 비롯한 중국 관리 약 40명 등, 모두 120-130명의 손님들을 모시고 성대하게 개원식을 치렀다.

많은 성도들이 평생에 한번 방문하고 예배드리기를 원할 만큼 중국의 조선족 교회의 산 증거라 할 수 있는 서탑교회에서, 지금은 연로하셔서 뒷선으로 물러나신 오애은 목사님을 모시고, 우리는 감격과 감사의 개원 예배를 드렸다.

이 병원에서는 이런 일도 있었다.

어느 날 남자 환자가 들것에 실려 왔다. 만성결핵으로 척추가 녹아서 하반신을 쓸 수 없는 상태였다. 어떻게 손을 써야 할지 몰라 난감해하고 있는데, 이들이 떼를 쓰기 시작했다.

"저 SAM을 찾아가면 살 수 있다고 해서 숨어 살고 있는 시골에서 여기까지 목숨 내놓고 찾아 왔습네다. 살려 주시라요. 우리를 미국으로 보내 주시라요."

하지만 그것은 우리가 도와줄 수 없는 것이었다.

"형편상 그렇게 도울 수는 없습니다. 우리는 그렇게는 할 줄 모릅니다. 다만 우리가 가진 약을 나눠드리겠습니다."

그렇게 말하고 결핵 약과 진통제를 손에 쥐어 주었다. 그런데 이들은 막무가내였다.

"여기까지 오면 사는 줄 알고 왔는데…. 이제 못 갑네다! 여기서 죽을 수밖에 다른 도리가 없습네다."

그들이 눈물을 뚝뚝 흘렸다. 아무리 우리의 형편을 이야기해도 소용없었다. 그래서 우리는 하는 수없이 대사관에 물어보았다.

"이 사람들이 이러고 있습니다. 어떻게 하면 좋겠습니까?"

대사관 측이 유엔고등판무관실에 연락해서, 이들은 그쪽으로 넘겨졌다. 다행히도 UN에서 일단 이들을 접수만 하면 그들에게 살 길을 열어 준다는 말에 그나마 마음이 조금 놓였다. 충분한 약과 경비를 손에 쥐어 주고, 베이징으로 가는 경로를 자세하게 알려 주었다. 얼마 뒤에 UN에서 이들을 받았다는 연락을 받았다. 이들을 위해 '좋은 결과 있기를 기도하는 수밖에 다른 도리가 없는 것' 이 너무 가슴 아팠다.

'심양사랑병원'이 처음 문을 열었을 때는 어려웠다. 우선 재정적인 적자가 너무 컸다. 의료진의 확보가 제대로 되지 않아 환자가 많지 않았기 때문이다. 역시 여기서도 중국과 새로운 관계를 맺어 가는 데 여러 가지 어려움이 있었다.

요즘 들어 그래도 내과, 소아과, 산부인과, 치과 의사가 상주하고 있다. 그동안 500명의 새 환자들이 치료를 받았다. 무엇보다 건물세도 많이 줄었다. 환자도 하루 평균 50명씩으로 늘어 우리 선생님들이 무척 바빠졌다. 미대사관 공식 의료 기관으로 청탁을 받았고 여러 외국인 기관으로부터 지정 병원으로 의뢰를 받게 되었다.

물론 아직도 앞으로 갈 길이 멀었다. 많은 의료 봉사자들이 필요했다. 하지만 이제 터널의 끝이 보이는 듯했다. 나는 심양사랑병원을 보면 언제나 뿌듯하다. 병원 하나 더 지어서가 아니라 복음의 전진기지를 마련했기 때문이었다.

:: 우린 살 수 있습네다

2004년 4월, 단동에서 강 건너에 자동차로 한 시간이면 도착할 수 있는 룡천에 폭발 사고가 났다. 150명 이상이 사망하고, 8천 명에 달하는 부상자를 낸 엄청난 열차 사고였다. 완전히 봉쇄된 압록강과 두만강 저쪽을 쳐다보며 혹시 단편적인 정보라도 얻을 수 있을까 해서 세계 매스컴들이 단동에 모여들었고, 정보 전쟁을 치르기 시작했다.

사고 소식을 듣자마자 우리는 미국이나 한국에서 가져 온 모든 약들과 단동 시내에서 살 수 있는 중국 약들을 사서 응급 구호 식량과 함께 2개의 대형 트럭에 실어 북한 관리들의 안내를 받아 직접 압록강 철교를 건너 현장으로 보냈다.

용천 사고 한 달 뒤에 민간인으로는 처음이자 유일하게 초대를 받고 현장으로 들어갈 수 있었다.

나는 북한을 수십 번 다녀왔지만, 압록강 철교를 지나 신의주 땅으로 건너간 것은 이번이 처음이었다. 막상 철교를 넘어서 북한 땅을 밟으니 감개무량했다.

제3차 구호품으로 기차 빵통 2개에 가득 실은 밀가루, 대형 20톤 트럭 12대 분의 시멘트 등 여러 가지 건축 자재들을 싣고, 현장까지 가서 우리가 직접 전달했다. 20톤 트럭 12대가 줄을 이어서 철교를 넘어 시골길을 달려갔다.

압록강에는 철교가 2개 있다. 그 중 하나는 6·25때 미군이 폭격을 해서 중국 쪽의 반쪽은 그대로 있고, 북한 쪽의 반쪽은 완전히 파괴가 된 '단교—끊어진 다리'이고, 또 하나는 전쟁이 끝난 다음에 옆에다 새로이 다리를 놓아 현재 사용하고 있는 것이다.

우리는 우여곡절 끝에 이 새로운 다리로 건너갔다.

우리에게 헌금하신 분들을 위해서 사진을 찍어야 되는데, 중국 경찰이 워낙 심하게 감시를 했다. 처음 사진을 찍은 것은 중국 경찰한테 들켜서 카메라를 압수당하고, 이미 두서너 장 찍어 놓은 필름도 빼앗겼다. 나중에 마치 007첩보 작전을 하듯이 간신히 사진을 찍을 수 있었다.

우리 동역자들이 그 더운 날 겨울 잠바를 입고 옷 속에다 카메라를 감추고서는 그 맞은편 다리를 지나가는 우리들의 모습을 비디오로 찍었다. 나중에 우리가 그 비디오를 보니, 우리 물건이 언제 지나가나 초조한 마음으로 지키고 있다가 마침 우리 트럭들이 지나가니깐 자신들도 모르게 "오, 하나님 감사합니다. 감사합니다!" 하고 감격스러워 목메어 외치는 목소리도 녹음되어 있었다. 이것이 경찰에 발각되면 어떤 봉변을 당하는지도 모르면서….

이곳은 언제나 이런 식이다. 미국이나 한국에서처럼 마음대로 할 수 있는 일도 여기서는 쉽지 않아서, 어떤 때는 숨쉬는 것도 공안에 허가를 받아야 하는 것은 아닌지 하는 생각이 들기도 한다.

신의주 국경에는 평안북도 피해복구위원회의 부국장이라는 사람이 마중 나와 있었다.

"지난 4월 26일 단동병원이 보낸 1차 약품이 우리가 받은 민간 기관 최초의 약품이었습네다. 병원에서 요긴하게 쓰였습네다. 참말 감사합네다."

그의 첫 인사였다.

사고 현장을 목격한 우리는 입을 다물 수 없었다. 사고 현장은 약 3블록 정도가 완전히 폭삭 내려앉아 있었다. 이것을 보고 그 당시의 뜨거운 열기와 압력을 고스란히 느낄 수 있었다. 현장 주위의 낮은 건물들은 유리가 모두 산산조각이 난 채 간신히 뼈대만 서 있는 모습을 보면서, 열차 사고로는 세계 기록이라는 외신 보도를 실감했다. 사고가 난 시간이 마침 오후 12–1시 사이였는데, 이때는 오전반이 끝나고 오후반 학생들이 집으로 돌아갈 시간이었다고 했다. 책가방들을 마구잡이로 쌓아 놓은 모습을 보면서 많은 어린아이들이 다친 것을 알 수 있었다.

그래도 현지에서 만난 북한 의료진들이 우리 손을 잡고 이렇게 말했다.

"선생님들 덕분에 많은 생명들을 살릴 수 있었습니다. 가장 좋은 의료품을 보내 주셔서 참으로 감사합니다."

붉은 깃발들이 바람에 날리는 그 사이사이를 웃통을 벗어 던진 일꾼들이 흙을 나르고 땀을 흘리며 열심히 복구하는 모습이 보였다. 전국 각지에서 '조국복구지원대'라는 이름으로 1만2천 명이나 되는 많은 사람들이 동원되었다고 했다. 복구 사업을 하려고 준비는 했지만, 재료가 없어 복구 사업을 더 이상 추진하지 못하고 있던 형편이었다고 했다. 우리가 싣고 간 시멘트가 도착하자마자 그 자리에서 일꾼들이 모여들었다. 이것으로 빨리 춥기 전에 이재민들이 들어갈 곳을 만들어야 한다면서 시멘트를 날랐다. 땅을 치며 통곡하고 실의에 빠져 희망을 잃고 있는 피해자들을 연상하고 갔던 우리는 크게 안심이 되었다.

얼굴은 까맣고 깡마른 여자들이 자기 몸통만 한 짐을 지고는 힘겹게 땅을 내려다보면서 걸어가는 모습도 보였다. 가다가 쉬는 시간이 되었던 모양이었다. 10명이고 20명이 모여 앉아 목을 가눌 힘도 없는지 목을 푹 놓고 마치 죽은 사람들처럼 구부리고 앉아 있기도 했다.

신의주도립병원과 어린이 병원을 방문했는데, 그곳에는 250명의 어린아이 환자들이 있었다. 폭발할 때의 충격에서 헤어나지 못한 채 병동에 즐비하게 누워 있는 아이들의 모습은 정말 비참했다. 어린아이들이라면 칭얼대기도 하고 울기도 해야 할 텐데, 한 명도 아프다거나 우는 아이가 없는 것이 더 기가 막혔다.

유리 파편에 맞은 상처를 꿰매느라 수술을 여러 번 받아 아이들의 얼굴은 마치 칼로 지도라도 그린 것처럼 상처투성이였다. 수술받은 깨진 머리에서는 고름이 흘렀다. 정말로 가슴 아팠던 것은 눈을 뜨고도 보지 못하는 아이들, 귀가 있는데도 듣지 못하는 아이들을 지켜보는 것이었다. 그나마 치유되어 가는 아이들을 보여 주었다는 데도 그랬다. 이 아이들이 평생 이 고통을 끌어안고 살아야 할 텐데….

가슴에는 "장군님에게 효성을 다 하는 효동이가 되겠습니다." 라는 팻말을 걸고 있는 모습을 보면서 우리는 더 가슴이 아팠다.

대퇴부 다리가 부러졌다는 2살쯤 되어 보이는 아이, 나무 막대기 같은 것을 다리 양쪽에 대고 헌옷으로 감아 놓았다. 엄마의 손이 닿기만 해도 아이가 아파서 얼굴이 하얗게 질렸다. 그 모습을 보고 같이 갔던 정형외과 선생님은 그날 아침에 떠나면서 혹시 필요할지도 모른다는 생각이 들어 캐스트(깁스)할 것을 가지고 갈까 하다가 그냥 놓고 온 것을 무척 후회했다. 이러한 고통이 하루이틀만에 끝날 일이 아니라는 생각에 앞으로 매달 복구작업에 필요한 물건을 보내기로 했다.

'우리가 어떻게 저 사람들을 살릴 수 있을까?'

마음이 몹시 아팠다.

'우리가 가져 온 시멘트, 밀가루 몇 백 포대가 과연 저 사람들을 살리는 데 무슨 소용이 있을까?'

아무리 생각해도 무모한 짓을 하는 것만 같았다. 무력감에 빠졌다. 북한을 돕기 시작한 뒤로 계속되어 온 질문을 나는 이날 다시 되풀이하고 있었던 것이다.

이때 나는 내 앞에서 두 팔 벌린 예수님이 나를 바라보고 계시는 것을 보았다. "수고하고 무거운 짐진 자들아 다 내게로 오라. 내가 너희를 쉬게 하리라."(마태복음 11:28)

'그들이 복음을 받아들이고 영적인 세상을 살아가는 법을 알아야 근본적인 원인이 해결될 텐데…. 밀가루, 시멘트, 약을 가져다준다고 그들이 살아나는 것이 아닌데…. 그들에게 복음을, 예수님의 그 따사로운 품에 안겨야 하는데…. 예수님은 지금도 팔을 활짝 벌리고 그들이 안기기를 기다리고 계시는데, 예수님은 그들을 불쌍히 여기시고 안타까워하시는데…. 아! 그렇구나, 이들에게 복음을 전하는 것이 우선이구나! 그러니 제자를 길러내야 한다.'

갑자기 우리 사역에 대한 깊은 열정이 솟아올랐다. 우선은 시멘트와 밀가루를 가져올 수밖에 없다. 하지만 우리의 이 작은 사랑과 정성이 이 사람들의 마음을 녹여, 이들이 예수님의 품 안에 안길 수 있도록 인도자 역할을 하게 되기를 그곳에 머무르는 동안 수없이 주님께 기도드렸다.

:: 항공모함 작전

그동안 우리는 심양사랑병원과 같이 조선족들이 많이 살고 있는 단동 시내에 외래 진료실을 열려고 준비해 왔었다. 우리가 단동 시내에 문진소를 내는 이유는 이들 조선족(중국 국적)들과 북한에서 나온 사람들에게 그들이 살고 있는 가까이에서 의료 봉사를 제공하기 위해서였다. 이곳 단동에는 한국에서 나와서 사업하는 분들은 500명도 안 되지만 조선족들은 1만 명 넘게 살고 있다. 그리고 북한에서 나와서 여러 가지 무역이라든지 각종 일을 하는 사람들이 3천 명이나 살고 있다. 특별히 북한에서 나온 사람들은 아직까지 우리 단동병원에 오는 것을 꺼려하고 있기 때문에 그 사람들이 있는 곳으로 찾아 나와 안심시키고 또 무료에 가까운 저렴한 비용으로 치료를 하려는 것이다.

우리가 시내에다 단동 문진소를 내기 위해 기도하고 있는 것을 알고 있는 산부인과 선생님 중 한 분이 '진흥구병원 원장'과 자리를 마련해 주셨다. 사실 이분은 단동병원 공사가 한창 진행 중일 때 만났던 최 대령의 미망인이었다.

우리가 공사를 시작한 지 얼마 안 돼 중국 조선족으로 군 병원 원장을 지냈던 최 대령이란 사람을 만나게 되었다. 이분이 우리 일을 열심히 도와주었다. 이 사람은 평생을 군대에서 근무하면서 훈련(?)을 받고 군 외과 의사가 되어 병원장까지 하던 사람이니 무척 착실했고 특히 나를 잘 따랐다.

"원장님 수술하실 때 내가 조수 서겠습네다."

"우리 민족이 여기서 좋은 일 한다는데, 원장님 불러 주셔서 고맙습네다."

그 마음이 참 고마웠다. 하루는 이 사람이 건설장에서 일을 하다가 발목에 상처를 입었는데 곪기 시작했다. 그래서 병원에서 치료받고 수술을 받으라고 일렀지만, 말을 듣지 않았다. 집에서 혼자 곪은 곳을 째고 고름을 빼다가 크게 감염이 되었다. 고열이 오르고 전신에 독이 퍼져 형편이 어렵게 되자 급히 심양 군 병원으로 후송을 시켰지만, 하루 만에 세상을 떠나고 말았다.

46세의 젊은 나이에 좋은 사람이 세상을 떠나다니….

우리를 위로해 주었던 동역자의 갑작스런 죽음에 우리는 할 말을 잃었다. 얼마

간의 정성으로 '도덕적인 책임'을 표현하고 유족들을 위로했다. 마침 그의 부인은 산부인과 의사로 압록강 근처에 있는 단동 시내 진흥구병원에서 일하고 있었다. 젊은 나이에 미망인이 되었고, 또 최 대령을 생각해서 그 미망인을 우리가 산부인과 의사로 모시고 있었던 것이다. 하나님은 이분의 손길을 통해 단동에 문진소를 내는 일을 구체화시켜 주셨다.

2005년 3월 24일에는 단동 시내 외래 진료실이 정식으로 개원했다. 개원한 지 얼마 안 돼 하루에 10-20명 정도의 환자가 오고, 북한 환자들도 한 주일에 평균 1-2명 씩 다녀갔다. 일단 시작은 이렇게 했다. 좋은 소문이 나서 많은 북조선 사람들에게 최선의 의료 봉사를 할 수 있기 위해서는 많은 기도가 필요한 것을 알고 있다.

이렇게 해서 병원이 3개, 북한 땅을 마주 보고 압록강 두만강 강변을 따라 가며 진료실이 3개, 그리고 우리가 이동 의료 봉사를 하는 여러 개 마을이 연결되었다.

지난 5년을 돌이켜 보면 북한 못지않게 중국 사람들을 상대하느라 많은 어려움을 겪었다. 하지만 이제는 만주 전역을 의료 지원하고, 북한을 가슴에 안고 기도할 수 있는 시스템을 만들었다고 해도 지나친 말이 아니다. 우리가 진료실을 지키고 있는 한 이들을 도와줄 수 있으니까.

우리는 진료소에서 아주 추운 겨울을 제외하고는 거의 매달 의료 봉사팀, 제자 양육 팀들이 강변을 방문하고 영육간의 치료를 하며 동역자들을 기르게 되었다. 조선족 제자 양육과 맞은편 북한 동포들의 생명을 살리는 일에 가장 효과적이고 현실적인 사역이 탄탄하게 자리 잡게 되었다는 사실에 나는 감격하곤 한다.

나는 우리 사역지를 일컬어 '항공모함'이라 부르곤 한다. 해전을 보면 200-300대의 최신 전투기들을 거느린 큰 항공모함이 가운데 있고, 그리고 전투함, 구축함, 잠수함 같은 수십 척의 크고 작은 배들이 그 주위를 둘러싸 함대를 이루기 마련이다.

단동병원은 항공모함이다. 그래서 항공모함이 기수를 트는 것에 따라 전 함대의 진로가 변화되듯이, 단동병원은 우리 세계 선교의 비전과 앞으로의 방향을 보여 준다. 북으로 '심양사랑병원', 동으로 3개 진료실, 남으로 '단동문진소'와 평양제3병원, 신의주와 단동의 제약 공장 등은 항공모함이 거느리고 있는 구축함, 전투함, 잠수함과 같다. 서쪽만 열려 있는데, 이 서쪽은 바로 실크로드, 미전도 종족이 밀집되어 있는 10-40창구와 연결되어 있다. 10-40창구인 중앙아시아, 아프가니스탄, 이라크, 이란, 인도네시아 같은 모슬렘 권으로까지 지경을 넓히는 것이 우리의 비전이요, 선교의 방향이다. 이것이 바로 'SAM 함대'다. SAM 함대는 앞으로도 주님이 이끄시는 대로, 대장되시는 예수님이 명령하시는 대로 따라갈 것이다.

실제로 SAM 함대에 있으면 북조선 사람들이 찾아왔다. 지난번 아테네 올림픽 경기 때는 국가대표팀 수행 의사들이 약품이 없다며 우리한테 도움을 청한 일도 있었다. 얼마 전에는 북조선 체육성에서 약품과 식량을 도와 달라는 요청을 받았다. 평양 광복 거리에 있는 안골 체육인촌에는 조선의 대표급 선수 약 1만 명이 집단 훈련을 받고 있는데, 그곳 체육인 병원에 약품과 선수용 물리치료 세트를 공급해 달라는 요청을 받기도 했다.

우리 병원에서는 물론 성의껏 도와주었다. 이런 사랑이 언젠가는 이들의 마음의 문을 열게 하고 남북이 함께 모여 서로 돕고 도움을 받는 아름다운 공동체를 이룰 것을 믿기 때문이다.

하나님 사랑
싣고 왕진 갑니다

12장

:: 사랑의 왕진가방 보내기 007작전

지난번 룡천 사고 현장을 다녀온 이후로 내내 마음이 아팠다. 큰 사고가 났지만, 도무지 병원에 약이 없었던 탓이다.

북한이 이 땅에서 가장 살기 좋은 사회주의 공화국을 건설하는 것을 이념으로 건국되었고, 그 중 가장 대표적인 것이 '무상배급제도'와 '무상치료제도'였다. 물론 지금은 자연의 재해와 그외 여러 가지 이유로 이 두 가지가 잘 이루어지지 않고 있음은 우리 모두가 잘 알고 있는 사실이다.

무상 치료 제도를 위해 북한에서는 각 시, 군, 면 등 부락마다 전국에 약 7천 개의 무상 진료실을 만들었고, 이미 오래 전부터 이에 필요한 의료진들을 양성하여 배치했지만, 의료품과 약품의 부족으로 제대로 작용을 하지 못하는 형편이었다.

더군다나 먹지를 못하니까, 결핵과 간질환과 신장 질환 등 각종 병이 극성이었다. 들은 말이기는 하지만 군에서조차 결핵이 발견되면, 제대하고 집에 가서 치료 받으라고 한다고 했다. 먹을 것도 없는데, 집에 가서 무슨 수로 결핵 약을 먹고 치료받을 수 있을 것인지…. 조선에서는 어지간한 병은 병 취급도 하지 않는다던데, 그 말이 실감이 났다.

우리는 지난 15−16년 동안 꾸준하게 북한 형제들을 위해 병원을 개원했고, 수많은 의료품과 생필품들을 지원하며 북한 주민 생명 살리기에 전념을 다해 왔다. 엄청나게 많은 구호물자와 의약품들을 보냈지만, 이것은 어디까지나 한시적이고 일회성의 도움인 것이 늘 안타까웠다.

그래서 북한 모든 지역의 주민들이 응급 치료를 받을 수 있는 방법을 찾게 해 달라고 주님께 매달려 기도하기 시작했다.

이 문제를 놓고 기도하던 중에 주님은 내게 털털거리는 자전거를 타고 왕진가방을 들고 왕진을 가는 의사 선생님의 뒷모습을 떠오르게 해 주셨다. 지금은 하도

각박한 세상이라 보기 드물다지만, 얼마 전만 해도 인자한 의사 선생님과 간호사 선생님들이 자전거를 타고 험한 길을 마다하지 않고 환자가 있는 곳이면 어디든지 달려가 치료해 주는 것을 볼 수 있었다. 그 손에는 늘 왕진가방이 들려 있었다. 치료도 중요하지만, 그들의 진실된 사랑과 서로 나눔의 아름다운 모습에 더 감동을 받곤 했었다. 그때 나는 무릎을 쳤다!

'아, 사랑의 왕진가방을 만들자! 꼭 필요한 의약품을 담은 왕진가방을 만들어서 의약품이 없어 진료하지 못하는 북한 전역의 무상 진료실에 나눠 준다면, 이것이야말로 우리가 사랑의 마음으로 왕진을 함께 가는 것이 아닌가!'

왕진 갈 때 주로 뭘 넣어 가지고 가는가, 종이에 적어 보았다.

왕진가방, 해열제, 항생제, 진통제, 구충제, 구사제, 기침약.
붕대, 거즈, 밴드, 솜, 소독약, 알코올, 항생제 연고 등.
체온계, 혈압계, 청진기, 핀셋트, 주사기 같은 의료 기구.

이것들만 있어도 우선 간단한 긴급 치료는 할 수 있을 것이다.

그리고 이 왕진가방에 약이 떨어지면 계속 채워 주는 리필 시스템을 만들면 되겠다는 생각이 들었다. 꼭 사야 될 것만 공장에서 직접 구입하거나 제조하고, 대부분의 의료품들은 유수한 구호단체에서 증정받기도 했다. 그러면 시중 가격으로는 200달러(25만 원)어치에 해당되는 왕진가방을 실비로는 한 개에 50달러(6만 원) 패키지로 만들 수 있었다. 하지만 그래도 전체적으로 보면 약 50만 달러의 예산이 들어가는 일이었다.

사실 왕진가방 캠페인을 벌이면서 그 짧은 시일 내에 어떻게 50만 달러란 많은 모금을 할 수 있을까, 하는 염려로 잠을 잘 수 없었다. 우리 동역자들 모두가 열심히 기도했고, 일사분란하게 헌신했다. SAM 코리아에서 7만 달러, 오클랜드에서 7만 달러, LA에서 8만 달러, 필라델피아 · 휴스턴 · 워싱턴 등에서 3만 달러, 책 판매 수익금 1만 달러, 이렇게 총 27만 달러가 모금되었다. 엄청난 모금 액수였다. 물론 아직도 많이 모자랐다.

의료품들은 미국(2개의 대형 컨테이너가 태평양을 건너서 북한에 들어갔다)에서, 수십 가지 의료품과 체온계와 응급처치 의료품은 한국과 중국에서, 여러 가지 의료 기구들은 대만에서, 가방은 중국에서 사거나 만들었다.

특히 가방은 직접 중국 공장에서 제조했고, 그 디자인은 내 아내가 했다. 가방을 열 개 사다 놓고 그 모양들을 우리의 필요에 맞게 요리조리 맞춘 것이다. 그리고 40만 개나 되는 이 물품들이 각 나라에서 마치 007작전을 하듯 기적적으로 신의주에 총집결이 되었다.

우리 동역자 일행이 사랑의 왕진가방을 포장하기 위해 단동을 떠나던 날인 2004년 6월 6일. 아침부터 진눈깨비가 내리기 시작하더니, 압록강 철교를 넘어갈 때는 앞을 분간하지 못할 정도로 눈이 펑펑 쏟아졌다는 보고를 받고 나는 그날 밤 잠을 이룰 수 없었다.

온방도 되지 않고 온수는 하루에 30분만 공급이 된다니 그 추위에서 어떻게 지낼까 하는 걱정도 되었다.

그런데 새벽 1시에 한국에서 전화가 걸려 왔다.

"신의주에서 지금 방금 전화가 왔는데요."

귀가 번쩍하고 가슴이 두근거리기 시작했다. 급한 마음에 먼저 물었다.

"모두들 잘 있습니까?"

"예, 모두 별일 없이 건강하답니다."

우선 별일 없다니 안심이 되었다.

"물건이 채 도착하지 못한 것이 몇 개 있답니다. 이것을 기다릴 수는 없으니 중국에서 급하게 하루이틀 안에 들여보내 주어야 작업을 완성할 것 같답니다. 이에 드는 경비가 약 1만 달러랍니다."

한국에 물어보았다.

"지금 당장 보낼 자금이 얼마나 있습니까?"

"약 7,500달러 가량 있어요."

전화를 끊고 나는 잠을 못자고 아내와 함께 기도를 시작했다. 힘도 없고 능력도 없는 내가 할 수 있는 것은 오직 기도였다. 오직 도움을 주실 이는 하나님뿐이시니, 어쩌면 기도를 할 수 있다는 것이 가장 큰 축복이었다. 그렇게 밤이 지났다.

그런데 그날 이른 아침 팩스 한 장이 왔다. 텍사스에 있는 전도사님 한 분이 내 책을 읽고 감명을 받아 기도하다가, 지금까지 모은 성금 2천 달러를 보냈다는 것이었다.

'아! 멋지신 하나님, 미리 예비하셨군요. 우리 동역자들이 약속한 대로 패킹을 모두 잘 마치고 무사히 나올 수 있게 되었구나.'

감사가 절로 나왔다.

그 시간부터 우리는 가방과 각종 약품이 쌓여 있는 작업장, 신의주 제약공장 노동자 문화회관을 오고 가는 일이 시작되었다. 그곳에는 남녀 20여 명이 나와서 일을 하고 있었는데, 우리가 미국에서 보낸 컨테이너와 중국 약품들을 잘 이해하고 정리해 보관해 놓고 있었다. 가방을 천개 단위로 배열하고 그 안에 약품과 기구를 체크 리스트와 함께 포장하는 일을 진행했다.

막상 다 만들어진 1만 개의 가방과 이에 채워질 의료품들이 쌓여 있는 것을 보고, 우리는 그 부피에 놀라지 않을 수 없었다.

"이게 만 개지요?"

"천 개인데요."

가방 1천 개가 쌓여 있는 것을 보고 그 부피에 놀란 우리들은 그것이 1만 개인 줄 잘못 알았던 것이다. 그러니 1만 개 부피는 얼마나 될지 상상도 안 됐다.

사랑의 왕진가방을 꾸리느라 꽁꽁 얼어붙은 추운 겨울 그것도 난방도 되지 않고, 더운 물도 하루에 30분씩만 공급되는 환경 속에서 열흘을 지냈다. 하지만 힘든 내색을 하는 사람이 한 사람도 없었다.

8일까지는 도착하던 날 내린 폭설로 길들이 하얗게 뒤덮였고, 시내 길들은 쌓인 눈이 낮에는 녹고 밤에는 얼고 해서 온통 빙판이었다. 그래도 진료소를 나가서 가방을 전달 하는 모습을 확인해야 되겠다고 우겼다. 8일은 남신의주에 있는 류상지구 종합진료소 (주민 3만 명, 의사 · 간호사 60명)를 방문해서 소장에게 사랑의 왕진가방 두 개를 전달 했다. 그 다음에 신의주에 있는 남상지구 종합진료소(주민 2만 명, 의사 · 간호사 50명) 을 방문해서 또 가방 2개를 전달했다. 다음날 9일에는 길이 좀 나아져서 신의주시를 벗 어나서 의주군 의주읍 농장 진료소(주민 가구 1,200호, 의사 3명, 간호사 5명)와 의주군 대산리 인민병원(주민 가구 1,500호, 의사 4명, 간호사 1명)을 방문해서 가방 두 개씩을 전달하고 돌아왔다.

약품과 기구들이 가득 찬 왕진가방을 받아 본 진료소 소장과 일하는 분들은 처음에는 놀라는 표정들이었다. 그리고 전달하는 우리의 설명을 듣고서는 한결같이 고맙다고 말 해 주었다.

"저희들은 오전은 찾아오는 환자를 병원에서 치료하고, 오후에는 가가 호호 방문하며, 만성 질환자, 응급 환자, 그리고 예방 의료를 하고 있어요. 왕진가방은 정말 필요한 물 건입네다. 감사합네다."

어떤 소장은 청진기를 꺼내 들고 정말로 진짜인지를 확인도 하며 반가워했다. 또 필요한 수술용 칼과 바늘과 실 그리고 강심제 등이 더 필요하다고 요청하는 분도 있었다. 우리가 확인한 것은 이번에 보내 준 왕진가방이 정말 필요하고 이 가방들이 긴요하게 쓰이게 될 것이라는 사실이었다. 다만 신의주 진료소장이 한 말이 오랫동안 머릿속에서 떠나지 않았다.

"이렇게 약품과 진료 기구를 전해 주셔서 참 감사합네다. 하지만 그동안 돌보지 못한 환자들이 너무 많아서 이 정도론 열흘만 지나면 약품이 다 떨어질 것 같습네다."

그의 눈망울이 슬펐다. 우리는 사랑의 왕진가방이 1회로 끝나지 않고, 계속해서 그 내용 물품들을 보급할 수 있도록 해 달라고 북한 측 관리에게 말했다.

그래서 우리는 북조선 보건 분야 사람들에게 SAM에서 소수의 인원이라도 그곳에 출입하며 일할 수 있도록 해 달라는 부탁을 간절히 하고 왔다. 약을 준비해서 보내고 정기적으로 가방을 채워 줄 수만 있다면, 우리 SAM이 북조선 동포들의 열악한 보건 환경을 주님의 이름으로 개선하고 도와줄 수 있기 때문이다. 하지만 이 일을 위해서는 많은 기도가 필요하리라 생각되었다.

처음 아이디어를 내고 여러 나라에서 우리가 원하는 품목들을 제조하고, 신의주로 들어가서 북한의 5천 개의 진료실에 공급하는 일까지, 이 모든 일을 9주 동안에 마무리지었다는 것은 기적이 아닐 수 없다. 그야말로 왕진가방 007작전이었던 셈이다. 이렇게 해서 우리가 약이 없어서 죽어 가는 동포들을 살리고 우리 예수님의 사랑을 전하는 일을 계속하면 주님이 얼마나 기뻐하실까 생각했다. 물론 더 크고 근본적인 일이 있다. 그곳에 복음을 전하고 주의 나라를 회복하는 일이다.

신의주를 떠나기 전 우리는 함께 기도했다.

"주님, 이 사랑의 왕진가방을 통해 그들의 고통을 덜어 주고 생명을 살릴 수 있는 귀한 일이 되기를 기도합니다. 이것이 씨가 되어 복음의 열매가 맺어질 것을 믿습니다. 이 얼어붙은 땅에 주님의 나라를 부흥 소생시키는 일은 주님께 맡길 수밖에 없는 것이 오늘의 현실입니다. 주님이 정하시는 때에 우리들을 다시 사용하셔서 길을 열어 주시기를 기도합니다."

현장을 다녀온 동역자가 쓴 글이었다. 그 뒤에도 미국에서 떠난 두 대형 컨테이너의 의약품과 의료품들이 그곳에 도착하여 헬리콥터로 분배가 되었다. 이제부터는 계속하여 소모품들을 채워 계속 생명 살리기에 쓰일 것이다.

:: 리필, 당근이죠!

물건을 보내면서 대금을 지불하라는 불같은 재촉 전화를 많이 받았다. 게다가 왕진가방을 보내 놓고 계속적으로 의약품을 리필해 줄 수 있을까 하는 것도 큰 고민이었다.

그날도 아내와 나는 단동병원 우리 작은 숙소에서 새벽에 기도하고 있었다.

전화가 울렸다.

뜻밖에도 미국에서 우리 내외와 믿음 안에서 친형제처럼 지내는 한 회장의 전화였다. 내가 어려운 궁지에 있을 때마다 큼직큼직하게 재정적인 도움을 주는 한 회장 내외는 이제 돕고 도움을 받는 관계를 떠나 서로 마음으로 의지하는 형제였다. 그렇지만 보통 전화는 내가 먼저 하고 또 도움을 받고 하는 처지였다. 그런데 그에게서 먼저 전화가 온 것이었다.

"한 회장, 어쩐 일이요?"

"아! 장로님, 나 좀 도와주세요."

뜻밖의 말이었다. 지금까지는 내가 주로 그랬으니까.

"건강 검진을 받았는데, 전립선암이라는 진단을 받았습니다. 어떻게 하면 좋겠습니까?"

목소리에 힘이 하나도 없었다. 자초지종을 물었다.

"무슨 검사를 했습니까? 의사는 누구입니까?"

"의사가 만져 보더니 딱딱한 게 만져지니, 암이 틀림없다고 합니다."

"가만히 계세요. 우선 검사부터 다시 해 보고, 그리고 조직 검사를 합시다. 단순한 염증일 수도 있으니 너무 염려하지 마십시오. 설령 암이라고 해도 전립선암은 비교적 잘 치료가 되니 걱정하지 마십시오. 필요하면 내가 미국으로 가겠습니다."

"고맙습니다, 장로님. 이제 안심이 됩니다."

이렇게 전화를 끊었다. 나는 비뇨기과 친구 의사에게 전화를 해서 의논하고 필요하면 수술을 부탁해 놓았다. 3일 뒤에 한 회장에게서 다시 전화가 왔다.

"할렐루야! 장로님, 하나님이 살려 주셨습니다. 조직 검사 결과 염증이랍니다."

감격의 목소리를 듣고 나는 목이 메었다. 나의 좋은 동역자인 한 회장의 일이 마치 내 일 이상으로 기뻤다.

'하나님이 또 우리의 기도를 들어주셨구나.'

선하고 착한 사람들, 한 회장과 같은 하나님의 사람들이 하나님의 축복을 받는 것이 당연하겠지만, 하여튼 그 축복에 우리의 기도가 도움이 되었다니 참으로 감사한 일이었다.

"한 회장, 우리 이제부터 더 하나님 사랑하고 말씀대로 살도록 기도합시다."

"그래야죠. 내가 암이다 생각하니 제일 먼저 걱정되는 것은 아내였고, 제일 부러운 사람은 장로님이었습니다. 나도 이제부터 장로님 따라다니겠습니다."

그런데 그의 다음 말이 나를 더 놀라게 했다.

"장로님, 돈 필요하시죠?"

나는 입을 다물 수가 없었다.

"장로님, 왕진가방 보내기 운동 하시는데, 돈 모자라시죠?"

얼마 뒤에 내게 큰 액수의 헌금이 도달되었다. 그런데 놀라운 것은 그 액수가 바로 왕진가방 보내기에 모자라는 액수를 채울 수 있는 것과 거의 같았다는 사실이다!

그 남은 액수로 우선 1차 리필까지 완전히 준비할 수 있었다. 우리는 신이 났다. 사랑의 왕진가방이 정말 리필될 수 있다니.

우리는 내친김에 2년 뒤 왕진가방을 새로 만들어 보낼 때는 지금 정면 위쪽에 빨갛게 붙어 있는 적십자 마크의 세로 길이를 밑으로 조금씩 길게 하기로 마음을 먹었다. 그러면 십자가가 될 테니까. 매년 1–2회씩 리필이 정기적으로 진행되고, 또 필요한 내용물들이 더해져서 이 사랑의 왕진가방이 오래 유용하게 쓰일 수 있게 되기를 기도했다.

"우리가 선을 행하되 낙심하지 말지니 피곤하지 아니하면 때가 이르매 거두리라"(갈라디아서 6:9).

:: 쓰나미에 떨어진 주님의 눈물

2004년 12월 26일 인도네시아 지역에 발생한 대 규모의 지진으로 약 40만 명의 생명을 빼앗아 간 쓰나미(Tsunami) 재해. 이때 가장 극심한 피해를 입었던 인도네시아 니아스 지역에 또다시 제2의 강한 지진이 강타해서 2천여 명의 사망자가 발생했다. 엄청난 재해가 일어나서 많은 생명들이 희생된 보도를 계속 들을 때마다 마음이 참 안타까웠다.

'이곳에 우리 의료진을 파견해야 할 텐데…'

하지만 한정된 우리의 힘으로는 북방 사역만을 하기에도 벅차기에, 나는 귀를 닫았다. 우리 형편이 형편인지라 애써 못들은 척하려고 노력했던 것이다. 그런데 세계 선교를 가슴에 안고 기도하면서 이것을 모른 척한다는 것이 계속 마음에 부담이 되어 기도하기 시작했다.

이 기도 제목을 SAM-EM에서 웹사이트에 올렸다. 그랬더니 이 재해를 위해 의료 봉사를 부탁하는 헌금이 들어오기 시작했다. 나는 이것을 주님의 사인으로 받았다.

마침 오래 전부터 자카르타 한인교회에 집회 스케줄이 잡혀 있던 차라 모든 것이 하나님의 섭리대로 이루어지는 것을 깨달았다.

이곳 니아스 지역에 우리 의료진을 파견할 준비를 하고 있던 중, 갑자기 현지의 긴급구호의 요청을 받고, 우리의 의료진을 10일 동안 긴급 파송했다.

바닷물이 순식간에 넘쳐 불과 6초 만에 4킬로미터나 되는 거리의 내륙까지 휩쓸고 들어왔으니, 상처의 흔적만 남기고 모두 쓸어버린 셈이었다. 바다에 있던 배들이 건물 꼭대기에 그대로 얹혀 있었고, 1만 톤이 넘는 발전소 배가 떠밀려 내륙으로 들어 와 땅에 박혀 있는 모습은 그 당시의 물의 압력이 얼마나 강한 것인지를 말해 주고 있었다. 그 많은 시체를 처치할 수 없어서 엄청나게 큰 구덩이를 파고 10만 명의 시체를 함께 묻었다는 곳 앞에서는 머리를 숙이는 것 외에는 할 말이 없었다.

30만 명이 일시에 죽은 현장이 이렇게 비참한데 200만~300만이 먹지 못해, 간이 망가지고, 신장이 망가지고, 뇌가 망가지고 결국 심장이 멈춰 죽기까지 오랜 시간 동안 슬픈 사연들을 만들며 죽어간 우리 동족들의 고통은 얼마나 엄청난 것인지를 체감하면서 스스로 놀라기도 했다.

헬리콥터로만 접근이 가능하기 때문에 인원이 극히 제한될 수밖에 없는 형편이었다. 그래서 의료인 5명이 자카르타 현지교회의 자원봉사자들과 한 팀이 되어 그곳에서 부상자들을 치료하며 전염병 예방을 중점적으로 실시했다. 쓰나미 재해를 위해서는 여러 단체들이 이미 들어 가 있었지만, 니아스 지역의 새로운 재해를 위해서는 우리가 유일하게 처음으로 인도네시아 현지의 도움을 받고 봉사하게 된 것이다.

점심을 거르며 진료 사역을 했지만, 배고픔보다는 현장의 아픔에 동참하며 하나님이 예비하여 주신 사역이라 감사가 충만했다. 유일하게 피해를 입지 않은 여인숙에 기적적으로 방 한 칸을 구했다. 5명이 서로 엉켜 1박을 했다. 최 선생님은 여자로서 평생 처음 경험하는 혼숙(?)이었을 것이다.

저녁 식사를 위해 식당을 찾아 도시를 돌아보니 폐허된 모습뿐 식당은 발견할 수 없었다. 컵라면으로 저녁 식사를 대신하려고 했으나 있어야 할 라면 박스가 없었다. 난감해 하는 우리의 모습이 딱했던지 한 청년이 라면 박스를 들고 이것을 찾느냐면서 내어 놓는다. 미움보다는 고마움이 앞섰다. 가치의 기준이 다시 세워지는 순간이었다.

슬래브 건물의 90퍼센트가 파손된 니아스 섬의 군청소재지에서 유일하게 남아 있는 컴컴한 방 한 칸을 배정받고, 언제 파손될지도 모르는 채 모든 것이 아슬아슬했지만 두렵지 않았다. 이곳을 하나님이 우리들을 위해 남겨 두신 숙소로 생각했다. 또한 숨겨(?) 놓았던 라면 박스를 내어 놓는 그 청년이 하나님의 만나를 전해 주는 천사로 고맙게 여길 수 있는 가난한 마음을 주신 것에 하나님께 감사드렸다.

공항에서 사회복지에 헌신한 어느 부인의 인도로 화물 트럭을 타고 통신 가능한 시내로 들어가기로 했다. 중간 중간 길가에서 피해 입은 가옥을 보았다. 천막을 치고 집 밖에서 생활하는 주민들을 보며, 피해의 아픔이 전해져 왔다.

트럭 위에서 이리저리 몸을 가누는 팀원들의 모습에서 불평하는 모습은 어디에서도 찾아볼 수 없었다. 이것이 하나님이 당신의 형상대로 만드신 인간 본연의 긍휼을 베풀 줄 아는 모습인 것 같았다.

불편한 취침도, 컵라면으로 때운 아침 식사도, 땀으로 범벅된 얼굴을 연신 닦아 내는 더위도 우리를 지치게 하지는 못했다. 찢어진 발을 하나하나 소독하며 치료하는 모습, 통증을 호소하는 신경통 환자를 위해 침과 안마로 치료하는 칠순의 한의사 목사님, 지진의 공포로 구토와 어지러움을 호소하며 연신 기침하는 마을 주민들, 영양실조로 자라지 못한 아이들을 안고 있는 나이 어린 부모들, 섭씨 33도의 더운 날씨에 주민들에게 둘러싸여 더욱 더워진 찜통 같은 열악한 환경, 이 모든 조건이 불평의 대상일 수 없었다. 한데 어울려 서로를 위로하며 그리스도의 사랑을 나누는 장소였다. 승화된 숭고한 그리스도의 사랑의 힘 때문이었다.

'사랑의 수고'를 한 동역자가 쓴 글이다.

쓰나미 재해 의료 봉사는 그동안 북방 선교를 위해 최선의 노력을 다해 오던 우리에게 세계 선교라는 원대한 비전을 주님이 보여 주신 셈이었다. 현지에서 교회나 학교를 짓게 되면 우리는 그곳에다 진료실을 만들고 양호 간호사들이 예방접종, 치료 등의 의료 봉사를 계속할 계획도 세웠다.

인도네시아는 풍부한 지하자원을 보유하고 있지만, 열대의 무더운 기후와 낙후된 기술 탓에 아직도 어렵게 살고 있는 나라였다. 무엇보다도 복음을 접하여 본 일이 없는 '미전도 종족'(Unreached People)이 가장 많이 살고 있는 10-40 창의 중심지였다. 인도네시아는 인구 2억 3천만 명으로 세계에서 인구 5위이고, 인구의 85퍼센트가 모슬렘 교도였다. 즉 세계에서 모슬렘 인구가 가장 많은 곳이었다. 새벽 4시만 되면 동네마다 지붕 위에 달려 있는 확성기에서 모슬렘의 기도(?) 소리가 흘러나와 온 동네를 깨워댔다.

그런데 하나님은 이곳으로 우리를 인도하시고 현지의 협력 베이스까지 만들어 주셨던 것이다.

:: 아이들아 희망으로 자라나렴

우리는 2004년 지난해부터 봉성 고아원 아이들을 돌보아 주고 있다. 예전에는 조중 무역의 중심지인 고려문이 있던 곳인 봉성은 우리 단동병원에서 45킬로미터 정도 떨어져 있는 작은 시였다. 이곳은 중국으로 가는 우리 나라 사신들이 들러서 묵기도 하고 쉬어 가던 곳이라 한다. 어찌 사신들만이겠는가, 그중에는 볼모로 잡혀 가는 서글픈 사람도 있었을 것이고, 강제로 납치되어 가는 여인들도 있었을 것이다. 이렇게 이곳은 역사적으로 우리와 밀접한 곳이었다.

이곳에 봉성 고아원이 있었다. 한국계 미국인과 중국 사람이 2004년에 세운 고아원인데, 어린아이가 열 명 정도 있었다. 케이 리라고 하는 한국계 미국인이 원장이었고, 부원장은 조선족 젊은이로 아이들을 자식처럼 돌보며 지냈다.

한국인이 이끌고 있는 고아원이라 마음이 쉽게 합쳐져서 우리가 이 고아원 아이들의 건강을 돌봐주기로 했다. 미국과 서울에서 단기 의료팀이나 청년들이 오면 꼭 이곳을 방문하게 했다. 고아들을 치료하고 게임도 하며 아이들과 함께 놀아주게 했다.

그런데 한 달, 두 달 지나면서 놀라운 일들이 벌어졌다. 처음 이 고아원 아이들을 보았을 때의 어둡던 얼굴들이 어디론가 사라졌다. 질병으로 몸을 가누지 못하고 기어 다니던 아이가 친구의 손을 붙잡고 걷기 시작했다. 지팡이가 있어야 걷던 아이는 지팡이 없이도 걸었다.

지금은 아무도 그 아이들을 고아라고 부르지 않는다. 성이 있고 이름이 있고 엄마가 있고 아빠가 있는 대가족이기 때문이다.

나는 이 아이들이 변화되는 것을 보면서, 사랑에는 엄청난 힘이 있다는 것을 다시금 깨달았다. 마음이 밝아지니까 육신의 질병도 고쳐지고 저는 다리가 낫고 기는 아이가 걷기를 시작하는 것이었다.

그런데 얼마 전 원장님이 14살 먹은 남자 아이를 데려왔다. 몸 상태가 좋지 않아 병원에서 5일 동안이나 입원하며 치료를 받아야 했다. 아이의 상태가 왜 이러냐고 물었더니, 원장이 아이의 인생 이야기를 해 주었다.

"마을 사람들이 연락한 거예요. 고아가 있다고요. 달려가 보았더니, 빼빼 마른 아이가 있는 겁니다. 동네 사람들이 하는 말이 그래요.

'저 산 위에서 발견했어요. 목만 땅 위에 내밀고 허우적거리는 아이를 우리 동네 사람들이 구했어요. 그러고 사흘 넘게 있었던 모양이에요. 모진 목숨이 그래도 이 세상에 못다 한 인연이 있었던지 목숨을 구하긴 했는데, 어디 돌봐줄 사람이 있어야지요. 그래서 연락한 겁니다.'

제가 물었어요. 도대체 누가 그랬냐고, 이 아이 가족은 아무도 모르시냐고, 그랬더니 마을 사람들이 그러는 거예요.

'이 아이 할아버지가 그랬는데요, 저 아랫동네 산다는데…. 아마도 아이가 어려서부터 소아마비였나 봐요. 너무 심한 가난에 찌들어 살다가 아이마저 불구니까 서로 다투다 못해 헤어지기로 한 모양이지요. 아빠는 이 아이를 맡고 엄마는 딸을 맡기로 하고 서로 이혼을 했대요. 그런데 아들을 맡은 아버지마저 도시에 가서 돈을 번다고 아이를 자기 아버지한테 떠맡기고 훌쩍 사라졌답니다. 아이를 맡은 할아범도 병신 손자를 키우다가 힘들어서 그랬는지, 야산에 이 아이를 목만 남기고 묻은 거래요. 그냥 그러다가 죽으란 뜻이었겠지.'

동네 사람들의 말을 듣고 제가 얼마나 울었는지 몰라요. 이 아이를 데리고 오면서 참 많이도 울었지요."

원장님의 말을 듣다가 나도 소리를 내어 울고 말았다.

"이 아이를 위해서 기도 좀 해 주세요. 요즘 악한 영들에게 시달리는 것 같아요."

원장님이 우리 동역자들에게 기도 부탁을 했다. 물론 그날 저녁 우리 동역자들이 함께 기도하고, 나도 입원실에 내려가서 자는 아이의 머리에 손을 얹고 기도를 했다.

"하나님, 특별한 뜻이 있으셔서 이 아이를 오늘까지 살리시고 먹이시고 기르시는 것을 감사드립니다. 하나님의 아들을 소중하게 잘 키울 책임이 우리에게 있음을 깨닫게 해 주신 것을 감사드립니다. 주님이 원하시는 때에 이 아이를 치료하시고 쓰실 것을 믿습니다. 주님 지켜 주셔서 악령이 침범치 못하게 하시고 평안한 마음 주시고 기쁨으로 그 심령을 채워 주시기를 기도드립니다."

편안히 잠든 아이의 얼굴을 보며 입원실을 나왔다.

:: 비타민을 꼭 드셔야 합니다

"극심한 영양 부족은 그 인간의 유전자에 손상을 입혀 유전자를 변화시킬 수 있다."

어느 미국 시사 주간지에 났던 제목이 나의 머리를 때렸다. 강변에서 항상 보기도 하고 또 실제로 우리의 먼 장래를 걱정해 오던 터라, 이 기사가 더욱 나를 걱정스럽게 했다. 남한의 같은 나이 또래 어린이보다 평균 4-5센티미터 정도 작은 북한 어린이들을 보면서, 이런 상황이 계속된다면, 또 그런 채로 통일이 된다면 이것은 우리 민족의 외형을 변화시킬 수 있는 심각한 문제일 수 있었다. 예를 들면 귀가 작아지고, 머리가 작아지고 눈이 작아지고….

더 심각한 것은 면역성의 차이였다. 북한에서 존재하는 아주 원시적인 세균이

나 병균이 남한 사람들에게는 치명적일 수도 있고, 반대로 남한의 저항력이 높은 세균으로 인해 북한 사람들이 엄청난 희생을 당할 수도 있을 것이다.

나 어렸을 때도 잘 먹지 못해 힘들었지만, 그때와 지금은 사뭇 다르다. 그때는 그래도 보리밥, 시래기 같은, 요즘 우리가 영양식 또는 장수 식품이라고 말하는 것들을 먹고 살았으니까 말이다. 우리 부모님들은 과자를 사 주시는 대신 고소한 영양제(그 당시 원기소 또는 에비오제 등)를 시시때때로 사서 먹이기도 했다. 그러니 영양제조차도 없는 지금 북한 사람들이 겪고 있는 먹거리 문제는 훨씬 심각한 것이다. 생각이 여기까지 미치자, '그래 북한에다 영양제를 보내자' 하는 생각이 들었다.

내가 산부인과 의사이니 조금 전문적인 이야기를 하자면 이렇다. 여성에게 임신이란 것은 자랑스러운 일이요 복 받은 현상이지만, 이 임신으로 인해 여성에게 올 수 있는 신체적 위험은 극히 심각한 것이다. "아이를 낳으러 들어가는 산모가 고무신을 벗어 놓고 들어가면서 저 신을 다시 신을 수 있는지 모른다"고 두려워했다는 옛 어른들의 말이 이를 잘 표현해 준다.

현대 의학이 극도로 발달한 지금도 임신 중 합병증으로 사망하는 경우가 10만 명 가운데 2-3명이라고 한다. 그런데 96년도 통계를 보면 북한의 경우에는 110명이라고 하니, 남한보다 무려 50-60배의 임산부들이 생명을 잃고 있는 것이다. 그렇다면 죽지는 않더라도 다른 합병증으로 심각한 결과를 초래하는 경우는 또 얼마나 많을지도 금방 알 수 있었다. 이런 상황에 이른 것은 영양 부족, 의료 시설 부족, 위생 상태 같은 여러 가지 이유가 있겠지만, 그 중에서도 영양 상태가 가장 중요했다.

임산부의 영양 상태가 좋지 않으면, 태아가 자라지 못할 것이다. 태아가 죽거나 유산될 것이다. 또 살았다 하더라도 저체중 소아로 태어난다면 이 아이는 평생

불구가 될 가능성이 높았다. 현재 미국에서는 엽산(Folic Acid)이라는 미네랄 성분이 신경계통의 기형아를 예방한다고 증명이 되어 임신 전과 임신 중에는 반드시 이를 복용하도록 권장하고 있다.

'우리가 비록 고가의 단백질을 공급할 수는 없어도 임산부용 비타민과 엽산 등은 어렵지 않게 공급할 수 있을 것이다.'

'임산부와 어린이들을 위한 비타민과 영양소 보내기' 운동을 바로 시작했다.

'사랑의 왕진가방' 운동을 하면서 한 가지 배운 것이 있었다. 캠페인이 일회성으로 끝나지 않도록 이 모든 준비를 처음 캠페인을 시작할 때부터 함께해야 한다는 것이다. 그래서 우리는 '비타민 제약 공장'을 동시에 짓기로 했다.

할 수만 있다면 북한 내 신의주나 평양에다 지으면 제일 좋겠지만, 현실적으로 너무 제약이 많고 또 불확실하니 그 대안으로 중국 단동병원 근처에 짓기로 했다. 다행히도 중국에서 그동안 우리의 사역을 좋게 인정해 주어 극히 드물게 '단독 법인' 공장을 허락해 주었다. 이것만 해도 기적이었다.

"단동에 제약 공장을 세워야겠습니다."

나를 이해하지 못하는 사람은 나더러 과대망상증에 걸렸다고도 말했다. 하지만 이건 우리가 해야 할 일이고 이 정도 일은 우리가 할 수 있다고 생각했다. 우리 민족의 피어나는 새싹들을 위해 모자 건강과 어린아이들의 건강을 살피는 일이 무엇보다 중요하기 때문이었다.

문제는 또 재정이었다. 하지만 나는 단단히 믿는 곳이 있었다. 하나님은 지금까지 한번도 재정 때문에 우리가 꼭 해야 할 일을 못하게 하신 적이 없기 때문이었다. 이번에는 또 어떤 기적으로, 또는 어떤 천사를 시켜서 이루어 주실는지 기다리고, 체험하고 그리고 감격하면 되었다.

'내가 먹고 살려는 것 아니고 하나님의 백성들을 살려내는 일인데, 하나님 아시죠?'

이제부터 또 무릎 꿇는 기도가 시작되었다.

:: 아내의 기도

샌프란시스코 공항에 도착한 것은 저녁 6시였다. 무려 8시간 비행을 했으니 거의 미국에서 한국을 가는 것과 같았다.

게이트를 나오자 아내가 늘 하는 것처럼 환하게 웃으면서 나를 맞이해 주었다. 잦은 비행기 여행은 여행을 하는 사람도 고단하지만 때마다 공항으로 데려다 주고 또 데려 와야 하는 아내의 수고도 그에 못지 않았다.

"집회 잘했어요?"

내가 집회하는 동안 마음 졸이며 기도하느라 다른 것에 정신 쓸 여유가 없는 아내다.

"집회 몇 번했어요?"

"어느 교회라고 했지요?"

"사람들이 은혜 많이 받았어요?"

운전하는 아내 곁에 내가 앉자마자 거의 매주일 하는 일이지만 그래도 또 궁금한지 아내의 질문이 계속되었다.

그러면 나는 또 자세하게 설명해 주었다.

"은혜스럽게 잘 됐지. 그런데 말이야…"

나는 뉴저지 연합 집회 이야기를 하기 시작한다.

"연합 집회 외에도 주일 하루에 무려 설교를 4번했잖아. 세 곳의 다른 교회에서 하느라 점심 먹을 시간도 없었어. 물론 온 정력을 다하여 말씀을 전하는 동안은 피곤하거나 배고픈지도 몰랐지. 목사님들이 모두 좋게 생각하시고 관심을 갖게 되었다고 하셨어. 최선을 다해 동참하고 기도하시겠다고 약속까지 해 주셔서 참 감사해.

그런데 김 목사님이 이렇게 말씀하시는 거야.

'전년에도 교회 예산에 중국 선교를 위해 예산을 마련해 두었지만, 뚜렷한 방법을 찾지 못해 집행하지 못했습니다. 이제 북한 선교와 중국 선교를 동시에 할 수 있는 길을 찾게 되어서 기쁩니다.'

하나님의 섭리가 느껴졌어, 여보. 매일 저녁 교회가 꽉 찼어. 부족한 사람의 말씀을 들으며 같이 웃고 같이 우는 뜨거운 역사가 일어났지. 뜨거운 분위기에서 예배가 끝났는데도 사람들이 갈 생각을 하지 않는 거야.

'장로님, 단동에 당장 가고 싶어요. 장로님 부럽습니다. 어떻게 하면 우리도 선교를 할 수 있을까요?'

어떤 이는 내 손을 잡고 놓을 줄을 몰랐어. 심지어 어떤 분들은 '장로님 사랑합니다.' 하고 손을 굳게 잡아 주지 뭐야. 정말 감격했어.

호텔 방까지 목사님, 사모님 그리고 여러 성도들이 따라오셔서 다음날의 작별을 아쉬워하셨어. 오늘 내 간증의 제목인 '말씀으로 새 고구려를 건설하자'에 흥분되었고 동감한다고 하면서. 말씀으로 건설된 새 고구려가 경의선·경원선을 타고 실크로드를 통해 유라시아 벌판을 지나 모슬렘권, 회교권 그리고 세계로 뻗어 갈 것이라는 선교의 비전을 선포할 때 많은 분들이 뜨거운 기도를 드렸어. 그분들이 떠나고 이런 역사를 일으켜 주신 하나님께 감사 기도를 올렸지. 그리고 당신이 늘 일러주는 대로 간절히 기도했어.

'하나님이 하신 것인데 내가 영광받지 않게 해 주세요.' 하고."

운전하던 아내는 말이 없다. 나는 잘 알고 있었다. 내가 집회를 할 때마다 아내는 집에서 열심히 기도를 한다는 것을. 아내는 새벽마다 3시간씩 정성스럽게 기도했다.

"내가 기도하고 있으니 염려하지 말고 잘하세요."

집회를 떠날 때면 늘 아내가 하는 말이다. 그러고는 내가 집에 돌아오면 늘 궁금해하면서 집회에 대해 묻는다. 그 마음을 모르지 않는다.

"여보, 이제 집에 다 왔어요. 다음 주일 또 서울 집회 준비하셔야죠."

이렇게 말하는 아내의 얼굴에는 자기 기도가 응답되었다는 감사의 웃음을 머금고 있었다.

"그런데 여보, 우리 결혼하고 얼마 안 되서 뭘 그렇게 열심히 기도했었어?"

"처음에는 내가 말씀을 사모하고 가난한 심령을 가진 진실된 신앙을 가지도록 기도했구요. 시간이 점점 흐른 뒤에는 조용기 목사님처럼 비행기 타고 세계를 훨훨 날아다니며 말씀을 전하는 전도자가 되게 해 달라는 기도를 2년 넘게 했어요."

"아니, 나도 모르는 새 그런 기도 막 해도 되는 거야? 그런데 왜 하필 조용기 목사님이야?"

"그 당시에는 조 목사님이 가장 뜨는 유명한 목사님이었거든요. 그런데 아무리 기도를 해도 응답이 보이지 않으니 이것은 들어주시지 않는가 보다 생각하고 기도 제목을 바꾸었어요. 교회 집사가 되고 장로가 되면 이것이 좋은 신앙을 가진 증표라 생각하고 당신이 집사가 되도록 기도했더니 집사가 되고, 장로가 되도록 기도했더니 장로가 되고, 기도하는 대로 다 이루어지잖아요. 그런데 이렇게 세월이 한참 흐른 뒤에 비행기 타고 세계를 다니며 말씀 전하는 전도자가 되게 해 달라는 처음의 기도가 이루어졌으니…."

아내의 간증은 언제 들어도 감사하다. 아내를 대신해 내가 간증을 끝맺었다.

"진실된 기도는 반드시 이루어집니다. 계속해서 기도하십시오. 포기하지 마십시오."

아내가 나를 보고 해같이 웃었다.

결혼 40주년을 맞아 다시 결혼식 올리는 부부들을 보고, 내가 아내에게 이렇게 물은 적이 있었다.

"우리도 내년에 다시 결혼식을 올릴까?"

"그러면 또 앞으로 40년을 따라 다니며 그 힘든 그림자 사역을 해야 할 텐데…."

열심히 고민하는 아내의 얼굴을 보고 내가 얼마나 웃었는지 모른다.

현재 한창 한국, 미국, 대만, 중국 여러 곳을 엮어 가며 마치 국제 007작전을 하듯 사역을 하고 있는 나를 누구보다도 더 잘 아는 아내였다.

근래 들어 부쩍 힘들어하고 몸무게가 줄어드는 나의 건강을 챙겨 주는 아내가 항상 고맙다.

지금도 새벽마다 기도의 제단을 쌓고 눈물로 기도하는 아내 덕분에 오늘도 나는 원대한 비전을 가슴에 안고 세계가 좁다고 태평양, 대서양을 우리 집 안방 드나들 듯 건너다니고 있다.

오늘은 갈보리 채플 말씀, 내일은 워싱턴, 그리고 뉴욕 집회 그리고 다음 주일은 호주, 뉴질랜드 집회…, 속으로 이렇게 나의 스케줄을 외우며 짐 싸기에 분주한 아내에게 고맙다는 말도 쑥스러워 하지 못하는 것이 나의 참 모습이다. 이렇게 받은 사랑, 갚을 길이 없다.

:: 훌륭한 의사 vs. 성공한 의사

내 사역의 전반부를 마감하면서 살아온 지난날들이 눈앞을 스쳐 갈 때가 많다.

지금도 생각하면 낯이 붉어질 정도로 부끄러웠던 일, 후회되는 일, 실망스러웠던 일도 많았다. 하지만 여기까지 이렇게 올 수 있게 된 것이 전적으로 하나님의 은혜임을 고백한다.

이제 인생의 후반 길에 들어서면서 나의 인생도, 나의 사역도 제2의 도전을 새롭게 해야 할 때가 되었다는 절박감을 느낀다.

1963년 2월 26일.

"아버님, 드디어 이 아들이 의과대학을 졸업하고 의사가 되었습니다."

한을 품고 46세라는 짧은 생을 마감하신 아버님에게 졸업 신고를 했다. 그리고 지난날이 억울해서라도 나는 성공해야 한다고 다짐했다. 그래서 군의관 생활도 서둘러 했고 1966년에 미국으로 와서 열심히 공부하고 일했다. 오로지 성공해서 굶지 않고 춥지 않게 잘살기 위해서였다.

"훌륭한 의사"가 될 것이라 예언했던 그 신사의 말씀도, "천사들의 합창"도, 합격자 발표장에서 했던 하나님과의 약속도 모두 까맣게 잊고 달리고 또 달렸다. 그 덕분에 우리 집안도 살았고, 동생들 결혼도 시켰다.

그리고 늘 이유는 있었다.

"수련만 끝나고 전문의가 되면…."

"연구원 생활을 마치면…."

"학위를 받고 나면…."

"교수가 되면…."

가정도 다복했다. 어머니는 근래에는 정신이 없으셔서 어려운 지경에 있으시지만, 며느리에게 전도를 받아 권사님으로 천당 가실 날을 기다리고 있으시니, 큰 축복이다. 오빠를 위해 온갖 고생을 감수하고 나와 같이 고생한 여동생 정자와 명자도 아들을 셋씩 두고 잘 지내 주니 고맙다. 그 아래로 남동생 세진이와 막내 소영이는 고생은 했지만, 그래도 그때 나의 처지로는 최선을 다해 공부도 시켰고 결혼도 시켜 지금은 모두 잘 살고 있으니 보기에 마음 든든하다.

여기에 나를 위해 가장 기도 많이 하시는 장모님, 소아과 의사였던 장인어른도 90인 연세가 무색하게 지금도 운전을 하고 다니시면서 활동을 하시니 나의 든든한 울타리시다.

아내와 나는 딸 둘, 아들 둘 이렇게 넷을 키웠다. 산부인과 레지던트 시절, 그렇게 숨 돌릴 틈 없이 바쁘게 살 때도 넷이나 낳아 길렀으니, 애 낳는 것과 바쁜 것과는 별개의 문제라 우리는 서로 웃기도 한다.

그동안 다니던 회사를 그만두고 나의 사역을 돕는다고 지금은 SAM-EM의 디렉터로 선교팀을 이끌며 영어권 청년 사역을 열심히 하고 있는 큰딸 수지, 거동이 불편한 노인들을 돕는 자원봉사를 열심히 하며 현재로서는 유일한 우리의 손자 주영이를 열심히 키우고 있는 ICU 간호사인 둘째 수미, 원래 예술가적 기질이 있어서 사고방식도 옷차림도 남달라 결혼 걱정을 많이 했는데 천만다행으로 전형적인 한국인 아가씨를 만나 한시름 놓은 셋째 수만(콜럼비아 대학 Technical Analysis Deparment Director), 그 어렵다는 캘리포니아 변호사 시험을 엄마와 새벽마다 같이 기도하며 준비해서 단번에 합격하고 LA에서 변호사로 일하고 있는 우리 막내 수영이.(USC 음대 교수 한국 아가씨와 약혼했다.)

지금도 모이기만 하면 우리 집 가정 예배는 늘 눈물의 감격적인 예배이고, 서로를 위해 간곡하게 기도한다. 이 세상에서 내게는 이 아이들만큼 큰 힘이요, 위로가 되는 것이 없다. 중국으로 들어갈 때마다 손을 잡고 눈물을 글썽거리시는 연로하신 어머니, 장인 장모님, 혹시 도중에 어려운 일이 생겨 급히 돌아오게 되지 않을까 마음 졸이며 떠나곤 한다. 십일조와 선교헌금을 꼬박꼬박 하며 아빠 엄마를 위해 늘 기도하는 사랑하는 수지 · 수미 · 수만 · 수영 네 아이들, 그리고 이런 가정과 나의 버팀목인 아내 박성자 권사에게 말할 수 없이 고맙다.

그리고 교회에서는 장로로 21년을 봉사했으니 앞으로 보나 뒤로 보나 모두 주위에서 부러워하는 성공한 의사가 된 셈이다.

서울대학교 의과대학은 졸업 40주년이 되면 전통적인 홈커밍 데이(Home Coming Day)를 연다. 그리고 지난 40년 동안 누가 가장 보람 있는 의사 생활을 했는지 130명 전 동창들이 투표를 한다. 2003년 10월 성공한 많은 의사 들 중에 그들은 나를 '자랑스러운 서울의대인'으로 뽑아 주었다. 유능한 학자들, 이름 있는 교수들, 큰 병원의 병원장들… 이렇게 많은 별들 중에 보잘 것 없는 내가 뽑힌 것이다. 나는 미국 국회에서 하원상(Congressional Award)을 받을 때보다 더 기뻤다. 나를 학생 시절부터 지난 40년 동안 지켜본 친구들이 뽑아 준 것이기 때문이다. 그리고 이제는 SAM 사역에 우리 동창들 특히 동기들이 점점 참여하기 시작했다.

나는 지금에서야 성공한 의사와 훌륭한 의사는 다르다는 것을 알게 되었다. 성공한 의사는 내가 노력하여 얻어지는 것이지만, '훌륭한 의사'는 하나님의 은혜로 만들어지기 때문이다.

이 간증을 하는 것 자체가 우스운 것일는지 모른다. 내가 한 것은 하나도 없기 때문이다. 모두가 하나님의 은혜요, 사랑이다. 자랑할 것도 없고, 교만할 것은 더욱 없다.

바로 이 고백을 하기 위해 오늘도 열심히 간증하고 또 글도 쓰고 있다. 이제야 그 신사가 말한 '훌륭한 의사'의 뜻을 조금 알게 되었다.

나는 이런 꿈을 꾸어 본다. 경의선이 하나로 연결되면 일본은 도쿄와 부산을 고속 해저 전철로 연결할 것이다. 그러면 아침을 동경에서 먹고, 부산까지 한 시간, 다시 서울까지 한 시간, 신의주까지 한 시간, 그리고 압록강 철로를 건너면 그곳이 단동이다.

단동병원에서 조선족 아주머니들이 정성껏 장만해 주시는 점심을 먹고 다시 북경·남경, 그리고 실크로드로 아프가니스탄·인도·이라크를 지나 파리에 도착한다. 파리에서 저녁을 먹고 도버해협을 건너 런던에 도착하면, 밤참을 먹을 시간이다. 이렇게 온 세계가 하루 생활권으로 연결될 수 있을 것이다. 그 관문이 바로 "단동"이란 사실에 나는 흥분한다. 이 기차를 타고 우리 선교사들이 서쪽으로 서쪽으로 복음을 전하는 날이 반드시 올 것이다.

그런데 이 기차가 지나는 곳이 바로 미전도종족이 가장 많이 살고 있는 10-40 창이다. 이것이 내가 오늘도 생명 바쳐 세계가 좁다고 다니는 이유요, 나를 흥분하게 만드는 나의 비전이다.

나는 이제부터 성숙한 훌륭한 의사가 되기 위해, 주님의 마스터플랜을 위해 제2의 인생을 살아갈 것이다. 하나님의 풍성한 은혜로 말이다.

우리 주님 왕진 다니시는길!
우리도 사랑의 왕진 가방 들고 따라갑니다. 이 땅, 사랑으로 덮어 주옵소서!

하나된 우리 민족이, 200만 조선족과 20만 고려인과 함께 북한을 넘어, 중국과 러시아로 그리고 중앙아시아의 모슬렘을 넘어서까지 복음의 말이 달리는 환상을 그려보세요! 주님이 우리 민족을 흩으신 이유가 보이시죠? 이유 없는 고통은 없답니다! 지금 말할 수 없이 고통스럽다면 주님이 왕진 오실 거예요!

10-40창
앞으로 세계 선교의 최대 목표는 미전도종족! 그 80퍼센트 이상이 집중되어 있는 '10-40창'. 실크로드는 바로 10-40창 한복판을 지나간다.

우수리스크 진료소 2000년 4월 개원
연해주의 중심부, 러시아 정부에 의해 시베리아 열차를 타고 중앙아시아로 우즈베키스탄으로 카자흐스탄으로 강제 이주당했다가, 소련 연방 붕괴로 다시 연해주로 돌아온 50만 명의 고려인들이 살고 있는 곳.

장백 진료소 2001년 개원
얼마나 길이 멀고 험한지 갈 때마다 사람이 고치려고 가져갔던 기계로 차를 고치고, 차를 타고 가는 시간보다 밀고 가는 시간이 더 많은 곳.

집안 진료소 2001년 개원
고구려 400년 동안의 수도, 국내성이 있던 곳. 하나님이 우리나라를 뜨거운 선교 민족으로 세워 주셨음을 알 수 있는 곳, 하나님이 지명을 서로 다르게 알아듣도록 강권적으로 역사하셔서 인도하신 곳. '생물의 샘센터'를 열어 의료 봉사와 제자 양육도 하고 있는 곳.

심양사랑병원 2004년 개원
만주의 심장부. 이곳에서 실크로드를 따라 미전도종족이 흩어져 살고 있는 10-40창을 지나 예루살렘까지 연결되는 곳. 20-30만 조선족이 살고 있는 곳. 일주일에 보통 세례받는 사람이 적을 때는 50명, 많을 때는 100명이 나올 정도로 제자 양육이 활성화되어 있는 곳.

단동복지병원 2000년 개원
우리의 브니엘. 알고 보니 바로 신의주 건너편! 우수리스크에서부터 단동까지 두만강, 압록강 삼천리를 따라 여러 개의 진료실을 설치하여 현지인들과 처소 교회를 통해 강건너 있는 우리 동포들을 살리고, 제자 양육을 시키는 환상을 보았던 곳. 우리 진료소 사역의 항공모함 같은 곳. 샘 사역의 관문과도 같은 곳.